D0775693

L'ÉCRITURE OU LA VIE

JORGE SEMPRUN

L'ÉCRITURE
OU LA VIE

nrf

GALLIMARD

Il a été tiré de l'édition originale de cet ouvrage trente exemplaires sur vélin pur chiffon de Lana numérotés de 1 à 30.

À Cécilia,

pour la merveille
de son regard émerveillé.

« *Qui veut se souvenir doit se confier à l'oubli, à ce risque qu'est l'oubli absolu et à ce beau hasard que devient alors le souvenir.* »

Maurice Blanchot

« *... je cherche la région cruciale de l'âme où le Mal absolu s'oppose à la fraternité.* »

André Malraux

Première partie

1

LE REGARD

Ils sont en face de moi, l'œil rond, et je me vois soudain dans ce regard d'effroi : leur épouvante.

Depuis deux ans, je vivais sans visage. Nul miroir, à Buchenwald. Je voyais mon corps, sa maigreur croissante, une fois par semaine, aux douches. Pas de visage, sur ce corps dérisoire. De la main, parfois, je frôlais une arcade sourcilière, des pommettes saillantes, le creux d'une joue. J'aurais pu me procurer un miroir, sans doute. On trouvait n'importe quoi au marché noir du camp, en échange de pain, de tabac, de margarine. Même de la tendresse, à l'occasion.

Mais je ne m'intéressais pas à ces détails.

Je voyais mon corps, de plus en plus flou, sous la douche hebdomadaire. Amaigri mais vivant : le sang circulait encore, rien à craindre. Ça suffirait, ce corps amenuisé mais disponible, apte à une survie rêvée, bien que peu probable.

La preuve, d'ailleurs : je suis là.

Ils me regardent, l'œil affolé, rempli d'horreur.

Mes cheveux ras ne peuvent pas être en cause, en être la cause. Jeunes recrues, petits paysans, d'autres encore, portent innocemment le cheveu ras. Banal, ce genre. Ça ne trouble personne, une coupe à zéro. Ça n'a rien d'effrayant. Ma tenue, alors ? Sans doute a-t-elle de quoi intriguer : une défroque disparate. Mais je chausse des bottes russes, en cuir souple. J'ai

13

une mitraillette allemande en travers de la poitrine, signe évident d'autorité par les temps qui courent. Ça n'effraie pas, l'autorité, ça rassure plutôt. Ma maigreur ? Ils ont dû voir pire, déjà. S'ils suivent les armées alliées qui s'enfoncent en Allemagne, ce printemps, ils ont déjà vu pire. D'autres camps, des cadavres vivants.

Ça peut surprendre, intriguer, ces détails : mes cheveux ras, mes hardes disparates. Mais ils ne sont pas surpris, ni intrigués. C'est de l'épouvante que je lis dans leurs yeux.

Il ne reste que mon regard, j'en conclus, qui puisse autant les intriguer. C'est l'horreur de mon regard que révèle le leur, horrifié. Si leurs yeux sont un miroir, enfin, je dois avoir un regard fou, dévasté.

Ils sont sortis de la voiture à l'instant, il y a un instant. Ont fait quelques pas au soleil, dégourdissant les jambes. M'ont aperçu alors, se sont avancés.

Trois officiers, en uniforme britannique.

Un quatrième militaire, le chauffeur, est resté près de l'automobile, une grosse Mercedes grise qui porte encore des plaques d'immatriculation allemandes.

Ils se sont avancés vers moi.

Deux d'une trentaine d'années, blonds, plutôt roses. Le troisième, plus jeune, brun, arbore un écusson à croix de Lorraine où est inscrit le mot « France ».

Je me souviens des derniers soldats français que j'ai vus, en juin 1940. De l'armée régulière, s'entend. Car des irréguliers, des francs-tireurs, j'en avais vu depuis : de nombreux. Enfin, relativement nombreux, assez pour en garder quelque souvenir.

Au « Tabou », par exemple, dans le maquis bourguignon, entre Laignes et Larrey.

Mais les derniers soldats réguliers de l'armée française, ce fut en juin 1940, dans les rues de Redon. Ils étaient misérables, se repliant en désordre, dans le malheur, la honte, gris de poussière et de défaite, défaits. Celui-ci, cinq ans après, sous un soleil d'avril, n'a pas la mine défaite. Il arbore une France sur son cœur, sur la poche gauche de son blouson militaire. Triomphalement, joyeusement du moins.

Il doit avoir mon âge, quelques années de plus. Je pourrais sympathiser.

Il me regarde, effaré d'effroi.

– Qu'y a-t-il? dis-je, irrité, sans doute cassant. Le silence de la forêt qui vous étonne autant?

Il tourne la tête vers les arbres, alentour. Les autres aussi. Dressent l'oreille. Non, ce n'est pas le silence. Ils n'avaient rien remarqué, pas entendu le silence. C'est moi qui les épouvante, rien d'autre, visiblement.

– Plus d'oiseaux, dis-je, poursuivant mon idée. La fumée du crématoire les a chassés, dit-on. Jamais d'oiseaux dans cette forêt...

Ils écoutent, appliqués, essayant de comprendre.

– L'odeur de chair brûlée, c'est ça!

Ils sursautent, se regardent entre eux. Dans un malaise quasiment palpable. Une sorte de hoquet, de haut-le-cœur.

« Étrange odeur », a écrit Léon Blum.

Déporté en avril 1943, avec Georges Mandel, Blum a vécu deux ans à Buchenwald. Mais il était enfermé en dehors de l'enceinte proprement dite du camp : au-delà de la barrière de barbelés électrifiés, dans une villa du quartier des officiers S.S. Il n'en sortait jamais, personne n'y pénétrait que les soldats de garde. Deux ou trois fois, il avait été conduit chez le dentiste. Mais c'était en voiture, la nuit, sur des routes désertes dans la forêt de hêtres. Les S.S., a-t-il consigné dans ses souvenirs, cir-culaient sans cesse mitraillette en bandoulière et chiens en laisse, dans l'étroit chemin de ronde ménagé entre la palissade barbelée et la maison. « Comme des ombres impassibles et muettes », a écrit Léon Blum.

C'est la rigueur de cette clôture qui explique son ignorance. Léon Blum ne savait même pas où il se trouvait, dans quelle région de l'Allemagne il avait été déporté. Il a vécu deux ans dans une villa du quartier des casernes S.S. de Buchenwald en ignorant tout de l'existence du camp de concentration, si proche pourtant.

« Le premier indice que nous en avons surpris, a-t-il écrit au retour, est l'étrange odeur qui nous parvenait souvent le soir, par les fenêtres ouvertes, et qui nous obsédait la nuit tout entière quand le vent continuait à souffler dans la même direction : c'était l'odeur des fours crématoires. »

On peut imaginer Léon Blum, ces soirs-là. De printemps, probablement : fenêtres ouvertes sur la douceur du printemps revenu, les effluves de la nature. Moments de nostalgie, de vague à l'âme, dans la déchirante incertitude du renouveau. Et soudain, portée par le vent, l'étrange odeur. Douceâtre, insinuante, avec des relents âcres, proprement écœurants. L'odeur insolite, qui s'avérerait être celle du four crématoire.

Étrange odeur, en vérité, obsédante.

Il suffirait de fermer les yeux, encore aujourd'hui. Il suffirait non pas d'un effort, bien au contraire, d'une distraction de la mémoire remplie à ras bord de balivernes, de bonheurs insignifiants, pour qu'elle réapparaisse. Il suffirait de se distraire de l'opacité chatoyante des choses de la vie. Un bref instant suffirait, à tout instant. Se distraire de soi-même, de l'existence qui vous habite, vous investit obstinément, obtusement aussi : obscur désir de continuer à exister, de persévérer dans cette obstination, quelle qu'en soit la raison, la déraison. Il suffirait d'un instant de vraie distraction de soi, d'autrui, du monde : instant de non-désir, de quiétude d'en deçà de la vie, où pourrait affleurer la vérité de cet événement ancien, originaire, où flotterait l'odeur étrange sur la colline de l'Ettersberg, patrie étrangère où je reviens toujours.

Il suffirait d'un instant, n'importe lequel, au hasard, au dépourvu, par surprise, à brûle-pourpoint. Ou bien d'une décision mûrement réfléchie, tout au contraire.

L'étrange odeur surgirait aussitôt, dans la réalité de la mémoire. J'y renaîtrais, je mourrais d'y revivre. Je m'ouvrirais, perméable, à l'odeur de vase de cet estuaire de mort, entêtante.

J'avais plutôt envie de rire, pourtant, avant l'apparition de ces trois officiers. De gambader au soleil, poussant des cris d'animal – orfraie ? c'est comment l'orfraie ? – courant d'un arbre à l'autre dans la forêt de hêtres.

Ça me faisait plutôt du bien, en somme, d'être vivant.

La veille, vers midi, une sirène d'alerte avait retenti. *Feindalarm, Feindalarm !* criait une voix rauque, pleine de panique, dans le circuit des haut-parleurs. On attendait ce signal depuis quelques jours, depuis que la vie du camp s'était paralysée, à l'approche des avant-gardes blindées du général Patton.

Plus de départ, à l'aube, vers les kommandos extérieurs. Dernier appel général des déportés le 3 avril. Plus de travail, sauf dans les services intérieurs de maintenance. Une attente sourde régnait à Buchenwald. Le commandement S.S. avait renforcé la surveillance, doublé les gardes des miradors. Les patrouilles étaient de plus en plus fréquentes sur le chemin de ronde, au-delà de l'enceinte de barbelés électrifiés.

Une semaine, ainsi, dans l'attente. Le bruit de la bataille se rapprochait.

À Berlin, la décision fut prise d'évacuer le camp, mais l'ordre ne fut exécuté qu'en partie. Le comité international clandestin organisa aussitôt une résistance passive. Les déportés ne se présentèrent pas aux appels destinés à les regrouper pour le départ. Des détachements S.S. furent alors lâchés dans les profondeurs du camp, armés jusqu'aux dents mais apeurés par

17

l'immensité de Buchenwald. Par la masse décidée et insaisissable de dizaines de milliers d'hommes encore valides. Les S.S. tiraient parfois en rafales aveugles, essayant de contraindre les déportés à se rassembler sur la place d'appel.

Mais comment terroriser une foule déterminée par le désespoir, se trouvant au-delà du seuil de la mort?

Sur les cinquante mille détenus de Buchenwald, les S.S. ne parvinrent à évacuer qu'à peine la moitié : les plus faibles, les plus âgés, les moins organisés. Ou alors ceux qui, comme les Polonais, avaient collectivement préféré l'aventure sur les routes de l'évacuation à l'attente d'une bataille indécise. D'un massacre probable de dernière heure. On savait que des équipes S.S. armées de lance-flammes étaient arrivées à Buchenwald.

Je ne vais pas raconter nos vies, je n'en ai pas le temps. Pas celui, du moins, d'entrer dans le détail, qui est le sel du récit. Car les trois officiers en uniforme britannique sont là, plantés devant moi, l'œil exorbité.

Ils attendent je ne sais quoi, mais le font de pied ferme.

Le 11 avril, la veille, donc, pour en finir en deux mots, peu avant midi, la sirène d'alerte avait retenti, mugissant par coups brefs, répétés de façon lancinante.

Feindalarm, Feindalarm!

L'ennemi était aux portes : la liberté.

Les groupes de combat se sont alors rassemblés aux points fixés d'avance. À quinze heures, le comité militaire clandestin a donné l'ordre de passer à l'action. Des copains ont surgi soudain, les bras chargés d'armes. Des fusils automatiques, des mitraillettes, quelques grenades à manche, des parabellums, des bazookas, puisqu'il n'y a pas de mot français pour cette arme antichar. *Panzerfaust*, en allemand. Des armes volées dans les casernes S.S., lors du désordre provoqué par le bombardement aérien d'août 1944, en particulier. Ou abandonnées par des sentinelles dans les trains qui ramenèrent les survivants juifs d'Auschwitz, en plein hiver. Ou bien sorties en pièces détachées des usines Gustloff, montées ensuite dans des ateliers clandestins du camp.

Des armes patiemment réunies au long des longues années pour ce jour improbable : aujourd'hui.

Le groupe de choc des Espagnols était massé dans une aile du rez-de-chaussée du block 40, le mien. Dans l'allée, entre ce block et le 34 des Français, Palazón est apparu, suivi par ceux qui portaient les armes, au pas de course.

– *Grupos, a formar!* hurlait Palazón, le responsable militaire des Espagnols.

Nous avions sauté par les fenêtres ouvertes, en hurlant aussi.

Chacun savait quelle arme lui était destinée, quel chemin prendre, quel objectif atteindre. Désarmés, mêlés à la foule hagarde, affamée, désorientée, des dimanches après-midi, nous avions déjà répété ces gestes, parcouru cet itinéraire : l'élan était devenu réflexe.

À quinze heures trente, la tour de contrôle et les miradors avaient été occupés. Le communiste allemand Hans Eiden, l'un des doyens de Buchenwald, pouvait s'adresser aux détenus à travers les haut-parleurs du camp.

Plus tard, nous marchions sur Weimar, en armes. Nuit tombée, les blindés de Patton nous rattrapaient sur la route. Leurs équipages découvraient, ébahis tout d'abord, exultant après nos explications, ces bandes armées, ces étranges soldats en haillons. On échangeait des mots de reconnaissance dans toutes les langues de la vieille Europe, sur la colline de l'Ettersberg.

Aucun d'entre nous, jamais, n'aurait osé faire ce rêve. Aucun d'assez vivant encore pour rêver, pour se hasarder à imaginer un avenir. Sous la neige des appels, alignés au cordeau par milliers pour assister à la pendaison d'un camarade, nul d'entre nous n'aurait osé faire ce rêve jusqu'au bout : une nuit, en armes, marchant sur Weimar.

Survivre, simplement, même démuni, diminué, défait, aurait été déjà un rêve un peu fou.

19

Nul n'aurait osé faire ce rêve, c'est vrai. Pourtant, c'était comme un rêve, soudain : c'était vrai.

Je riais, ça me faisait rire d'être vivant.

Le printemps, le soleil, les copains, le paquet de Camel que m'avait donné cette nuit un jeune soldat américain du Nouveau-Mexique, au castillan chantonnant, ça me faisait plutôt rire.

Peut-être n'aurais-je pas dû. Peut-être est-ce indécent de rire, avec la tête que je semble avoir. À observer le regard des officiers en uniforme britannique, je dois avoir une tête à ne pas rire.

À ne pas faire rire non plus, apparemment.

Ils sont à quelques pas de moi, silencieux. Ils évitent de me regarder. Il y en a un qui a la bouche sèche, ça se voit. Le deuxième a un tic de la paupière, nerveux. Quant au Français, il cherche quelque chose dans une poche de son blouson militaire, ça lui permet de détourner la tête.

Je ris encore, tant pis si c'est déplacé.

– Le crématoire s'est arrêté hier, leur dis-je. Plus jamais de fumée sur le paysage. Les oiseaux vont peut-être revenir!

Ils font la grimace, vaguement écœurés.

Mais ils ne peuvent pas vraiment comprendre. Ils ont saisi le sens des mots, probablement. Fumée : on sait ce que c'est, on croit savoir. Dans toutes les mémoires d'homme, il y a des cheminées qui fument. Rurales à l'occasion, domestiques : fumées des lieux-lares.

Cette fumée-ci, pourtant, ils ne savent pas. Et ils ne sauront jamais vraiment. Ni ceux-ci, ce jour-là. Ni tous les autres, depuis. Ils ne sauront jamais, ils ne peuvent pas imaginer, quelles que soient leurs bonnes intentions.

Fumée toujours présente, en panaches ou volutes, sur la cheminée trapue du crématoire de Buchenwald, aux abords de la baraque administrative du service du travail, l'*Arbeitsstatistik*, où j'avais travaillé cette dernière année.

Il me suffisait d'un peu pencher la tête, sans quitter mon poste de travail au fichier central, de regarder par l'une des fenêtres donnant sur la forêt. Le crématoire était là, massif, entouré d'une haute palissade, couronné de fumée.

Ou bien de flammes, la nuit.

Lorsque les escadrilles alliées s'avançaient vers le cœur de l'Allemagne, pour des bombardements nocturnes, le commandement S.S. demandait qu'on éteignît le four crématoire. Les flammes, en effet, dépassant de la cheminée, étaient un point de repère idéal pour les pilotes anglo-américains.

Krematorium, ausmachen! criait alors une voix brève, impatientée, dans le circuit des haut-parleurs.

« Crématoire, éteignez! »

Nous dormions, la voix sourde de l'officier S.S. de service à la tour de contrôle nous réveillait. Ou plutôt : elle faisait d'abord partie de notre sommeil, elle résonnait dans nos rêves, avant de nous réveiller. À Buchenwald, lors des courtes nuits où nos corps et nos âmes s'acharnaient à reprendre vie – obscurément, avec une espérance tenace et charnelle que démentait la raison, sitôt le jour revenu –, ces deux mots, *Krematorium, ausmachen!* qui éclataient longuement dans nos rêves, les remplissant d'échos, nous ramenaient aussitôt à la réalité de la mort. Nous arrachaient au rêve de la vie.

Plus tard, quand nous sommes revenus de cette absence, lorsqu'ils se faisaient entendre – pas forcément dans un rêve nocturne : une rêverie en plein jour, un moment de désarroi, même au milieu d'une conversation aimable, feraient tout aussi bien l'affaire –, plus tard, ces deux mots allemands – ce sont toujours ces deux mots, eux seulement, *Krematorium, ausmachen!* qui se sont fait entendre –, plus tard, ils nous renverraient également à la réalité.

Ainsi, dans le sursaut du réveil, ou du retour à soi, il nous arrivait de soupçonner que la vie n'avait été qu'un rêve, parfois plaisant, depuis le retour de Buchenwald. Un rêve dont ces deux mots nous réveillaient soudain, nous plongeant dans une angoisse étrange par sa sérénité. Car ce n'était pas la réalité de la mort, soudain rappelée, qui était angoissante. C'était le rêve de la vie, même paisible, même rempli de petits bonheurs. C'était le fait d'être vivant, même en rêve, qui était angoissant.

« S'en aller par la cheminée, partir en fumée » étaient des locutions habituelles dans le sabir de Buchenwald. Dans le sabir de tous les camps, les témoignages n'en manquent pas. On les employait sur tous les modes, tous les tons, y compris celui du sarcasme. Surtout, même entre nous, du moins. Les S.S. et les contremaîtres civils, les *Meister*, les employaient toujours sur le ton de la menace ou de la prédiction funeste.

Ils ne peuvent pas comprendre, pas vraiment, ces trois officiers. Il faudrait leur raconter la fumée : dense parfois, d'un noir de suie dans le ciel variable. Ou bien légère et grise, presque vaporeuse, voguant au gré des vents sur les vivants rassemblées, comme un présage, un au revoir.

Fumée pour un linceul aussi vaste que le ciel, dernière trace du passage, corps et âmes, des copains.

Il y faudrait des heures, des saisons entières, l'éternité du récit, pour à peu près en rendre compte.

Il y aura des survivants, certes. Moi, par exemple. Me voici survivant de service, opportunément apparu devant ces trois officiers d'une mission alliée pour leur raconter la fumée du crématoire, l'odeur de chair brûlée sur l'Ettersberg, les appels sous la neige, les corvées meurtrières, l'épuisement de la vie, l'espoir inépuisable, la sauvagerie de l'animal humain, la grandeur de l'homme, la nudité fraternelle et dévastée du regard des copains.

Mais peut-on raconter ? Le pourra-t-on ?

Le doute me vient dès ce premier instant.

Nous sommes le 12 avril 1945, le lendemain de la libération de Buchenwald. L'histoire est fraîche, en somme. Nul besoin d'un effort de mémoire particulier. Nul besoin non plus d'une documentation digne de foi, vérifiée. C'est encore au présent, la mort. Ça se passe sous nos yeux, il suffit de regarder. Ils continuent de mourir par centaines, les affamés du Petit Camp, les Juifs rescapés d'Auschwitz.

Il n'y a qu'à se laisser aller. La réàlité est là, disponible. La parole aussi.

Pourtant, un doute me vient sur la possibilité de raconter. Non pas que l'expérience vécue soit indicible. Elle a été invivable, ce qui est tout autre chose, on le comprendra aisément. Autre chose qui ne concerne pas la forme d'un récit possible, mais sa substance. Non pas son articulation, mais sa densité. Ne parviendront à cette substance, à cette densité transparente que ceux qui sauront faire de leur témoignage un objet artistique, un espace de création. Ou de recréation. Seul l'artifice d'un récit maîtrisé parviendra à transmettre partiellement la vérité du témoignage. Mais ceci n'a rien d'exceptionnel : il en arrive ainsi de toutes les grandes expériences historiques.

On peut toujours tout dire, en somme. L'ineffable dont on nous rebattra les oreilles n'est qu'alibi. Ou signe de paresse. On peut toujours tout dire, le langage contient tout. On peut dire l'amour le plus fou, la plus terrible cruauté. On peut nommer le mal, son goût de pavot, ses bonheurs délétères. On peut dire Dieu et ce n'est pas peu dire. On peut dire la rose et la rosée, l'espace d'un matin. On peut dire la tendresse, l'océan tutélaire de la bonté. On peut dire l'avenir, les poètes s'y aventurent les yeux fermés, la bouche fertile.

On peut tout dire de cette expérience. Il suffit d'y penser. Et de s'y mettre. D'avoir le temps, sans doute, et le courage, d'un récit illimité, probablement interminable, illuminé – clôturé aussi, bien entendu – par cette possibilité de se poursuivre à l'infini. Quitte à tomber dans la répétition et le ressassement. Quitte à ne pas s'en sortir, à prolonger la mort, le cas échéant, à la faire revivre sans cesse dans les plis et les replis du récit, à n'être plus que le langage de cette mort, à vivre à ses dépens, mortellement.

Mais peut-on tout entendre, tout imaginer ? Le pourra-t-on ? En auront-ils la patience, la passion, la compassion, la rigueur nécessaires ? Le doute me vient, dès ce premier instant, cette première rencontre avec des hommes d'avant, du dehors – venus de la vie –, à voir le regard épouvanté, presque hostile, méfiant du moins, des trois officiers.

Ils sont silencieux, ils évitent de me regarder.

Je me suis vu dans leur œil horrifié pour la première fois depuis deux ans. Ils m'ont gâché cette première matinée, ces trois zigues. Je croyais m'en être sorti, vivant. Revenu dans la vie, du moins. Ce n'est pas évident. À deviner mon regard dans le miroir du leur, il ne semble pas que je sois au-delà de tant de mort.

Une idée m'est venue, soudain – si l'on peut appeler idée cette bouffée de chaleur, tonique, cet afflux de sang, cet orgueil d'un savoir du corps, pertinent –, la sensation, en tout cas, soudaine, très forte, de ne pas avoir échappé à la mort, mais de l'avoir traversée. D'avoir été, plutôt, traversé par elle. De l'avoir vécue, en quelque sorte. D'en être revenu comme on revient d'un voyage qui vous a transformé : transfiguré, peut-être.

J'ai compris soudain qu'ils avaient raison de s'effrayer, ces militaires, d'éviter mon regard. Car je n'avais pas vraiment survécu à la mort, je ne l'avais pas évitée. Je n'y avais pas échappé. Je l'avais parcourue, plutôt, d'un bout à l'autre. J'en avais parcouru les chemins, m'y étais perdu et retrouvé, contrée immense où ruisselle l'absence. J'étais un revenant, en somme.

Cela fait toujours peur, les revenants.

Soudain, ça m'avait intrigué, excité même, que la mort ne fût plus à l'horizon, droit devant, comme le butoir imprévisible du destin, m'aspirant vers son indescriptible certitude. Qu'elle fût déjà dans mon passé, usée jusqu'à la corde, vécue jusqu'à la lie, son souffle chaque jour plus faible, plus éloigné de moi, sur ma nuque.

C'était excitant d'imaginer que le fait de vieillir, dorénavant, à compter de ce jour d'avril fabuleux, n'allait pas me rapprocher de la mort, mais bien au contraire m'en éloigner.

Peut-être n'avais-je pas tout bêtement survécu à la mort mais en étais-je ressuscité : peut-être étais-je immortel, désormais. En sursis illimité, du moins, comme si j'avais nagé dans le fleuve Styx jusqu'à l'autre rivage.

Ce sentiment ne s'est pas évanoui dans les rites et les routines du retour à la vie, lors de l'été de ce retour. Je n'étais pas seulement sûr d'être vivant, j'étais convaincu d'être immortel. Hors d'atteinte, en tout cas. Tout m'était arrivé, rien ne pouvait plus me survenir. Rien d'autre que la vie, pour y mordre à pleines dents. C'est avec cette assurance que j'ai traversé, plus tard, dix ans de clandestinité en Espagne.

Tous les matins, à cette époque-là, avant de plonger dans l'aventure quotidienne des réunions, des rendez-vous établis parfois des semaines à l'avance, dont la police franquiste pouvait avoir eu connaissance par quelque imprudence ou mouchardage, je me préparais à une arrestation possible. À une torture certaine. Tous les matins, cependant, je haussais les épaules, après cet exercice spirituel : il ne pouvait rien m'arriver. J'avais déjà payé le prix, dépensé la part mortelle que je portais en moi. J'étais invulnérable, provisoirement immortel.

Je dirai à son heure, lorsque le désordre concerté de ce récit le permettra – l'exigera, plutôt –, quand, pourquoi et comment la mort a cessé d'être au passé, dans mon passé de plus en plus lointain. Quand et pourquoi, à l'occasion de quel événement, elle a de nouveau surgi dans mon avenir, inévitable et sournoise.

Mais la certitude d'avoir traversé la mort s'évanouissait parfois, montrait son revers néfaste. Cette traversée devenait alors la seule réalité pensable, la seule expérience vraie. Tout le reste n'avait été qu'un rêve, depuis. Une péripétie futile, dans le meilleur des cas, même quand elle était plaisante. Malgré les gestes quotidiens, leur efficacité instrumentale, malgré le témoignage de mes sens, qui me permettaient de m'orienter dans le labyrinthe des perspectives, la multitude des ustensiles et des figures d'autrui, j'avais alors l'impression accablante et précise de ne vivre qu'en rêve. D'être un rêve moi-même. Avant de mourir à Buchenwald, avant de partir en fumée sur la colline de l'Ettersberg, j'aurais fait ce rêve d'une vie future où je m'incarnerais trompeusement.

Mais je n'en suis pas encore là.

Je suis encore dans la lumière du regard sur moi, horrifié, des trois officiers en uniforme britannique.

Depuis bientôt deux ans, je vivais entouré de regards fraternels. Quand regard il y avait : la plupart des déportés en étaient démunis. Éteint, leur regard, obnubilé, aveuglé par la lumière crue de la mort. La plupart d'entre eux ne vivaient plus que sur la lancée : lumière affaiblie d'une étoile morte, leur œil.

Ils passaient, marchant d'une allure d'automates, retenue, mesurant leur élan, comptant leurs pas, sauf aux moments de la journée où il fallait justement le marquer, le pas, martial, lors de la parade devant les S.S., matin et soir, sur la place d'appel, au départ et au retour des kommandos de travail. Ils marchaient les yeux mi-clos, se protégeant ainsi des fulgurances brutales du monde, abritant des courants d'air glacial la petite flamme vacillante de leur vitalité.

Mais il était fraternel, le regard qui aurait survécu. D'être nourri de tant de mort, probablement. Nourri d'un si riche partage.

J'arrivais au block 56, le dimanche, dans le Petit Camp. Doublement close, cette partie de l'enceinte intérieure, réservée à la période de quarantaine des nouveaux arrivés. Réservée aux invalides – le block 56 en particulier – et à tous les déportés qui n'avaient pas encore été intégrés dans le système productif de Buchenwald.

J'y arrivais le dimanche après-midi, tous les après-midi de dimanche de ce printemps-là, en 1944, après l'appel de midi, après la soupe aux nouilles des dimanches. Je disais bonjour à Nicolaï, mon copain russe, le jeune barbare. Je bavardais un peu avec lui. Il valait mieux l'avoir à la bonne. Qu'il m'eût à la bonne, plutôt. Il était chef du *Stubendienst*, le service d'intendance du block 56. Il était aussi l'un des caïds des bandes d'adolescents russes, sauvages, qui contrôlaient les trafics et les partages de pouvoir dans le Petit Camp.

Il m'avait à la bonne, Nicolaï. Il m'accompagnait jusqu'au châlit où croupissaient Halbwachs et Maspero.

De semaine en semaine, j'avais vu se lever, s'épanouir dans leurs yeux l'aurore noire de la mort. Nous partagions cela, cette certitude, comme un morceau de pain. Nous partagions cette mort qui s'avançait, obscurcissant leurs yeux, comme un morceau de pain : signe de fraternité. Comme on partage la vie qui vous reste. La mort, un morceau de pain, une sorte de fraternité. Elle nous concernait tous, était la substance de nos rapports. Nous n'étions rien d'autre, rien de plus – rien de moins, non plus – que cette mort qui s'avançait. Seule différence entre nous, le temps qui nous en séparait, la distance à parcourir encore.

Je posais une main que je voulais légère sur l'épaule pointue de Maurice Halbwachs. Os quasiment friable, à la limite de la brisure. Je lui parlais de ses cours en Sorbonne, autrefois. Ailleurs, dehors, dans une autre vie : la vie. Je lui parlais de son cours sur le *potlatch*. Il souriait, mourant, son regard sur moi, fraternel. Je lui parlais de ses livres, longuement.

27

Les premiers dimanches, Maurice Halbwachs s'exprimait encore. Il s'inquiétait de la marche des événements, des nouvelles de la guerre. Il me demandait – ultime souci pédagogique du professeur dont j'avais été l'étudiant à la Sorbonne – si j'avais déjà choisi une voie, trouvé ma vocation. Je lui répondais que l'histoire m'intéressait. Il hochait la tête, pourquoi pas ? Peut-être est-ce pour cette raison que Halbwachs m'a alors parlé de Marc Bloch, de leur rencontre à l'université de Strasbourg, après la Première Guerre mondiale.

Mais il n'a bientôt plus eu la force de prononcer le moindre mot. Il ne pouvait plus que m'écouter, et seulement au prix d'un effort surhumain. Ce qui est par ailleurs le propre de l'homme.

Il m'écoutait lui parler du printemps finissant, lui donner de bonnes nouvelles des opérations militaires, lui rappeler des pages de ses livres, des leçons de son enseignement.

Il souriait, mourant, son regard sur moi, fraternel.

Le dernier dimanche, Maurice Halbwachs n'avait même plus la force d'écouter. À peine celle d'ouvrir les yeux.

Nicolaï m'avait accompagné jusqu'au châlit où Halbwachs croupissait, aux côtés d'Henri Maspero.

– Ton monsieur professeur s'en va par la cheminée aujourd'hui même, a-t-il murmuré.

Ce jour-là, Nicolaï était d'humeur particulièrement joviale. Il m'avait intercepté, hilare, dès que j'avais franchi le seuil du block 56 pour plonger dans la puanteur irrespirable de la baraque.

J'avais compris que ça marchait pour lui. Il avait dû réussir un gros coup.

– T'as vu ma casquette ? m'avait dit Nicolaï.

Il se découvrait, me tendait sa casquette. Je ne pouvais pas ne pas la voir. Une casquette d'officier de l'armée soviétique, voilà ce que c'était.

Nicolaï effleurait du doigt, d'un geste caressant, le liséré bleu de sa belle casquette d'officier.

– T'as vu? insistait-il.

J'avais vu, et après?

– Une casquette du N.K.V.D.! s'exclamait-il, triomphant. Une vraie! Je l'ai organisée aujourd'hui même!

J'avais hoché la tête, je ne saisissais pas bien.

Je savais ce que voulait dire « organiser », dans le sabir des camps. C'était l'équivalent de voler, ou d'obtenir quelque chose par une combine quelconque, troc ou extorsion, au marché parallèle. Je savais aussi ce qu'était le N.K.V.D., bien sûr. D'abord, ça s'était appelé la Tchéka, ensuite le Guépéou, maintenant le N.K.V.D., le Commissariat du peuple aux affaires intérieures. À peu près à cette époque, d'ailleurs, les commissariats du peuple avaient disparu, ils étaient devenus des ministères, tout bêtement.

Je savais que le N.K.V.D. c'était la police, en somme, mais je ne saisissais pas l'importance que Nicolaï accordait, visiblement, au port d'une casquette de policier.

Mais il allait immédiatement me fournir une explication.

– Comme ça, s'écria-t-il, on voit aussitôt que je suis un maître!

Je l'avais regardé, il avait remis sa casquette. Il avait fière allure, martiale, sans doute. On voyait que c'était un maître.

Nicolaï avait dit *Meister*. Le jeune Russe parlait couramment, avec volubilité même, un allemand assez primaire, mais expressif. Si un mot venait à lui manquer, il l'improvisait, le fabriquait à partir des préfixes et des formes verbales germaniques qu'il connaissait. Depuis que je le fréquentais, à l'occasion de mes visites dominicales à Maurice Halbwachs, nous nous étions entendus en allemand.

Mais le mot *Meister* me faisait froid dans le dos. On appelait ainsi les petits chefs, contremaîtres civils allemands, parfois plus durs que les S.S. eux-mêmes, plus durs que les types de la Wehrmacht en tout cas, qui régnaient à coups de gueule et de trique dans les usines de Buchenwald sur le travail harassé des

29

déportés. *Meister* : maîtres d'œuvre, maîtres de main-d'œuvre esclave.

J'avais dit à Nicolaï que le mot *Meister* ne me ravissait pas.

Il avait ri d'un rire sauvage, en proférant un juron russe où il était question d'aller baiser ma mère. Suggestion fréquente dans les jurons russes, il faut dire.

Ensuite, il m'avait tapé sur l'épaule, condescendant.

— Tu préfères que je dise *Führer* au lieu de *Meister*, par exemple ? Tous les mots allemands pour dire « chef » sont sinistres !

Cette fois, il avait dit *Kapo* pour dire « chef ». Tous les mots allemands pour dire *Kapo*, avait-il dit.

Il riait encore.

— Et en russe ? Tu crois que les mots russes pour dire *Kapo* sont drôles ?

Je hochais la tête, je ne savais pas le russe.

Mais il s'arrêtait de rire, brusquement. Un voile d'étrange inquiétude obscurcissait ses yeux, aussitôt disparu.

Il me posait de nouveau une main sur l'épaule.

La première fois que j'avais vu Nicolaï, il avait été moins familier. Il ne portait pas encore la casquette à liséré bleu du N.K.V.D., mais il avait déjà l'air d'un petit chef.

Il avait bondi vers moi.

— Tu cherches quoi, ici ?

Il était campé au milieu du couloir du block 56, entre les hautes rangées de châlits, interdisant l'entrée de son territoire. Je voyais briller dans la pénombre le cuir bien astiqué de ses bottes de cheval. Car il ne portait pas encore la casquette des troupes spéciales du Commissariat du peuple aux affaires intérieures, mais déjà des bottes et un pantalon de cheval, avec une vareuse militaire d'une coupe soignée.

Le parfait petit chef, en somme.

Il fallait le moucher aussitôt, sinon je ne m'en tirerais pas. Deux mois de camp m'avaient appris cela.

— Et toi? lui ai-je dit. Tu cherches la bagarre? Tu sais au moins d'où je viens?

Il avait eu un instant d'hésitation. Avait regardé ma tenue attentivement. Je portais un caban bleu, quasiment neuf. Des pantalons de lainage gris et des bottes de cuir en parfait état. De quoi le faire hésiter, bien sûr. Réfléchir, du moins.

Mais son regard revenait sans cesse au matricule cousu sur ma poitrine et à la lettre « S » qui le surmontait, dans un triangle d'étoffe rouge.

Cette indication de ma nationalité – « S » pour *Spanier*, Espagnol – ne semblait pas l'impressionner, bien au contraire. Avait-on déjà vu un Espagnol faire partie des privilégiés de Buchenwald? Des cercles du pouvoir au camp? Non, ça le faisait sourire, finalement, ce « S » sur ma poitrine.

— La bagarre, avec toi? a-t-il dit d'un air suffisant.

Alors, en aboyant les mots, je l'ai traité d'*Arschloch*, de trou du cul, et je lui ai ordonné d'aller me chercher son chef de block. Je travaillais à l'*Arbeitsstatistik*, lui ai-je dit. Voulait-il se retrouver sur une liste de transport?

Je me voyais lui parler ainsi, je m'entendais lui crier tout cela et je me trouvais assez ridicule. Assez infect, même, de le menacer d'un départ en transport. Mais c'était la règle du jeu et ce n'est pas moi qui avais instauré cette règle de Buchenwald.

En tout cas, l'allusion à l'*Arbeitsstatistik* a fait miracle. C'était le bureau du camp où l'on distribuait la main-d'œuvre aux différents kommandos de travail. Où l'on organisait aussi les transports pour les camps extérieurs, généralement plus durs que Buchenwald même. Nicolaï a deviné que je ne bluffais pas, que j'y travaillais vraiment. Il s'est aussitôt radouci.

Depuis ce premier jour, il m'avait à la bonne.

Il m'a posé une main sur l'épaule, donc.

— Crois-moi, disait-il d'une voix brève et brutale. Il vaut mieux porter la casquette du N.K.V.D. si l'on veut avoir l'air d'un *Kapo* russe!

31

Je ne saisissais pas entièrement ce qu'il voulait dire. Ce que j'en saisissais était plutôt déconcertant. Mais je ne lui ai pas posé de questions. Il n'en dirait pas plus, d'ailleurs, c'était clair. Il avait tourné les talons et m'accompagnait jusqu'au châlit de Maurice Halbwachs.

— *Dein Herr Professor*, avait-il chuchoté, *kommt heute noch durch's Kamin!*

J'avais pris la main de Halbwachs qui n'avait pas eu la force d'ouvrir les yeux. J'avais senti seulement une réponse de ses doigts, une pression légère : message presque imperceptible.

Le professeur Maurice Halbwachs était parvenu à la limite des résistances humaines. Il se vidait lentement de sa substance, arrivé au stade ultime de la dysenterie qui l'emportait dans la puanteur.

Un peu plus tard, alors que je lui racontais n'importe quoi, simplement pour qu'il entende le son d'une voix amie, il a soudain ouvert les yeux. La détresse immonde, la honte de son corps en déliquescence y étaient lisibles. Mais aussi une flamme de dignité, d'humanité vaincue mais inentamée. La lueur immortelle d'un regard qui constate l'approche de la mort, qui sait à quoi s'en tenir, qui en a fait le tour, qui en mesure face à face les risques et les enjeux, librement : souverainement.

Alors, dans une panique soudaine, ignorant si je puis invoquer quelque Dieu pour accompagner Maurice Halbwachs, conscient de la nécessité d'une prière, pourtant, la gorge serrée, je dis à haute voix, essayant de maîtriser celle-ci, de la timbrer comme il faut, quelques vers de Baudelaire. C'est la seule chose qui me vienne à l'esprit.

Ô mort, vieux capitaine, il est temps, levons
    l'ancre...

Le regard de Halbwachs devient moins flou, semble s'étonner. Je continue de réciter. Quand j'en arrive à

... nos cœurs que tu connais sont remplis de rayons,

un mince frémissement s'esquisse sur les lèvres de Maurice Halbwachs.

Il sourit, mourant, son regard sur moi, fraternel.

Il y avait aussi les S.S., sans doute.

Mais on ne pouvait pas aisément capter leur regard. Ils étaient loin : massifs, au-dessus, au-delà. Nos regards ne pouvaient pas se croiser. Ils passaient, affairés, arrogants, se détachant sur le ciel pâle de Buchenwald où flottait la fumée du crématoire.

Parfois, cependant, j'étais parvenu à regarder dans les yeux l'*Obersturmführer* Schwartz.

Il fallait se mettre au garde-à-vous, se découvrir, claquer des talons soigneusement, de façon claire et distincte, annoncer d'une voix forte – hurler, plutôt – son matricule. L'œil dans le vague, ça valait mieux. L'œil fixé sur le ciel où flotterait la fumée du crématoire, ça valait mieux. Ensuite, avec un peu d'audace et de ruse, on pouvait tenter de le regarder en face. L'œil de Schwartz, alors, pour bref que fût l'instant où je parvenais à capter son regard, n'exprimait que la haine.

Obtuse, il est vrai, travaillée par un désarroi perceptible. Comme celui de Nicolaï dans d'autres circonstances, mais pour des motifs comparables, l'œil de Schwartz restait fixé sur le « S » de mon identification nationale. Lui aussi devait se demander comment un Rouge espagnol était parvenu aux sommets de la hiérarchie de l'administration interne de Buchenwald.

Mais elle était rassurante, elle faisait chaud au cœur, la haine de l'*Obersturmführer* Schwartz, pour désorienté que se montrât le regard qui en était chargé. C'était une raison de vivre, d'essayer de survivre, même.

33

Ainsi, paradoxalement, du moins à première et courte vue, le regard des miens, quand il leur en restait, pour fraternel qu'il fût – parce qu'il l'était, plutôt –, me renvoyait à la mort. Celle-ci était substance de notre fraternité, clé de notre destin, signe d'appartenance à la communauté des vivants. Nous vivions ensemble cette expérience de la mort, cette compassion. Notre être était défini par cela : être avec l'autre dans la mort qui s'avançait. Plutôt, qui mûrissait en nous, qui nous gagnait comme un mal lumineux, comme une lumière aiguë qui nous dévorerait. Nous tous qui allions mourir avions choisi la fraternité de cette mort par goût de la liberté.

Voilà ce que m'apprenait le regard de Maurice Halbwachs, agonisant.

Le regard du S.S., en revanche, chargé de haine inquiète, mortifère, me renvoyait à la vie. Au fou désir de durer, de survivre : de lui survivre. À la volonté farouche d'y parvenir.

Mais aujourd'hui, en cette journée d'avril, après l'hiver sur l'Europe, après la pluie de fer et de feu, à quoi me renvoie-t-il, le regard horrifié, affolé, des trois officiers en uniforme britannique ?

À quelle horreur, à quelle folie ?

2

LE KADDISH

Une voix, soudain, derrière nous.

Une voix ? Plainte inhumaine, plutôt. Gémissement inarticulé de bête blessée. Mélopée funèbre, glaçant le sang.

Nous nous étions figés sur le seuil de la baraque, au moment de ressortir à l'air libre. Immobiles, Albert et moi, pétrifiés, à la frontière de la pénombre puante de l'intérieur et du soleil d'avril, dehors. Un ciel bleu, à peine pommelé, face à nous. La masse à prédominance verte de la forêt, alentour, au-delà des baraques et des tentes du Petit Camp. Les monts de Thuringe, au loin. Le paysage, en somme, éternel, qu'avaient dû contempler Goethe et Eckermann lors de leurs promenades sur l'Ettersberg.

C'était une voix humaine, cependant. Un chantonnement guttural, irréel.

Nous restions immobiles, Albert et moi, saisis.

Albert était un Juif hongrois, inusable et trapu, toujours d'humeur joviale. Positive, du moins. Je l'accompagnais, ce jour-là, pour une dernière tournée d'inspection. Depuis deux jours, nous regroupions les survivants juifs rescapés d'Auschwitz, des camps de Pologne. Enfants et adolescents, en particulier, étaient rassemblés dans un bâtiment du quartier S.S.

Albert était le responsable de cette opération de sauvetage.

Nous nous étions retournés vers la pénombre innommable, le

sang glacé. D'où surgissait cette voix inhumaine? Car il n'y avait pas de survivants, nous venions de le constater. Nous venions de parcourir dans toute sa longueur le couloir central de la baraque. Les visages étaient tournés vers nous, qui marchions dans ce couloir. Les corps décharnés, couverts de haillons, s'allongeaient sur les trois niveaux superposés du châlit. Ils s'imbriquaient les uns dans les autres, parfois figés dans une immobilité terrifiante. Les regards étaient tournés vers nous, vers le couloir central, souvent au prix d'une violente torsion du cou. Des dizaines d'yeux exorbités nous avaient regardés passer.

Regardés sans nous voir.

Il n'y avait plus de survivants, dans cette baraque du Petit Camp. Les yeux grands ouverts, écarquillés sur l'horreur du monde, les regards dilatés, impénétrables, accusateurs, étaient des yeux éteints, des regards morts.

Nous étions passés, Albert et moi, gorge serrée, marchant le plus légèrement possible dans le silence gluant. La mort faisait la roue, déployant le feu d'artifice glacial de tous ces yeux ouverts sur l'envers du monde, sur le paysage infernal.

Parfois, Albert s'était penché – je n'en avais pas eu moi-même le courage – vers les corps amoncelés, entremêlés sur les planches des châlits. Les corps bougeaient tout d'une pièce, comme des souches. Albert écartait ce bois mort d'une main ferme. Il inspectait les interstices, les cavités formées entre les cadavres, dans l'espoir de retrouver encore quelqu'un de vivant.

Mais il ne semblait pas y avoir de survivant, en ce jour dont il est question, le 14 avril 1945. Tous les déportés encore valides avaient dû fuir la baraque dès l'annonce de la libération du camp.

Je peux être sûr de cette date du 14 avril, la dire avec assurance. Pourtant, la période de ma vie qui s'étend entre la libération de Buchenwald et mon retour à Paris est confuse, envahie par des brumes d'oubli. D'imprécision, en tout cas.

J'ai souvent fait le compte des jours, le compte des nuits. J'arrive toujours à un résultat déconcertant. Entre la libération de Buchenwald et mon retour à Paris, il s'est passé dix-huit jours, assurément. Il ne m'en reste dans le souvenir, cependant, que de très rares images. Brillantes, sans doute, éclairées d'une lumière crue, mais entourées d'un halo épais d'ombre brumeuse. De quoi remplir quelques courtes heures d'une vie, pas davantage.

La date du début de cette période est facile à établir. Elle est dans les livres d'histoire : 11 avril 1945, jour de la libération de Buchenwald. Celle de mon arrivée à Paris est possible à calculer, mais je vous ferai grâce des repères employés. C'est l'avant-veille du 1er Mai : le 29 avril, donc. Dans l'après-midi, pour être tout à fait précis. C'est dans l'après-midi du 29 avril que je suis arrivé à Paris, rue de Vaugirard, avec un convoi de la mission de rapatriement de l'abbé Rodhain.

Je donne tous ces détails, probablement superflus, saugrenus même, pour bien montrer que ma mémoire est bonne, que ce n'est pas par défaillance de mémoire que j'ai quasiment oublié les deux longues semaines d'existence d'avant mon retour à la vie, à ce qu'on appelle la vie.

Le fait est là, néanmoins : je ne conserve de cette période que des souvenirs épars, décousus, de quoi remplir à peine quelques heures de ces deux longues semaines. Souvenirs qui brillent d'une lueur crue, certes, mais qui sont cernés par la grisaille du non-être. De l'à peine repérable, du moins.

Nous étions le 14 avril 1945.

Le matin, j'avais pensé que c'était une date marquante de mon enfance : la république a été proclamée en Espagne, ce jour-là, en 1931. La foule des faubourgs déferlait vers le centre de Madrid, surmontée d'une forêt ondoyante de drapeaux. « Nous avons changé de régime sans briser une seule vitre ! » s'exclamaient, radieux, quelque peu surpris aussi, les chefs des partis républicains. L'Histoire s'est rattrapée, cinq ans plus tard, par une longue et sanglante guerre civile.

Mais il n'y avait pas de survivants, le 14 avril 1945, dans cette baraque du Petit Camp de Buchenwald.

Il n'y avait que des regards morts, grands ouverts sur l'horreur du monde. Les cadavres, contorsionnés comme les figures du Greco, semblaient avoir ramassé leurs dernières forces pour ramper sur les planches du châlit jusqu'au plus près du couloir central de la baraque, par où aurait pu surgir un ultime secours. Les regards morts, glacés par l'angoisse de l'attente, avaient sans doute guetté jusqu'à la fin quelque arrivée subite et salvatrice. Le désespoir qui y était lisible était à la mesure de cette attente, de cette ultime violence de l'espérance.

Je comprenais soudain l'étonnement méfiant, horrifié, des trois officiers alliés, l'avant-veille. Si mon regard, en effet, reflétait ne fût-ce qu'un centième de l'horreur perceptible dans les yeux morts qui nous avaient contemplés, Albert et moi, il était compréhensible que les trois officiers en uniforme britannique en aient été horrifiés.

– Tu entends? a dit Albert dans un murmure.

Ce n'était pas une question, à vrai dire. Je ne pouvais pas ne pas entendre. J'entendais cette voix inhumaine, ce sanglot chantonné, ce râle étrangement rythmé, cette rhapsodie de l'au-delà.

Je me suis tourné vers l'extérieur : l'air tiède d'avril, le ciel bleu. J'ai aspiré une goulée de printemps.

– C'est quoi? a demandé Albert, d'une voix blanche et basse.

– La mort, lui ai-je dit. Qui d'autre?

Albert a eu un geste d'agacement.

C'était la mort qui chantonnait, sans doute, quelque part au milieu de l'amoncellement de cadavres. La vie de la mort, en somme, qui se faisait entendre. L'agonie de la mort, sa présence rayonnante et funèbrement loquace. Mais à quoi bon insister sur cette évidence? Le geste d'Albert semblait dire cela. À quoi bon, en effet?

Je me suis tu.

Le four crématoire ne fonctionnait plus depuis trois jours. Lorsque le comité international du camp et l'administration militaire américaine ont remis en marche les services essentiels de Buchenwald, afin de nourrir, soigner, habiller, regrouper les quelques dizaines de milliers de rescapés, personne n'avait pensé à faire fonctionner de nouveau le crématoire. C'était impensable, en effet. La fumée du crématoire devait disparaître à jamais : pas question qu'on la voie encore flotter sur le paysage. Mais si l'on ne partait plus en fumée, la mort n'avait pas cessé pour autant d'être à l'œuvre. La fin du crématoire n'était pas la fin de la mort. Celle-ci, simplement, avait cessé de nous survoler, épaisse ou légère, selon les cas. Elle n'était plus de la fumée, parfois presque immatérielle, cendre grise quasiment impalpable sur le paysage. La mort redevenait charnelle, elle s'incarnait de nouveau dans les dizaines de corps décharnés, tourmentés, qui constituaient encore sa moisson quotidienne.

Pour éviter les risques d'épidémie, les autorités militaires américaines avaient décidé de procéder au rassemblement des cadavres, à leur identification et à leur sépulture dans des fosses communes. C'est précisément en vue de cette opération que nous faisions Albert et moi, ce jour-là, une dernière tournée d'inspection dans le Petit Camp, avec l'espoir de trouver encore quelque survivant, trop faible pour s'être, de lui-même, joint à la vie collective reprise depuis la libération de Buchenwald.

Albert est devenu livide. Il a tendu l'oreille, m'a serré le bras à me faire mal, frénétique soudain.

– Yiddish ! s'est-il exclamé. Elle parle yiddish !

Ainsi, la mort parlait yiddish.

Albert était mieux placé que moi pour l'entendre, le déduire, plutôt, des sonorités gutturales, pour moi dépourvues de sens, de cette mélopée fantôme.

Somme toute, ça n'avait rien de surprenant que la mort parlât yiddish. Voilà une langue qu'elle avait bien été forcée d'apprendre, ces dernières années. Si tant est qu'elle ne l'eût pas toujours sue.

Mais Albert m'a pris par le bras, qu'il serre très fort. Il m'entraîne de nouveau dans la baraque.

Nous faisons quelques pas dans le couloir central, nous nous arrêtons. Nous tendons l'oreille, essayant de repérer l'endroit d'où provient la voix.

La respiration d'Albert est haletante.

– C'est la prière des morts, murmure-t-il.

Je hausse les épaules. Bien sûr que c'est un chant funèbre. Personne ne s'attend à ce que la mort nous serine des chansons drôles. Ni non plus des paroles d'amour.

Nous nous laissons guider par cette prière des morts. Parfois, nous sommes obligés d'attendre, immobiles, retenant notre souffle. La mort s'est tue, plus moyen de s'orienter vers la source de cette mélopée. Mais ça reprend toujours : inusable, la voix de la mort, immortelle.

Soudain, en tournant à tâtons dans une courte allée latérale, il me semble que nous touchons au but. La voix, déchirée, rauque, murmurée, est toute proche désormais.

Albert fonce vers le châlit d'où s'élève le râle chantonné.

Deux minutes plus tard, nous avons extrait d'un amoncellement de cadavres l'agonisant, par la bouche de qui la mort nous récite sa chanson. Sa prière, plutôt. Nous le transportons jusqu'au porche de la baraque, au soleil d'avril. Nous l'étendons sur un tas de haillons qu'Albert a rassemblés. L'homme garde les yeux fermés, mais il n'a pas cessé de chanter, d'une voix rauque, à peine perceptible.

Je n'ai jamais vu de figure humaine qui ressemble autant à celle du Crucifié. Non pas à celle d'un christ roman, sévère mais sereine, mais à la figure tourmentée des christs gothiques espagnols. Certes, le Christ en croix ne chantonne habituellement pas la prière des morts juive. C'est un détail : rien ne s'opposerait, je présume, d'un point de vue théologique, à ce que le Christ chante le kaddish.

– Attends-moi là, dit Albert, péremptoire. Je fonce au *Revier* prendre un brancard!

Il fait quelques pas, revient vers moi.

– Tu t'en occupes, hein?

Je trouve cela tellement idiot, tellement déplacé même, que je réagis avec violence.

– Je lui fais quoi, à ton avis? La causette? Je lui chante une chanson, moi aussi? *La Paloma*, peut-être?

Mais Albert ne se laisse pas démonter.

– Tu restes près de lui, c'est tout!

Et il court vers l'infirmerie du camp.

Je me retourne vers le gisant. Les yeux fermés, il continue de chantonner. Mais sa voix s'épuise, me semble-t-il.

Cette histoire de *Paloma* m'est venue comme ça, à brûle-pourpoint. Mais elle me rappelle quelque chose dont je ne me souviens pas. Me rappelle que je devrais me souvenir de quelque chose, du moins. Que je pourrais m'en souvenir, en cherchant un peu. *La Paloma*? Le début de la chanson me revient en mémoire. Pour étrange que cela paraisse, c'est en allemand que ce début me revient.

Kommt eine weisse Taube zu Dir geflogen...

Je dis entre mes dents le début de *La Paloma* en allemand. Je sais désormais de quelle histoire je pourrais me souvenir.

Je m'en souviens vraiment, tant qu'à faire, délibérément.

L'Allemand était jeune, il était grand, il était blond. Il était tout à fait conforme à l'idée de l'Allemand : un Allemand idéal, en somme. C'était un an et demi auparavant, en 1943. C'était en automne, du côté de Semur-en-Auxois. À un coude de la rivière, il y avait une sorte de barrage naturel qui retenait l'eau. La surface en était à cet endroit quasiment immobile : miroir liquide sous le soleil de l'automne. L'ombre des arbres bougeait sur ce miroir d'étain translucide.

L'Allemand était apparu sur la crête du rivage, à moto-cyclette. Le moteur de son engin ronronnait doucement. Il s'était engagé sur le sentier qui descendait vers le plan d'eau.

Nous l'attendions, Julien et moi.

C'est-à-dire, nous n'attendions pas cet Allemand-là précisé-ment. Ce gamin blond aux yeux bleus. (Attention : je fabule. Je n'ai pas pu voir la couleur de ses yeux à ce moment-là. Plus tard seulement, lorsqu'il fut mort. Mais il m'avait tout l'air d'avoir des yeux bleus.) Nous attendions un Allemand, des Allemands. N'importe lesquels. Nous savions que les soldats de la Wehrmacht avaient pris l'habitude de venir en groupe, vers la fin de l'après-midi, se rafraîchir à cet endroit. Nous étions venus, Julien et moi, étudier le terrain, voir s'il serait possible de monter une embuscade avec l'aide des maquis des environs.

Mais cet Allemand semblait être seul. Aucune autre moto-cyclette, aucun autre véhicule n'était apparu à sa suite sur le chemin de crête. Il faut dire que ce n'était pas non plus l'heure habituelle. C'était vers le milieu de la matinée.

Il a roulé jusqu'au bord de l'eau, est descendu de son engin, qu'il a calé sur son trépied. Debout, respirant la douceur de la France profonde, il a défait le col de sa vareuse. Il était détendu, visiblement. Mais il était resté sur ses gardes : sa mitraillette lui barrait la poitrine, suspendue à la bretelle qu'il avait passée autour du cou.

Julien et moi nous nous sommes regardés. La même idée nous était venue.

L'Allemand était seul, nous avions nos Smith and Wesson. La distance qui nous séparait de l'Allemand était bonne, il était tout à fait à portée de nos armes. Il y avait une moto à récupé-rer, une mitraillette.

Nous étions à l'abri, à l'affût : c'était une cible parfaite. La même idée nous était donc venue, à Julien et à moi.

Mais soudain, le jeune soldat allemand a levé les yeux au ciel et il a commencé à chanter.

Kommt eine weisse Taube zu Dir geflogen...

Ça m'a fait sursauter, j'ai failli faire du bruit, en cognant le canon du Smith and Wesson contre le rocher qui nous abritait. Julien m'a foudroyé du regard.

Peut-être cette chanson ne lui rappelait rien. Peut-être ne savait-il même pas que c'était *La Paloma*. Même s'il le savait, peut-être que *La Paloma* ne lui rappelait rien. L'enfance, les bonnes qui chantent à l'office, les musiques des kiosques à musique, dans les squares ombragés des villégiatures, *La Paloma*! Comment n'aurais-je pas sursauté en entendant cette chanson ?

L'Allemand continuait de chanter, d'une belle voix blonde.

Ma main s'était mise à trembler. Il m'était devenu impossible de tirer sur ce jeune soldat qui chantait *La Paloma*. Comme si le fait de chanter cette mélodie de mon enfance, cette rengaine pleine de nostalgie, le rendait subitement innocent. Non pas personnellement innocent, il l'était peut-être, de toute façon, même s'il n'avait jamais chanté *La Paloma*. Peut-être n'avait-il rien à se reprocher, ce jeune soldat, rien d'autre que d'être né allemand à l'époque d'Adolf Hitler. Comme s'il était soudain devenu innocent d'une tout autre façon. Innocent non seulement d'être né allemand, sous Hitler, de faire partie d'une armée d'occupation, d'incarner involontairement la force brutale du fascisme. Devenu essentiellement innocent, donc, dans la plénitude de son existence, parce qu'il chantait *La Paloma*. C'était absurde, je le savais bien. Mais j'étais incapable de tirer sur ce jeune Allemand qui chantait *La Paloma* à visage découvert, dans la candeur d'une matinée d'automne, au tréfonds de la douceur profonde d'un paysage de France.

J'ai baissé le long canon du Smith and Wesson, peint en rouge vif au minium antirouille.

43

Julien m'a vu faire, il a replié le bras, lui aussi.

Il m'observe d'un air inquiet, se demandant sans doute ce qui m'arrive.

Il m'arrive *La Paloma*, c'est tout : l'enfance espagnole en plein visage.

Mais le jeune soldat a tourné le dos, il revient à petits pas vers sa moto, immobilisée sur sa béquille.

Alors, j'empoigne mon arme à deux mains. Je vise le dos de l'Allemand, j'appuie sur la gâchette du Smith and Wesson. J'entends à mon côté les détonations du revolver de Julien, qui a tiré plusieurs fois, lui aussi.

Le soldat allemand fait un saut en avant, comme s'il avait été brutalement poussé dans le dos. Mais c'est qu'il a effectivement été poussé dans le dos, par l'impact brutal des projectiles.

Il tombe de tout son long.

Je m'effondre, le visage dans l'herbe fraîche, je tape du poing rageusement sur le rocher plat qui nous protégeait.

– Merde, merde, merde !

Je crie de plus en plus fort, Julien s'affole.

Il me secoue, hurle que ce n'est pas le moment de piquer une crise de nerfs : il faut filer. Prendre la moto, la mitraillette de l'Allemand, et filer.

Il a raison, il n'y a rien d'autre à faire.

On se lève, on traverse en courant la rivière, sur des rochers qui forment une sorte de barrage naturel. Julien prend la mitraillette du mort, après avoir retourné son corps. Et c'est vrai qu'il a des yeux bleus, écarquillés par l'étonnement.

Nous filons sur la motocyclette, qui démarre au quart de tour.

Mais c'est une histoire que j'ai déjà racontée.

Pas celle du survivant juif que nous avons retrouvé, Albert et moi, parce qu'il chantonnait en yiddish la prière des morts.

Cette histoire-là, c'est la première fois que je la raconte. Elle fait partie des histoires que je n'ai pas encore racontées. Il me faudrait plusieurs vies pour raconter toute cette mort. Raconter cette mort jusqu'au bout, tâche infinie.

C'est l'histoire de l'Allemand que j'ai déjà racontée. Du jeune soldat allemand, beau et blond, que nous avons abattu, Julien et moi, dans les environs de Semur-en-Auxois. Je ne me rappelle pas le nom de la rivière, peut-être ne l'ai-je jamais su. Je me rappelle que c'était le mois de septembre, qu'il faisait septembre d'un bout à l'autre du paysage. Je me rappelle la douceur de septembre, la douceur d'un paysage tellement accordé aux bonheurs paisibles, à l'horizon du travail de l'homme. Je me rappelle que le paysage m'avait fait penser à Jean Giraudoux, à ses émotions devant les beautés de la France.

J'ai raconté cette histoire du soldat allemand dans un bref roman qui se nomme *L'évanouissement*. C'est un livre qui n'a presque pas eu de lecteurs. C'est sans doute pour cette raison que je me suis permis de raconter une nouvelle fois l'histoire du jeune Allemand qui chantait *La Paloma*. Mais pas seulement pour cela. Aussi pour rectifier la première version de cette histoire, qui n'était pas tout à fait véridique. C'est-à-dire, tout est vrai dans cette histoire, y compris dans sa première version, celle de *L'évanouissement*. La rivière est vraie, Semur-en-Auxois n'est pas une ville que j'aie inventée, l'Allemand a bien chanté *La Paloma*, nous l'avons bien abattu.

Mais j'étais avec Julien, lors de cet épisode du soldat allemand, et non pas avec Hans. Dans *L'évanouissement*, j'ai parlé de Hans, j'ai mis ce personnage de fiction à la place d'un personnage réel. Julien était un personnage réel : un jeune Bourguignon qui disait toujours « les patriotes » pour parler des résistants. Cette survivance du langage jacobin me ravissait. Julien était mon copain de randonnée dans les maquis de la région, où nous distribuions les armes parachutées pour le compte de « Jean-Marie Action », le réseau d'Henri Frager pour lequel je travaillais. Julien conduisait les tractions avant et les motocyclettes à tombeau ouvert sur les routes de l'Yonne et de la Côte-d'Or, et c'était une joie que de partager avec lui l'émotion des courses nocturnes. Avec Julien, on faisait tourner en bourrique les patrouilles de la *Feld*. Mais Julien a été pris dans un guet-apens, il s'est défendu comme un beau diable. Sa dernière balle de Smith and Wesson a été pour lui : il s'est tiré sa dernière balle dans la tête.

Hans Freiberg, en revanche, est un personnage de fiction. J'avais inventé Hans Freiberg – que nous appelions Hans von Freiberg zu Freiberg, dans *Le grand voyage*, Michel et moi, en souvenir d'*Ondine* – pour avoir un copain juif. J'en avais eu dans ma vie de cette époque-là, je voulais en avoir un aussi dans ce roman. D'ailleurs, les raisons de cette invention de Hans, mon copain juif de fiction qui incarnait mes copains juifs réels, sont suggérées dans *L'évanouissement*.

« Nous aurions inventé Hans, y est-il écrit, comme l'image de nous-mêmes, la plus pure, la plus proche de nos rêves. Il aurait été Allemand parce que nous étions internationalistes : dans chaque soldat allemand abattu en embuscade nous ne visions pas l'étranger, mais l'essence la plus meurtrière et la plus éclatante de nos propres bourgeoisies, c'est-à-dire, des rapports sociaux que nous voulions changer chez nous-mêmes. Il aurait été Juif parce que nous voulions liquider toute oppression et que le Juif était, même passif, résigné même, la figure intolérable de l'opprimé... »

Voilà pourquoi j'ai inventé Hans, pourquoi je l'ai placé à côté de moi, le jour de ce soldat allemand qui chantait *La Paloma*. Mais c'est Julien qui y était, en réalité. Julien était bourguignon et il disait « les patriotes » pour parler des résistants. Il s'est tiré une balle dans la tête pour ne pas être pris par la *Feldgendarmerie*.

Voilà la vérité rétablie : la vérité totale de ce récit qui était déjà véridique.

Le survivant juif qui chantonnait la prière des morts est bien réel, lui. Tellement réel qu'il est en train de mourir, là, sous mes yeux.

Je n'entends plus le kaddish. Je n'entends plus la mort chanter en yiddish. Je m'étais perdu dans mes souvenirs, je n'avais pas fait attention. Depuis combien de temps ne chantait-il plus la prière des morts ? Était-il vraiment mort lui-même, à l'instant, profitant d'une minute d'inattention de ma part ?

Je me penche vers lui, je l'ausculte. Il me semble que quelque chose bat encore, dans le creux de sa poitrine. Quelque chose de très sourd et de très lointain : une rumeur qui s'essoufle et s'efface, un cœur qui s'arrête, me semble-t-il.

C'est assez pathétique.

Je regarde autour de moi, en quête de quelque secours. Vainement. Il n'y a personne. Le Petit Camp a été vidé, le lendemain de la libération de Buchenwald. On a installé les survivants dans des bâtiments plus confortables du camp principal, ou bien dans les anciennes casernes de la division S.S. Totenkopf.

Je regarde autour de moi, il n'y a personne. Il n'y a que la rumeur du vent qui souffle, comme toujours, sur ce versant de l'Ettersberg. Au printemps, en hiver, tiède ou glacial, toujours le vent sur l'Ettersberg. Vent des quatre saisons sur la colline de Goethe, sur les fumées du crématoire.

Nous sommes derrière la baraque des latrines collectives du Petit Camp. Ce dernier se déploie au piémont de l'Ettersberg, à la suture avec la plaine verte et grasse de Thuringe. Et il se déploie autour de ce bâtiment des latrines collectives. Car les baraquements du Petit Camp ne disposaient pas de latrines, ni de salles d'eau. Dans la journée, les baraques étaient habituellement vides, tous les déportés en quarantaine étant affectés, en attendant un départ en transport ou un poste de travail

47

permanent dans le système productif de Buchenwald, à des corvées diverses et variées, généralement épuisantes, puisqu'elles avaient un caractère pédagogique, c'est-à-dire punitif : « Vous allez voir ce que vous allez voir! »

La corvée de la carrière, par exemple : *Steinbruch*. Et celle de *Gärtnerei*, la corvée de jardinage, par euphémisme car c'était sans doute la pire de toutes. Elle consistait à porter, deux par deux (et les accouplements des porteurs, si l'on n'était pas rapide et débrouillard, étaient faits par les *Kapo*, généralement de vieux détenus, désabusés, donc sadiques, qui s'arrangeaient pour faire travailler ensemble les gabarits les moins accordés : un petit gros et un grand maigre, par exemple, un balèze et un avorton, afin de provoquer, outre la difficulté objective du portage lui-même dans de semblables conditions, une animosité quasiment inévitable entre des êtres aux capacités physiques de résistance bien différentes), à porter deux par deux, donc, au pas de course, sous les coups de matraque, de lourds bacs de bois suspendus à des sortes de perches et remplis à ras bord d'engrais naturels – d'où l'appellation courante de « corvée de merde » – destinés aux cultures maraîchères des S.S.

Il fallait donc, avant le couvre-feu ou à l'aube, quel que fût le temps, quitter les baraques du camp de quarantaine, ou Petit Camp, pour gagner le bâtiment des latrines collectives, une sorte de halle nue, au sol de ciment grossier, boueux dès les premières pluies de l'automne, contre les murs de laquelle, dans le sens de la longueur, s'alignaient des éviers de zinc et des robinets d'eau froide, pour la toilette matinale obligatoire – le commandement S.S. était obsédé par le danger des épidémies : une grande affiche d'un réalisme repoussant, où figurait la reproduction immensément agrandie d'un pou menaçant, proclamait dans les baraquements le slogan de l'hygiène S.S. : *Eine Laus, dein Tod!* slogan traduit dans plusieurs langues, mais avec une faute d'orthographe en français : *Un poux, ta mort!* –, alors que le centre de la nef, d'un bout à l'autre, était traversé par la fosse d'aisances collective, surmontée sur toute sa longueur par une double poutre de bois à peine dégrossie, poutre qui servait de point d'assise pour les défécations multitudinaires, qui se faisaient ainsi dos à dos, sur d'interminables rangées.

Pourtant, malgré la buée méphitique et l'odeur pestilentielle qui embrumaient constamment le bâtiment, les latrines du Petit Camp étaient un endroit convivial, une sorte de refuge où retrouver des compatriotes, des copains de quartier ou de maquis : un lieu où échanger des nouvelles, quelques brins de tabac, des souvenirs, des rires, un peu d'espoir : de la vie, en somme. Les latrines immondes du Petit Camp étaient un espace de liberté : par sa nature même, par les odeurs nauséabondes qui s'y dégageaient, les S.S. et les *Kapo* répugnaient à fréquenter le bâtiment, qui devenait ainsi l'endroit de Buchenwald où le despotisme inhérent au fonctionnement même de l'ensemble concentrationnaire se faisait le moins sentir.

Dans la journée, aux heures de travail, les latrines n'étaient fréquentées que par les invalides ou les malades des blocks de quarantaine exempts de corvée. Mais, dès le soir, dès l'appel du soir terminé et jusqu'au couvre-feu, les latrines devenaient, outre lieux d'aisances, ce qui était leur destination primitive, marché d'illusions et d'espérances, souk où échanger les objets les plus hétéroclites contre une tranche de pain noir, quelques mégots de *machorka*, agora enfin où échanger des paroles, menue monnaie d'un discours de fraternité, de résistance.

Ainsi, c'est dans le bâtiment des latrines que j'avais fait la connaissance de certains de mes meilleurs copains de quarantaine : Serge Miller, Yves Darriet, Claude Francis-Bœuf, par exemple. Nous étions tous dans le même block, le 62, arrivés ensemble par les transports massifs de janvier 1944 qui ont vidé les prisons françaises et le camp de Compiègne, à la suite de deux opérations de déportation successives aux noms de code poétiques, selon une tradition militaire assez révélatrice :

Meerschaum et *Frühlingswind*, « Écume de mer » et « Vent de printemps ».

Dans la foule hagarde du block 62, corvéable à merci, désorientée par le choc avec la réalité surprenante de la vie à Buchenwald, aux codes inexplicables mais absolument contraignants, nous n'avions pu nous reconnaître, découvrir les points communs qui nous rattachaient au même univers culturel et moral. C'est dans les latrines collectives, dans l'ambiance délétère où se mélangeaient les puanteurs des urines, des défécations, des sueurs malsaines et de l'âcre tabac de *machorka*, que nous nous sommes retrouvés, à cause et autour d'un même mégot partagé, d'une même impression de dérision, d'une identique curiosité combative et fraternelle pour l'avenir d'une survie improbable.

Plutôt, d'une mort à partager.

C'est là, un soir mémorable, que Darriet et moi, tirant à tour de rôle des bouffées délicieuses d'un même mégot, avons découvert un goût commun pour la musique de jazz et la poésie. Un peu plus tard, alors qu'on commençait à entendre au loin les premiers coups de sifflet annonçant le couvre-feu, Miller est venu se joindre à nous. Nous échangions des poèmes, à ce moment-là : Darriet venait de me réciter du Baudelaire, je lui disais *La fileuse* de Paul Valéry. Miller nous a traités de chauvins en riant. Il a commencé, lui, à nous réciter des vers de Heine, en allemand. Ensemble, alors, à la grande joie de Darriet qui rythmait notre récitation par des mouvements des mains, comme un chef d'orchestre, nous avons déclamé, Serge Miller et moi, le lied de la Lorelei.

> *Ich weiss nicht, was soll es bedeuten*
> *Dass ich so traurig bin...*

La fin du poème, nous l'avons hurlée, dans le bruit assourdissant des dizaines de paires de galoches de bois s'éloignant au

50

galop pour regagner les baraquements, juste à la dernière minute avant le couvre-feu effectif.

> Und das hat mit ihrem Singen
> Die Lorelei getan...

Nous aussi, ensuite, nous nous étions mis à courir pour regagner le block 62, dans une sorte d'excitation, d'indicible allégresse.

Je me suis agenouillé à côté du survivant juif. Je ne sais que faire pour le garder en vie, mon Christ du kaddish. Je lui parle doucement. Je finis par le prendre dans mes bras, le plus légèrement possible, de peur qu'il ne se brise entre mes doigts. Je l'implore de ne pas me faire ce coup-là, Albert ne me le pardonnerait pas.

Maurice Halbwachs aussi, je l'avais pris dans mes bras, le dernier dimanche. Il était allongé dans la litière du milieu du châlit à trois niveaux, juste à hauteur de ma poitrine. J'ai glissé mes bras sous ses épaules, je me suis penché sur son visage, pour lui parler au plus près, le plus doucement possible. Je venais de lui réciter le poème de Baudelaire, comme on récite la prière des agonisants. Il n'avait plus la force de parler, Halbwachs. Il s'était avancé dans la mort encore plus loin que ce Juif inconnu sur lequel je me penchais maintenant. Celui-ci avait encore la force, inimaginable par ailleurs, de se réciter la prière des agonisants, d'accompagner sa propre mort avec des mots pour célébrer la mort. Pour la rendre immortelle, du moins. Halbwachs n'en avait plus la force. Ou la faiblesse, qui sait? Il n'en avait plus la possibilité, en tout cas. Ou le désir. Sans doute la mort est-elle l'épuisement de tout désir, y compris celui de mourir. Ce n'est qu'à partir de la vie, du savoir de la vie, que l'on peut avoir le désir de mourir. C'est encore un réflexe de vie que ce désir mortifère.

51

Mais Maurice Halbwachs n'avait visiblement plus aucun désir, même pas celui de mourir. Il était au-delà, sans doute, dans l'éternité pestilentielle de son corps en décomposition.

Je l'ai pris dans mes bras, j'ai approché mon visage du sien, j'ai été submergé par l'odeur fétide, fécale, de la mort qui poussait en lui comme une plante carnivore, fleur vénéneuse, éblouissante pourriture. Je me suis dit, dans un moment de dérision délibérée, pour m'aider à traverser cet instant invivable, à le vivre sans complaisance du moins, dans la rigueur d'une compassion non pathétique, je me suis dit que j'aurais au moins appris cela, à Buchenwald, à identifier les odeurs multiples de la mort. L'odeur de la fumée du crématoire, les odeurs du block des invalides et des baraques du *Revier*. L'odeur de cuir et d'eau de Cologne des *Sturmführer* S.S. Je me suis dit que c'était un savoir pertinent, mais était-ce un savoir pratique ? Comment jurer du contraire ?

Maurice Halbwachs n'était pas mort dans mes bras. Ce dimanche-là, le dernier dimanche, j'avais été contraint de le quitter, de l'abandonner à la solitude de sa mort, les coups de sifflet du couvre-feu m'ayant obligé à regagner mon block dans le Grand Camp. Ce n'est que le surlendemain que j'ai vu son nom, dans le rapport dénombrant les mouvements des déportés : arrivées, départs en transport, décès. Son nom figurait dans la liste des décès quotidiens. Il avait donc tenu deux jours encore, quarante-huit heures d'éternité de plus.

L'avant-veille, en quittant le Petit Camp, lorsque l'heure du couvre-feu m'avait obligé à abandonner Halbwachs, je m'étais lavé à grande eau glacée, torse nu, dans la salle d'eau attenante au dortoir de l'aile C, à l'étage du block 40, qui était le mien. Mais j'avais beau frotter, l'odeur fétide de la mort semblait m'avoir imprégné les poumons, je continuais de la respirer. Je me suis arrêté de frotter à grande eau mes bras et mes épaules, ma poitrine. Je suis allé dormir dans la promiscuité haletante du dortoir, avec l'odeur de mort qui imprégnait mon âme vouée pourtant à l'espérance.

Le surlendemain, donc, j'ai vu apparaître le nom de Halbwachs dans la liste des décès quotidiens. J'ai pris dans le fichier
central de l'*Arbeitsstatistik* le casier correspondant à son matricule. J'ai sorti la fiche de Maurice Halbwachs, j'ai effacé son
nom : un vivant pourrait désormais prendre la place de ce mort.
Un vivant, je veux dire : un futur cadavre. J'ai fait tous les
gestes nécessaires, j'ai gommé soigneusement son nom, Halbwachs, son prénom, Maurice : tous ses signes d'identité. J'avais
la fiche rectangulaire dans le creux de ma main, elle était redevenue blanche et vierge : une autre vie pourrait s'y inscrire, une
nouvelle mort. J'ai regardé la fiche vierge et blanche, longtemps, probablement sans la voir. Probablement ne voyais-je à
cet instant que le visage absent de Halbwachs, ma dernière
vision de ce visage : le masque cireux, les yeux fermés, le sourire d'au-delà.

Une sorte de tristesse physique m'a envahi. J'ai sombré dans
cette tristesse de mon corps. Ce désarroi charnel, qui me rendait inhabitable à moi-même. Le temps a passé, Halbwachs
était mort. J'avais vécu la mort de Halbwachs.

Mais je ne voulais pas vivre la mort de ce Juif hongrois que
je tenais dans mes bras, quelques mois plus tard, un jour d'avril
1945. Je supposais qu'il était hongrois, du moins. Son matricule, en tout cas, à peine lisible sur sa veste rayée, en loques,
laissait supposer qu'il faisait partie des convois de Juifs en provenance de Hongrie. Mon travail au fichier central du camp, à
l'*Arbeitsstatistik*, me permettait de savoir à peu près à quoi correspondaient les tranches numériques attribuées aux convois
d'arrivée : à quelle origine, à quelle époque de Buchenwald.

Même s'il n'avait pas été hongrois, je n'aurais pas voulu
vivre la mort de ce juif. Même s'il n'avait pas été juif, d'ailleurs. Pourtant, le fait qu'il fût juif, en prime, ce survivant ano-

nyme que nous avions découvert, Albert et moi, dans un monceau de vrais cadavres, ne faisait qu'aggraver son cas. Je veux dire : ne faisait qu'aggraver mon désir de le sauver. Ne faisait que rendre plus grave ce désir, plus chargé d'angoisse. Il serait vraiment absurde – intolérable, plutôt – qu'il eût survécu à toute cette mort, qu'il l'eût vécue jusqu'au bout, jusqu'à un tel horizon de solitude, avec autant de force têtue, viscérale, pour y succomber maintenant.

Je pouvais aisément imaginer son itinéraire, ces dernières années. Sa déportation, son arrivée à Auschwitz, le hasard de la sélection qui l'avait fait tomber du côté des rescapés, la survie tout aussi hasardeuse, l'évacuation du camp devant la poussée de l'Armée rouge, l'interminable voyage à travers l'Allemagne hivernale, les gerçures du froid brûlant, les morsures de la faim. Il était arrivé à Buchenwald au moment le plus dramatique de sa longue histoire : la surpopulation faisait que les détenus s'entassaient dans les blocks et les baraques. Les rations quotidiennes venaient encore d'être réduites. Et dans le Petit Camp, où l'on parquait les Juifs survivants d'Auschwitz, c'était pire que tout. Vivre dans le Petit Camp de Buchenwald, le dernier hiver de la guerre, était un cauchemar. Y survivre tenait du miracle.

J'imaginais aisément la longue agonie du Juif hongrois que je serrais dans mes bras, le printemps revenu, la liberté retrouvée, en essayant de le maintenir en vie. Les forces qui vous abandonnent, les déplacements de plus en plus difficiles, chaque pas devenant une souffrance, un effort surhumain. Je les avais vus, lui, ses semblables, ses frères, dans les baraques du Petit Camp, dans les tentes et les hangars qu'on avait installés pour suppléer tant bien que mal au manque de place, cet hiver-là. Je les avais vus dans le bâtiment des latrines, dans les salles de l'infirmerie, hagards, se déplaçant avec une infinie lenteur, sortes de cadavres vivants, à demi nus, aux interminables jambes squelettiques, s'accrochant aux montants des

54

litières pour progresser pas à pas, dans un mouvement imperceptible de somnambules.

Jamais, plus tard, toute une vie plus tard, même sous le soleil de Saint-Paul-de-Vence, dans un paysage aimable et policé portant l'empreinte vivifiante du travail humain, jamais, sur la terrasse de la Fondation Maeght, dans l'échancrure de ciel et de cyprès entre les murs de brique rose de Sert, jamais je ne pourrais contempler les figures de Giacometti sans me souvenir des étranges promeneurs de Buchenwald : cadavres ambulants dans la pénombre bleutée de la baraque des contagieux; cohortes immémoriales autour du bâtiment des latrines du Petit Camp, trébuchant sur le sol caillouteux, boueux dès la première pluie, inondé à la fonte des neiges, se déplaçant à pas comptés – ô combien l'expression banale, toute faite, se glissant impromptu dans le texte, prend ici un sens, se chargeant d'inquiétude : compter les pas, en effet, les compter un par un pour ménager ses forces, pour ne pas faire un pas de trop, dont le prix serait lourd à payer; mettre un pas dans l'autre en arrachant les galoches à la boue, à la pesanteur du monde qui vous tire par les jambes, qui vous englue dans le néant! – se déplaçant à pas comptés vers le bâtiment des latrines du Petit Camp, lieu de rencontres possibles, de paroles échangées, lieu étrangement chaleureux malgré la buée répugnante des urines et des défécations, havre ultime de l'humain.

Jamais, plus tard, toute une vie plus tard, je ne pourrais éviter la bouffée d'émotion – je ne parle point de celle que provoque la beauté de ces figures, celle-ci n'a pas besoin d'explication : elle est évidente, au premier degré –, d'émotion rétrospective, morale, pas seulement esthétique, que susciterait en tous lieux la contemplation des promeneurs de Giacometti, noueux, l'œil indifférent dressé vers des cieux indécis, infinis, déambulant de leur pas inlassable, vertigineusement immobile, vers un avenir incertain, sans autre perspective ou profondeur que celle que créerait leur propre démarche aveugle mais obstinée. Ils me rappelleraient insidieusement, quelle que soit la circonstance, même la plus joyeuse, le souvenir des silhouettes d'antan, à Buchenwald.

Mais je ne veux pas vivre la mort de ce Juif anonyme, peut-être hongrois. Je le tiens dans mes bras, je lui parle doucement à l'oreille. Je lui raconte l'histoire du jeune soldat allemand qui chantait *La Paloma* et que nous avons abattu, Julien et moi. Mais je ne lui parle pas de Julien, je lui parle de Hans. Je commence à inventer à l'instant même Hans Freiberg, mon copain juif imaginaire, mon Juif combattant, pour tenir compagnie à cet agonisant, à ce Juif anonyme que je voudrais voir survivre à sa propre mort. Je lui raconte l'histoire de Hans, que je viens d'inventer, pour l'aider à vivre, en somme.

Voici Albert, justement. Au pas de course, avec deux brancardiers du *Revier*.

Une heure plus tard, nous sommes assis au soleil, dans le petit bois qui se trouve au-delà du *Revier*. Nous regardons la plaine de Thuringe sous le soleil d'avril. Grâce à son matricule, Albert a identifié le récitant du kaddish que nous avons laissé entre les mains d'un médecin français, à l'infirmerie. C'est un Juif de Budapest et il n'est pas impossible qu'il parvienne à s'en sortir, a dit le médecin français.

Albert est tout heureux d'avoir peut-être sauvé l'un de ses compatriotes.

— Tu sais qui est André Malraux, Albert ? je lui demande. Un écrivain...

Il se tourne vers moi, l'œil farouche, avec un geste d'indignation. Il m'interrompt, coléreux.

— Tu te fous de moi ? crie-t-il. Tu oublies que j'ai été en Espagne, dans les Brigades ?

Je ne l'oublie pas, je ne l'ai jamais su. Je le lui dis :

— Première nouvelle.

56

– Mais bien sûr, s'exclame-t-il. J'ai travaillé à l'état-major de Kléber.

« Kléber » était un pseudonyme, bien entendu.

– C'est pour ça que Kaminski m'a invité à sa réunion, l'hiver dernier...

– Justement, lui dis-je, tout excité, c'est à cause de cette réunion que j'ai pensé à Malraux!

Albert me regarde, il attend la suite.

Quelques mois plus tôt, en plein hiver, Kaminski était venu me trouver à mon lieu de travail, au bureau de l'*Arbeitsstatistik*. C'était avant l'appel du soir. Kaminski était un ancien combattant des Brigades internationales en Espagne. Il parlait très convenablement le castillan. Il m'avait donné rendez-vous pour le surlendemain. Une réunion importante, m'avait-il dit, mystérieux.

Le surlendemain était un dimanche.

Ce n'est que le dimanche après-midi, une fois l'appel terminé, que nous pouvions nous retrouver, mettant à profit les quelques heures de loisir dominical. J'ai traversé le camp sous les tourbillons de neige. Je suis entré dans l'enceinte du *Revier*, l'infirmerie. Dans une baraque à l'écart, il y avait une salle en demi-sous-sol pour les maladies contagieuses : lazaret dans le lazaret. Les S.S., médecins ou gardiens, fuyaient comme la peste, c'est le cas de le dire, cette salle des contagieux. Ils avaient l'obsession de l'hygiène, de la propreté, des corps nets et drus de la race supérieure. La phobie de la contagion faisait de cette baraque du *Revier* un lieu fort préservé, pratiquement invulnérable.

C'est Ludwig G. qui était responsable du pavillon des contagieux. Il portait cousu sur sa veste le triangle vert des droits-communs, mais c'était un communiste allemand. Quelque sombre histoire du passé, méfait ou haut fait accompli pour le bien de la cause, dans les années trente, avait été jugé par un tribunal ordinaire. Droit-commun, donc, triangle vert. Impossible de savoir quelle profession il avait exercée, avant, dehors. Il ne parlait jamais de son passé. Libérale, sans doute, à en juger par l'étendue de son savoir. Physiquement, c'était un personnage menu, fragile en apparence, vif de gestes, doté d'un regard étonnamment serein et réfléchi. Triste aussi, comme tout ce qui est serein et réfléchi. Son profil était aquilin. Plus tard, dans la banalité de la vie d'après, je n'ai jamais rencontré Roger Vailland sans me souvenir de Ludwig G.

J'ai traversé le camp, ce dimanche-là, sous les tourbillons de neige, je suis entré dans l'enceinte du *Revier*. À la porte de la baraque des isolés, j'ai tapé la semelle de mes bottes contre le support de fer prévu à cet usage, sur le côté droit du perron. L'ordre S.S. exigeait que l'on se déplaçât à l'intérieur des baraques avec des chaussures propres. Les jours de pluie et de boue, ce n'était pas facile d'y parvenir. Les jours de neige profonde, il suffisait de taper la semelle des bottes ou des galoches contre ce support métallique pour en décoller les flocons agglomérés.

Kaminski avait réuni ce jour-là une poignée de militants de diverses nationalités. Nous nous connaissions tous : nous faisions tous partie de l'appareil communiste clandestin de Buchenwald.

Jürgen Kaminski nous avait réunis pour entendre un survivant d'Auschwitz : un Juif polonais survivant d'Auschwitz, arrivé par l'un des convois d'évacuation de cet hiver-là. Nous nous sommes installés dans le cagibi qui était le domaine personnel de Ludwig G., à l'extrémité du sous-sol réservé aux contagieux. Kaminski nous a expliqué qui était cet homme, d'où il venait. À Auschwitz, nous a dit Kaminski, cet homme avait travaillé dans le *Sonderkommando*. Nous ne savions pas ce qu'était le *Sonderkommando* d'Auschwitz. Moi, du moins, je ne le savais pas. À Buchenwald, il n'y avait pas de *Sonderkommando*, il n'y avait qu'un *Sonderbau*. *Sonder*, on le sait sans doute, est un adjectif allemand qui signifie « particulier »,

« séparé » « étrange », « spécial »... Des choses de ce genre. Le *Sonderbau* de Buchenwald était un édifice spécial, en effet, peut-être même étrange : c'était le bordel. Mais le *Sonderkommando* ou kommando spécial d'Auschwitz, je ne savais pas ce que c'était. Je n'ai néanmoins pas posé de questions. J'ai supposé que la suite me permettrait de comprendre de quoi il s'agissait. À juste titre, d'ailleurs. J'ai tout à fait bien compris de quoi il s'agissait, par la suite. Il s'agissait des chambres à gaz d'Auschwitz, du kommando spécial qui s'occupait d'évacuer les victimes des chambres à gaz et de les transporter vers les fours crématoires annexes où leurs cadavres étaient brûlés.

Avant que j'eusse compris cela, de quoi il s'agissait, Kaminski nous avait expliqué que les S.S. avaient fusillé périodiquement, systématiquement, les membres des équipes successives du *Sonderkommando*. Celui-ci faisait partie d'un petit groupe de rescapés qui devaient la vie au désordre des dernières semaines du camp, à l'approche des troupes soviétiques.

Ensuite, il a demandé au survivant du *Sonderkommando* d'Auschwitz de nous parler.

Je ne me souviens pas du nom de ce Juif polonais. Je ne me souviens même pas s'il avait un nom. Je veux dire : je ne me souviens plus si Jürgen Kaminski nous a mentionné son nom. Je me souviens de son regard, en tout cas. Il avait l'œil d'un bleu glacial, comme le fil tranchant d'une vitre brisée. Je me souviens de la tenue de son corps, en tout cas. Il était assis sur une chaise, tout droit, tout raide, les mains posées sur ses genoux, immobiles. Il n'a pas bougé les mains pendant tout le récit de son expérience au *Sonderkommando*. Je me souviens de sa voix, en tout cas. Il parlait en allemand, couramment, d'une voix âpre, méticuleuse, insistante. Parfois, sans raison apparente, sa voie s'épaississait, s'enrouait, comme si elle était soudain traversée par des émotions incontrôlables.

Pourtant, même à ces moments-là de visible agitation, il n'a pas bougé les mains posées sur ses genoux. Il n'a pas modifié la position de son corps sur la chaise dure et droite. C'était dans sa voix seulement que se déployaient les émotions trop fortes, comme des lames de fond qui viendraient remuer la surface d'une eau apparemment calme. La crainte de ne pas être cru, sans doute. De ne pas être entendu, même. Mais il était tout à fait crédible. Nous l'entendions fort bien, ce survivant du *Sonderkommando* d'Auschwitz.

Je comprenais son angoisse, cependant.

Je le regardais, dans la salle en demi-sous-sol des contagieux, et je comprenais son angoisse. Il me semblait la comprendre, du moins.

C'est que tous les massacres de l'histoire ont eu des survivants. Lorsque les armées mettaient à feu et à sang les villes conquises, il y avait des survivants. Des Juifs survivaient aux pogromes, même les plus sauvages, les plus meurtriers. Des Kurdes et des Arméniens ont survécu aux massacres successifs. Il y a eu des survivants à Oradour-sur-Glane. Partout, tout au long des siècles, des femmes aux yeux souillés et brouillés à jamais par des visions d'horreur survécurent au massacre. Elles raconteraient. La mort comme si vous y étiez : elles y avaient été.

Mais il n'y avait pas, il n'y aura jamais de survivant des chambres à gaz nazies. Personne ne pourra jamais dire : j'y étais. On était autour, ou avant, ou à côté, comme les types du *Sonderkommando*.

D'où l'angoisse de ne pas être crédible, parce qu'on n'y est pas resté, précisément, parce qu'on a survécu. D'où le sentiment de culpabilité chez certains. De malaise, du moins. D'interrogation angoissée. Pourquoi moi, vivante, vivant, à la place d'un frère, d'une sœur, d'une famille tout entière, peut-être ?

J'écoutais le survivant du *Sonderkommando* et il me semblait que je pouvais comprendre l'angoisse qui troublait sa voix par moments. Il a parlé longtemps, nous l'avons écouté en silence, figés dans l'horreur blafarde de son récit. Soudain, lorsque Ludwig G. a allumé une lampe, nous avons pris conscience de l'obscurité qui nous enveloppait depuis quelque temps déjà, la nuit hivernale étant tombée. Nous avions sombré corps et âme dans la nuit de ce récit, suffoqués, ayant perdu toute notion de temps.

– Voilà, a dit Kaminski.

Nous avons compris que le récit était terminé, que la lumière revenue signifiait la fin de ce témoignage. Fin provisoire, sans doute, aléatoire même, tellement il était évident que le récit aurait pu se prolonger indéfiniment, jusqu'à l'épuisement de notre capacité d'écoute.

– N'oubliez jamais, a ajouté Kaminski, d'une voix sombre et sévère. L'Allemagne! C'est mon pays qui est coupable, ne l'oublions pas!

Il y a eu du silence.

Le survivant du *Sonderkommando* d'Auschwitz, ce Juif polonais qui n'avait pas de nom parce qu'il pouvait être n'importe quel Juif polonais, n'importe quel Juif même de n'importe où, à vrai dire, le survivant d'Auschwitz est resté immobile, les mains à plat sur les genoux : statue de sel et de désespérance de la mémoire.

Nous aussi nous restions immobiles.

Depuis de longues minutes, je pensais au dernier roman d'André Malraux. J'écoutais le récit des chambres à gaz d'Auschwitz et je me souvenais du dernier roman de Malraux, *La lutte avec l'ange*. En 1943, quelques semaines avant mon arrestation, des exemplaires de l'édition suisse étaient parvenus à Paris. Michel H. avait réussi à s'en procurer un, que j'avais pu lire. Nous en avions discuté avec passion.

L'essentiel de l'œuvre de Malraux est une méditation sur la mort, une suite de réflexions et de dialogues sur le sens de la

vie, par conséquent. Dans *La lutte avec l'ange* – roman inachevé, dont seule a paru la première partie, *Les noyers de
l'Altenburg* – cette réflexion atteint à l'un de ses points
extrêmes, les plus lourds de sens, avec la description de
l'attaque par les gaz déclenchée en 1916 par les Allemands, sur
le front russe de la Vistule.

À la fin de sa vie, dans *Le miroir des limbes*, Malraux a
repris certains fragments du roman inachevé pour les intégrer
dans ses écritures autobiographiques. Il m'a toujours semblé
que c'était une entreprise fascinante et fastueuse, celle de Malraux retravaillant la matière de son œuvre et de sa vie, éclairant la réalité par la fiction et celle-ci par la densité de destin
de celle-là, pour en souligner les constantes, les contradictions,
le sens fondamental, souvent caché, énigmatique ou fugitif.

Sans doute faut-il pour y réussir avoir une œuvre et avoir
une biographie. Les professionnels de l'écriture, dont la vie se
résume et se consume dans l'écriture même, qui n'ont d'autre
biographie que celle de leurs textes, en seraient bien incapables.
L'entreprise même doit leur sembler incongrue. Peut-être
indécente. Mais je ne prononce pas ici de jugement de valeur.
Je ne prétends pas savoir ce qui est mieux ou moins bien. Je
me borne à une constatation, à la proclamation d'une évidence.

Dans *Le miroir des limbes*, Malraux a dit pourquoi, à
l'occasion d'un séjour à l'hôpital où il a côtoyé la mort, il lui
avait semblé nécessaire de reprendre ce fragment d'un ancien
roman.

« Puisque je travaille peut-être à ma dernière œuvre, a-t-il
dit, j'ai repris dans *Les noyers de l'Altenburg* écrits il y a trente
ans, l'un des événements imprévisibles et bouleversants qui
semblent les crises de folie de l'Histoire : la première attaque
allemande par les gaz à Bolgako, sur la Vistule, en 1916.
J'ignore pourquoi l'attaque de la Vistule fait partie du *Miroir
des limbes*, je sais qu'elle s'y trouvera. Peu de " sujets " résistent
à la menace de mort. Celui-là met en jeu l'affrontement de la

fraternité, de la mort – et de la part de l'homme qui cherche aujourd'hui son nom, qui n'est certes pas l'individu. Le sacrifice poursuit avec le Mal le plus profond et le plus vieux dialogue chrétien : depuis cette attaque du front russe, se sont succédé Verdun, l'ypérite des Flandres, Hitler, les camps d'extermination... »

Et Malraux de conclure : « Si je retrouve ceci, c'est parce que je cherche la région cruciale de l'âme où le Mal absolu s'oppose à la fraternité. »

Mais cet après-midi d'hiver, un dimanche, en 1945, dans la salle des contagieux de l'infirmerie de Buchenwald, je ne connais pas encore, bien entendu, cette réflexion d'André Malraux sur le sens profond de son propre livre. J'ai simplement lu *La lutte avec l'ange* quelques semaines avant d'être arrêté par la Gestapo à Épizy, faubourg de Joigny. J'en ai discuté longuement avec Michel H. Il nous avait semblé que le roman, en apparente rupture de forme et de fond avec toute l'œuvre précédente, prolongeait cependant pour l'essentiel la méditation qui constitue la substance du questionnement existentiel de Malraux, et en particulier celle de certains grands dialogues de *L'espoir.* De celui, par exemple, de Scali avec le vieil Alvear, au moment de la bataille de Madrid.

Je me suis donc souvenu de Michel H.

Ludwig venait d'allumer une lampe, dans le cagibi vitré qu'il occupait dans la salle des contagieux. Je voyais dans la pénombre bleutée les rangées de châlits où s'allongeaient les malades, à demi nus. Je les voyais parfois se déplacer, avec des mouvements d'une infinie lenteur, donnant l'impression d'être constamment sur le point de s'effondrer.

Je me suis souvenu de Michel H., de *La lutte avec l'ange,* de l'automne 1943 dans la forêt d'Othe, du « Tabou », un maquis au nord de Semur-en-Auxois.

Un mois après mon arrestation, quand la Gestapo eut abandonné mes interrogatoires, de guerre lasse, je fus convoqué par la *Feldgendarmerie* de Joigny. Je retrouvai le salon de la maison de la vieille ville où j'avais été interrogé le premier jour. Il y avait toujours la harpe oubliée dans un coin. J'ai déjà décrit cet endroit, me semble-t-il, cette première expérience de la torture. Dans le jardin en pente gazonnée, les arbres étaient encore en feuilles, jaunes et roux doré.

On m'a conduit vers une table où divers objets avaient été disposés. Mon cœur s'est arrêté de battre. Ou mon sang n'a fait qu'un tour. Ou les bras m'en sont tombés. Ou j'en ai perdu le souffle : n'importe laquelle de ces expressions banales ferait tout aussi bien l'affaire.

Car j'ai vu sur la table le vieux portefeuille de cuir de Michel H., que je connaissais bien. Un trousseau de clefs, que j'ai également reconnu. Et puis quelques livres, empilés. J'ai fermé les yeux, je me suis rappelé les titres de ces livres que Michel et moi trimbalions dans nos sacs à dos, les derniers temps. Nous y trimbalions aussi des pains de plastic, l'explosif dont l'odeur tenace, entêtante, avait fini par imprégner les pages de nos bouquins.

J'ai rouvert les yeux pour entendre le sous-officier de la *Feld* me demander si je connais Michel. Il me dit son prénom, Michel, et son vrai nom ensuite. Il a ouvert le portefeuille et a posé les papiers d'identité de Michel sur la table. Je tends la main, je prends la carte d'identité de Michel, je regarde sa photographie. Le *Feldgendarme* a l'air surpris, mais ne réagit pas. Je regarde la photo de Michel.

– Non, dis-je. Je ne connais pas.

Je pense que Michel est mort. S'il était vivant, c'est avec lui qu'on m'aurait confronté, pas seulement avec ses papiers d'identité et ses objets personnels. Michel est mort dans quelque embuscade et les types de la *Feld* essaient d'avoir des renseignements sur ce mort.

– Non, ça ne me dit rien.

Je laisse tomber les papiers sur la table, en haussant les épaules.

Mais le sous-officier continue à poser des questions qui ne collent pas avec l'hypothèse de la mort de Michel. Des questions absurdes si Michel a été tué et que son corps est en leur possession, comme l'indiquerait le fait qu'ils détiennent ses papiers d'identité.

Il y a quelque chose qui ne colle pas avec l'idée de la mort, dans toutes ces questions. Peut-être ont-ils arrêté Michel et a-t-il réussi à s'évader ?

Je reprends espoir.

À Buchenwald, un an et demi plus tard, dans la baraque des contagieux, je me suis souvenu de cette journée d'automne. Parmi les livres empilés sur la table de la *Feldgendarmerie* à Joigny, il y avait sûrement *La lutte avec l'ange*. Peut-être aussi *L'espoir*. Et la toute fraîche traduction française d'un essai de Kant, *La religion dans les limites de la simple raison*. Je n'ai pas eu la possibilité de vérifier, mais c'étaient les livres que nous trimbalions les derniers temps, Michel et moi, dans nos sacs à dos imprégnés de l'odeur entêtante du plastic.

Il m'a semblé alors, dans le silence qui a suivi le récit du survivant d'Auschwitz, dont l'horreur gluante nous empêchait encore de respirer aisément, qu'une étrange continuité, une cohérence mystérieuse mais rayonnante gouvernait le cours des choses. De nos discussions sur les romans de Malraux et l'essai de Kant, où s'élabore la théorie du Mal radical, *das radikal Böse*, jusqu'au récit du Juif polonais du *Sonderkommando* d'Auschwitz – en passant par les conversations dominicales du block 56 du Petit Camp, autour de mon maître Maurice Halbwachs – c'était une même méditation qui s'articulait impérieusement. Une méditation, pour le dire avec les mots qu'André Malraux écrirait seulement trente ans plus tard, sur « la région cruciale de l'âme où le Mal absolu s'oppose à la fraternité ».

Nous sommes assis au soleil, Albert et moi, dans le petit bois qui entoure les baraques du *Revier*, après y avoir mis en sûreté le Juif de Budapest. Il chantait le kaddish d'une voix sombre et rauque, d'outre-tombe : il y est ressuscité.

Nous regardons la plaine de Thuringe sous le soleil d'avril.

Il y a du silence entre nous, pour l'instant. Nous mâchonnons des herbes. Je n'ai pas pu parler avec Albert de cette phrase de Malraux, bien évidemment : il ne l'a pas encore écrite. Je lui ai parlé de *La lutte avec l'ange*. Je lui ai raconté l'épisode de l'attaque allemande par les gaz, en 1916, sur le front de la Vistule, qui constitue le cœur ténébreux du roman. Albert a été frappé par la coïncidence, surprenante mais pleine de sens, l'étrange prémonition romanesque qui a conduit Malraux à décrire l'apocalypse des gaz de combat au moment même où l'extermination du peuple juif dans les chambres à gaz de Pologne commençait à se mettre en place.

– Tu sais ce qu'il devient, Malraux ? me demande Albert, après ce long silence.

Il y a un village, à quelques centaines de mètres, dans la plaine de Thuringe. Ils ont certainement une vue imprenable sur le camp, les habitants de ce village de Thuringe. Du moins sur les bâtiments du sommet de l'Ettersberg : le crématoire, la tour de contrôle, la cuisine.

Oui, je sais ce que devient Malraux.

Je sais en tout cas ce que m'en a dit Henri Frager, le patron de « Jean-Marie Action », le chef de mon réseau. Frager m'a dit, lors de l'une de nos premières conversations dominicales, après son arrivée à Buchenwald, l'été 1944, que Malraux venait de prendre le commandement d'une région de maquis, dans le centre de la France. « Il agit sous le nom de colonel Berger », m'a dit Frager.

J'ai éclaté de rire, il m'en a demandé la raison. « Berger » était le nom du héros de son dernier roman, lui ai-je expliqué. Mais Frager ne connaissait pas *La lutte avec l'ange*. On ne pouvait guère lui en tenir grief. Il avait mis sur pied et dirigeait l'un des réseaux Buckmaster les plus actifs en France, ses lacunes littéraires pouvaient lui être pardonnées.

C'est d'ailleurs par ses liens organiques avec les réseaux britanniques Buckmaster que Frager avait des nouvelles de Malraux. Les deux frères de celui-ci, issus d'un deuxième lit – je reproduis ici, fidèlement, l'expression de Frager, qui ne me serait pas facilement attribuable –, Claude et Roland Malraux, donc, issus d'un deuxième lit du père, Fernand Malraux, avaient travaillé dans la Résistance avec l'organisation Buckmaster. Ils avaient été arrêtés tous les deux quelques mois auparavant, au printemps 1944.

Je parle d'une conversation avec Henri Frager qui a eu lieu à la fin de cet été-là, après la libération de Paris. Selon Frager, c'est l'arrestation de son demi-frère, Roland, qui avait décidé Malraux à prendre une place dans la Résistance active.

Mais je ne raconte pas tous ces détails à Albert, ce serait trop long. Trop confus pour lui, aussi. Je lui dis simplement que Malraux est devenu le colonel Berger. Ça ne l'étonne pas outre mesure : il avait déjà été colonel, en Espagne.

Ensuite, nous gardons le silence.

Nous le gardons précieusement, même. Après le bruit et la fureur des dernières semaines de Buchenwald, après le chant rauque du kaddish, tout à l'heure, nous gardons entre nous, sous le soleil d'avril, parmi les arbres qui reverdissent dans le petit bois longeant l'infirmerie, le bien précieux de ce silence fraternel. Nous contemplons la plaine de Thuringe, les villages paisibles dans la plaine de Thuringe. Des fumées calmes s'y élèvent, domestiques.

Ce ne sont pas des fumées de crématoire.

3

LA LIGNE BLANCHE

Je me suis arrêté, j'ai regardé les grands arbres, au-delà des barbelés. Il y avait du soleil sur la forêt, du vent dans les arbres. Un air de musique a jailli soudain, de l'autre côté de la place d'appel. Un air d'accordéon, quelque part là-bas. Ce n'était pas une musique de guinguette, de valse musette. C'était tout autre chose : un air d'accordéon joué par un Russe, assurément. Seul un Russe pouvait tirer de cet instrument une telle musique, fragile et violente, cette sorte de valse tempête : frémissement des bouleaux dans le vent, des blés dans la steppe sans fin.

J'ai fait quelques pas encore. La place d'appel était déserte, vaste sous le soleil. J'ai regardé Staline, qui semblait m'y attendre.

Son portrait, du moins.

Dès le lendemain de la libération, le 12 avril, de retour au camp après la nuit en armes dans la forêt avoisinante, nous avions trouvé Staline. Son portrait avait fleuri dans la nuit, fidèle et gigantesque. Il s'étalait au frontispice de l'un des baraquements de prisonniers soviétiques, à un angle de la place d'appel, du côté de la cantine.

Staline avait contemplé notre retour, impassible. Pas un poil ne manquait à sa moustache. Pas un bouton à sa vareuse stricte de Généralissime. Dans la nuit, une première nuit de liberté encore précaire, des artistes anonymes et fervents avaient dessiné ce portrait démesuré : trois mètres sur cinq au minimum. D'une ressemblance à crier, inquiétante.

Ainsi, de jeunes Russes – tous les Russes étaient jeunes, d'ailleurs, à Buchenwald – avaient éprouvé le besoin impérieux de consacrer leurs premières heures de liberté à faire le portrait de Staline, immense et réaliste : surréaliste, même, à force de réalisme. Comme on dresse un totem à l'entrée d'un village primitif, les Russes avaient dressé au-dessus de l'une de leurs baraques l'image tutélaire du Généralissime.

Ce matin-là – pas celui du 12 avril, entendons-nous, qui est le jour où j'ai rencontré Staline : un autre matin quelconque entre le 14 et le 19 avril, jours pour lesquels j'ai des repères précis –, ce matin dont il est question, j'avais été tiré du sommeil par l'appel de mon nom, insistant.

Une voix dans le haut-parleur, rêche, impérative m'avait-il semblé, criait mon nom. Dans le sursaut du réveil, j'avais eu quelques secondes de confusion mentale. J'avais cru que nous étions encore soumis aux ordres des S.S., à l'ordre S.S. J'avais pensé, dans un éclair de conscience, malgré les brumes du réveil en sursaut, que les S.S. me convoquaient à la porte du camp. Ce n'était pas bon signe, habituellement, d'être appelé à se présenter à la porte de Buchenwald. Henri Frager avait été appelé ainsi, quelques semaines auparavant, il n'était jamais revenu.

Mais cette fois-ci, l'appel de mon nom n'était pas suivi de l'injonction habituelle : *Sofort zum Tor !* On ne me convoquait pas à la porte d'entrée du camp, sous la tour de contrôle, on me convoquait à la bibliothèque. Et puis, la voix ne disait pas mon matricule, elle disait mon vrai nom. Elle n'appelait pas le détenu 44904 – *Häftling vierundvierzigtausendneunhundertvier*, elle appelait le camarade Semprun. Je n'étais plus *Häftling* mais *Genosse*, dans la voix du haut-parleur.

Alors, je me suis réveillé tout à fait.

Mon corps s'est détendu. Je me suis souvenu que nous étions libres. Une sorte de violent bonheur m'a envahi, un frisson de toute l'âme. Je me suis souvenu que j'avais des projets, pour ce jour qui commençait. Pas seulement le projet global, un peu absurde, excessif du moins, de survivre encore ce jour-là. Non, des projets précis, plus limités sans doute, mais pleins de sens, alors que l'autre était insensé.

J'avais le projet de sortir du camp, de marcher jusqu'au village allemand le plus proche, à quelques centaines de mètres dans la plaine grasse et verte de Thuringe. J'en avais parlé la veille, avec quelques copains. Nous pensions qu'il devait y avoir une fontaine, dans ce village allemand. Nous avions envie de boire une eau fraîche et pure, celle du camp était repoussante.

J'avais encore d'autres projets pour cette journée qui commençait, dont je guettais paresseusement les rumeurs, allongé sur ma paillasse, dans un dortoir du block 40.

Jiri Zak m'avait annoncé qu'ils allaient faire une séance de jazz, comme ça, sans raison, pour le plaisir, entre eux, les musiciens de jazz que Zak avait rassemblés, ces deux dernières années. Lui-même tenait la batterie. Au saxo, il y avait Markovitch, un Serbe vraiment doué. Le trompettiste était un Norvégien, carrément génial. Quand il jouait *Stardust*, il nous donnait la chair de poule. Les S.S., bien entendu, ne connaissaient pas l'existence de l'ensemble de jazz, dont les instruments avaient été récupérés illégalement au magasin central, l'*Effektenkammer*. Il faut dire que les vieux communistes allemands n'aimaient pas non plus cette musique barbare. Mais on ne leur avait pas demandé la permission de créer ce groupe de jazz. Ils subissaient, bougons.

J'ai prêté l'oreille à l'appel qui m'était adressé par le circuit de haut-parleurs. D'une voix fâchée, le responsable de la bibliothèque du camp me demandait de rapporter les trois livres que j'avais encore en ma possession. Il m'attendait ce matin-là, sans faute. Il fallait que les livres reviennent ce jour même à la bibliothèque, disait-il.

70

À vrai dire, j'avais eu l'intention de garder ces livres. Je ne tenais pas particulièrement aux souvenirs, mais c'étaient des livres qui pouvaient faire de l'usage. Dont j'avais l'intention de me servir encore. Je n'avais pas du tout pensé à les rendre, en vérité. D'abord, parce qu'ils pouvaient encore m'être utiles. Et aussi parce que l'avenir de la bibliothèque du camp ne m'intéressait pas, absolument pas. Pourquoi ces livres auraient-ils dû revenir à une bibliothèque qui était destinée à disparaître ? Il semble que je me trompais lourdement. Il semble que je vivais dans les nuages. Avec une certaine irritation, Anton – tel est le prénom que j'ai décidé de donner au bibliothécaire – m'expliquait que je divaguais complètement. Pourquoi la bibliothèque de Buchenwald disparaîtrait-elle ?

Mais parce que le camp allait disparaître, voyons !

C'était une réponse marquée au coin du bon sens. Elle ne semblait pourtant pas convaincre Anton, qui me regardait, hochant la tête.

Nous étions dans l'antichambre de la bibliothèque. Une pièce minuscule, nue. Une porte donnait d'un côté sur le couloir du block 5. Aux extrémités de ce couloir se trouvaient les bureaux du secrétariat, la *Schreibstube*, et de l'*Arbeitsstatistik*, où j'avais travaillé. Au fond du réduit, une porte à guichet permettait au bibliothécaire de communiquer avec les déportés venus emprunter des livres. Nous étions là, tous les deux, Anton et moi, de chaque côté du guichet.

J'avais déposé sur le comptoir en bois les trois livres de la bibliothèque dont il m'avait demandé la restitution de façon pressante.

– Pourquoi ? me demande-t-il.

Je lui trouve un regard sournois, soudain.

– Pourquoi, quoi ?

– Pourquoi le camp devrait-il disparaître ? précise-t-il.

– Dans quelques jours, quelques semaines au pire, Hitler aura été battu, lui dis-je. Le nazisme une fois disparu, les camps disparaîtront avec.

Une sorte de fou rire silencieux agite son torse, ses épaules. Il rit follement, mais sans joie.

Il s'arrête d'un coup, me fait la leçon.

— La fin du nazisme ne sera pas la fin de la lutte des classes! s'exclame-t-il, péremptoire et pédagogique.

Je le remercie poliment.

— Merci, Anton! lui dis-je. Merci de me rappeler des vérités premières!

Il se rengorge, n'a pas compris que je me moque.

— Devons-nous en conclure qu'il n'y a pas de société de classes sans camp de concentration? lui dis-je.

Il me jette un regard circonspect, méfiant même. Il réfléchit, son visage s'est figé. Il craint visiblement quelque piège dialectique.

— Pas de société de classes sans répression, du moins! avance-t-il prudemment.

Je hoche la tête.

— Sans violence, plutôt. C'est un concept plus précis et plus universel.

Il se demande probablement où je veux en venir.

Mais je ne veux en venir nulle part. J'essaie tout simplement de repousser l'idée que ses paroles suggèrent. L'idée que la fin du nazisme ne sera pas la fin de l'univers des camps de concentration.

— Tu n'aimes pas le mot répression, dit Anton. C'est pourtant le mot juste. Tu ne crois pas qu'il faudra réprimer, d'une façon ou d'une autre, tous les anciens nazis? Réprimer et rééduquer...

Je ne peux m'empêcher de rire.

Dans le système S.S., Buchenwald était aussi un camp de rééducation : *Umschulungslager*.

— Nous aurons besoin de camps comme celui-ci pour cette tâche, dit-il, d'un air positif. (Il me regarde, un peu grimaçant.) Tu n'aimes pas cette idée, c'est visible! Que voudrais-tu qu'on fasse de Buchenwald? Un lieu de pèlerinage, de recueillement? Une colonie de vacances?

72

– Surtout pas! Je voudrais qu'on abandonne le camp à l'érosion du temps, de la nature... Qu'il se fasse ensevelir par la forêt...

Il me regarde, bouche bée.

– Merde, non! Quel gaspillage!

Je reprends l'un des livres que j'avais posés sur le comptoir. La *Logique* de Hegel, dans sa version courte, celle de l'*Encyclopédie des sciences*.

– Aura-t-on besoin de livres comme celui-ci, Anton, pour la rééducation des anciens nazis?

Il regarde le titre du volume, fait un geste désabusé.

– Tu as des lectures curieuses, avoue! Hier, quand je suis tombé sur les fiches des livres que tu n'avais pas rendus, j'ai constaté ça... Hegel, Nietzsche, Schelling... Rien que des philosophes idéalistes!

Je me souviens des discussions dominicales, autour du châlit de Maurice Halbwachs.

– La lecture de Schelling m'a beaucoup appris, lui dis-je.

Il s'étonne de ma voix sourde, hausse les épaules, bougonnant.

– C'est quand même un drôle de choix!

Il a l'air consterné : il lui fais vraiment de la peine.

– Je ne vais pas laisser ces livres dans le catalogue... *La volonté de puissance* ne me semble pas une lecture indispensable, affirme-t-il.

Il me semble comprendre qu'il songe à rester ici, à cette même place de bibliothécaire, dans cette même bibliothèque, ce même camp.

– Comment? lui dis-je. Tu restes là? Tu ne rentres pas chez toi?

Il fait un geste vague.

– Plus de chez-moi, plus de famille... Tous morts pour le Führer! Les uns volontaires, les autres malgré eux... Morts quand même... C'est ici que je serai le plus utile à une Allemagne nouvelle...

Je regrette vraiment d'avoir rapporté les livres. J'aurais dû les garder, ne pas céder devant la manie de l'ordre et de la continuité de ce vieux communiste.

– Bon, dit Anton.

Il prend les trois volumes sur le comptoir, une seconde avant que je n'esquisse le geste de m'en emparer de nouveau.

– En attendant, poursuit-il, je vais les remettre à leur place.

En le voyant partir vers le fond de la bibliothèque, bientôt caché par les rayonnages, je me demande si Nietzsche et Hegel y sont bien à leur place. Et Schelling ? Le volume dépareillé de ses œuvres qui se trouvait à la bibliothèque de Buchenwald contenait l'essai sur la liberté, où Schelling explore le fondement de l'humain. Fondement obscur, problématique, mais, écrit-il, « sans cette obscurité préalable, la créature n'aurait aucune réalité : la ténèbre lui revient nécessairement en partage ».

Certains dimanches, debout contre le châlit où agonisait Maurice Halbwachs, il m'avait semblé, en effet, que la ténèbre nous revenait nécessairement en partage. La ténèbre du mystère de l'humanité de l'homme, vouée à la liberté du Bien comme à celle du Mal : pétrie de cette liberté.

Je regardais s'éloigner Anton et je me demandais si cette idée de Schelling serait de quelque utilité pour rééduquer les anciens nazis du futur camp de Buchenwald.

La place d'appel est déserte quand j'y arrive après avoir parlé avec Anton, le bibliothécaire. Je suis encore dans le malaise de cette conversation. Mais il y a du soleil sur le vaste espace somptueusement désert et silencieux, après tant de mois de bruit, de hâte et d'impossible solitude, dans le grouillement massif de la vie concentrationnaire.

Il y a la rumeur du vent d'avril dans les arbres, au-delà des barbelés. Et un air d'accordéon : une musique russe, sans aucun doute.

Je me retourne, je regarde l'alignement des baraques. Je suis de nouveau face au portrait géant de Staline.

Quelques années plus tard, en 1953, lors de sa mort, je me suis souvenu de son portrait de Buchenwald.

Pablo Picasso venait de se faire vertement rappeler à l'ordre par les dirigeants du P.C.F. Il avait dessiné un Staline jeune et géorgien, l'œil pétillant de malignité, l'allure avantageuse et aventurière, en hommage au disparu. Un portrait pas du tout respectueux, sans doute, mais plein de vivacité, d'ironie perspicace aussi : Staline avait l'air d'un chef de bande plutôt que d'un Généralissime gouvernant d'une main de fer la seconde puissance mondiale.

En fait, vu par Picasso, Staline ressemblait à Nicolaï, mon jeune barbare du block 56, plutôt qu'à lui-même en Généralissime.

Le 12 avril, le premier jour de liberté, après avoir vu l'icône de Staline dressée sur le baraquement des prisonniers de guerre soviétiques, j'étais descendu dans le Petit Camp. Il n'y avait plus de S.S., mais la vie y continuait comme avant. On continuait d'y mourir comme avant. Tous ceux qui avaient réussi à échapper à l'évacuation forcée du camp continuaient de mourir comme avant. Des processions silencieuses – parler fatigue – et trébuchantes de détenus se déplaçaient autour du bâtiment des latrines. Des fantômes en haillons, appuyés les uns sur les autres pour ne pas tomber, grelottant sous le soleil du printemps, se partageaient avec des gestes méticuleux et fraternels un mégot de *machorka*. L'odeur fécale et fétide de la mort continuait à flotter sur le Petit Camp, ce lendemain de la libération.

J'ai trouvé Nicolaï à l'extérieur du block 56. Ses bottes de cheval étaient luisantes, sa vareuse avait l'air fraîchement repassée.

– T'as vu le portrait du Chef ? me demande-t-il.

Je hoche la tête.

– Nous l'avons fait dans la nuit, poursuit-il. En deux parties. Une équipe différente pour chaque moitié du portrait. À l'aube, nous avons collé ensemble les deux morceaux...

Il fait un geste de la main droite.

– *Prima!* s'exclame-t-il.

Il me regarde avec un sourire carnassier.

– Maintenant, tu sais à quoi ressemble un *Kapo* russe, me dit-il.

– Mais pourquoi, je lui demande, toute une nuit de travail, au lieu de fêter la liberté?

– Le portrait du Grand Kapo, tu veux dire?

– C'est ça, lui dis-je. Pourquoi?

Il m'observe avec un brin de commisération.

– Et pourquoi ma mère sortait les icônes, au village, pour prier certains soirs? Quand ça allait vraiment mal. Elle sortait les icônes cachées et allumait des bougies...

J'éclate de rire.

– Je croyais que le communisme c'étaient les soviets plus l'électricité... Pas les icônes plus les bougies...

– Qui te parle de communisme? demande Nicolaï, sincèrement étonné.

– Si tu ne veux pas parler de communisme, pourquoi le portrait de Staline?

Il éclate d'un rire dévastateur. Il me regarde et fait un geste désobligeant, de l'index droit sur sa tempe droite.

– *Dourak!* s'écrie-t-il. Tu ne comprendras jamais rien, mon vieux!

C'est vrai que j'ai mis longtemps à comprendre. Mais enfin, ce n'est pas une raison pour me laisser insulter. Surtout que ce jour d'avril là, en 1945, ce n'était pas moi qui avais dessiné le portrait de Staline, qui l'avais accroché sur le frontispice d'une baraque, triomphalement. Ce n'était pas moi qui aurais passé ma nuit à faire ce portrait, sûrement pas. Je n'en avais rien à faire, de Staline, en avril 1945. Je n'avais pas encore lu une ligne de lui, je savais à peine qui il était. Mes rapports avec le marxisme ne passaient pas du tout par Staline, alors. Jamais celui-ci n'apparaissait dans nos discussions. Le dimanche, certains dimanches, au block 56, par exemple, quand Maurice Halbwachs était encore lucide et gai, plein de force intellectuelle, quand il faisait le point avec nous de sa relation critique avec le marxisme, aucun de nous n'aurait songé à mentionner Staline. Celui-ci était en marge de nos préoccupations. Il n'est entré que plus tard dans ma vie, Staline. C'est pour plus tard, les années de glaciation partielle et partisane de ma pensée.

Mais je n'ai pas le temps de dire à Nicolaï qu'il exagère. Il a changé d'expression subitement et me parle à voix presque basse.

– Tu veux combien pour ton arme ?

Il fixe d'un œil concupiscent la mitraillette allemande que je porte accrochée en travers de la poitrine. Car nous avons gardé nos armes. Les officiers américains nous ont fait regagner le camp, après notre nuit folle en pleine nature, après la marche sur Weimar. Mais ils nous ont laissé nos armes. Ce n'est que le lendemain qu'ils nous demanderont de les rendre.

– Je ne veux rien, lui dis-je. Je la garde!

Il essaie de me convaincre. Il me propose des dollars, des vêtements, de l'alcool de qualité, des filles. Des filles? Je le mets au défi. Il rit, me dit que je perdrai, si je parie. Ses gars ont pris contact avec des femmes ukrainiennes qui travaillaient en usine, autour de Weimar. Il peut en faire venir tout un wagon, en douce, pour une partie de jambes en l'air sans limites ni contrainte, dans quelque endroit discret du camp.

Je le crois sur parole, mais je lui dis que ça ne m'intéresse pas. Plutôt, que ça m'intéresse, mais pas à ce prix-là. Pas au prix de ma mitraillette toute neuve.

Il jure entre ses dents, en russe. J'en sais assez pour comprendre de quoi il s'agit. Surtout que les jurons russes, du moins ceux de Nicolaï et de ses copains de Buchenwald, sont assez monotones : il s'agit toujours d'aller baiser une mère, la

77

sienne ou celle d'un copain. Mais ce sont toujours les mères qui trinquent, dans les jurons russes. Du moins ceux de Buchenwald.

Je le laisse jurer assez longtemps pour que ça le soulage.

— Qu'est-ce que tu pensais faire de ma mitraillette?

Il me regarde, hésitant. Soudain, il se décide. Il me parle à voix basse.

— Les *Kapo* russes, mon vieux, je connais! Je sais à quoi m'attendre avec eux...

Il parle encore plus doucement. C'est un chuchotement, à présent.

— Je ne rentre pas chez moi. Je reste de ce côté. Je me tire dans deux ou trois jours. Tout est prêt. Nous sommes une petite bande de camarades. Des femmes nous attendent, qui ne veulent pas non plus se retrouver en taule là-bas. On a du fric, quelques armes. Il nous en faudrait plus...

Il lorgne ma mitraillette avec un regard amoureux. Je m'écarte de lui.

— N'essaie pas de me la prendre par la force, Nicolaï... Je te tirerai dessus, s'il le faut.

Il hoche la tête.

— T'es assez con pour le faire!

Il se lève, me tend la main.

— Allez, salut, on reste copains!

Mais je ne prends pas la main qu'il me tend. Je suis sûr qu'il ne la lâchera pas, qu'il va essayer de m'attirer à lui, de me faire une prise pour me déséquilibrer. Je serais obligé de me servir de mon arme. D'essayer, du moins.

Je m'écarte de lui, je braque la mitraillette dans sa direction.

— Salut, Nicolaï! On reste copains, tu as raison!

Il a un rire un peu fou, qui n'est pas du tout un fou rire.

— Comment, disais-tu, déjà? Les soviets plus l'électricité? Eh bien, tu m'en diras des nouvelles!

Il me tourne le dos et s'en va vers le block 56.

78

Je suis sur la place d'appel de Buchenwald, je regarde le portrait géant de Staline. Je ne comprends pas comment Nicolaï peut à la fois avoir dressé le portrait du Grand Kapo et préparer sa fuite loin de la présence tutélaire de celui-ci.

Il faut dire que le comportement des Russes à Buchenwald était une énigme pour nous. Qu'il était problématique, du moins. Nous ne pouvions pas comprendre que ces jeunes voyous, pleins de vitalité individualiste et cruelle – pour la plupart d'entre eux, en tout cas –, fussent les représentants authentiques d'une société nouvelle. Il nous avait fallu construire un système d'explication tarabiscoté, compte tenu du fait qu'il n'était pas question de changer la prémisse; la société soviétique devait forcément être une société nouvelle, tel était le point de départ : figure de rhétorique imposée.

Mais ce n'était pas, disions-nous, l'homme nouveau de cette société nouvelle qu'incarnaient les jeunes barbares russes de Buchenwald. Ils n'étaient que les scories de cette nouvelle société : les déchets d'un archaïsme rural non encore saisi ni transformé par le mouvement modernisateur de la révolution. Il nous arrivait pourtant de penser que ça faisait quand même beaucoup de déchets, la révolution. Qu'elle produisait beaucoup de scories.

Si j'avais compris sur-le-champ l'attitude de Nicolaï, le *Stubendienst* du block 56, ce mystère de l'âme russe, je me serais sans doute épargné un long détour, non dépourvu d'oasis de courage et de fraternité, par les déserts du communisme. Mais probablement n'était-ce pas, en 1945, une question de compréhension : une question de désir, plutôt. Probablement l'illusion d'un avenir m'empêchait-elle de comprendre. Ou plutôt, d'en avoir la volonté, même si j'en avais les moyens. Probablement ne me donnait-elle pas le désir de comprendre, mais bien celui de désirer. Et il n'y avait rien de plus désirable que l'avenir, après tant d'agonie.

Mais je tourne le dos à Staline, du moins à son portrait. Je fais quelques pas vers le centre de la place d'appel.

Sur la plate-forme de la tour de contrôle, un soldat américain est accoudé à la balustrade. Peut-être écoute-t-il la musique de l'accordéon russe, comme moi. Au sommet de la tour, un drapeau noir flotte en berne, depuis le jour de la libération. Depuis la mort de Franklin D. Roosevelt.

Elle est venue par cette ligne blanche...

Je murmure le début d'un poème qui se nomme *La liberté*.

Elle est venue par cette ligne blanche pouvant tout
aussi bien signifier l'issue de l'aube que le bou-
geoir du crépuscule...

Sans l'avoir prémédité, ma voix s'élève, se renforce, s'enfle, pendant que je poursuis ma récitation.

Elle passa les grèves machinales ; elle passa les
cimes éventrées.
Prenaient fin la renonciation à visage de lâche, la
sainteté du mensonge, l'alcool du bourreau...

Je crie désormais à pleins poumons, seul sur la place d'appel, la fin du poème de René Char.

Le soldat américain a pris des jumelles et me regarde.

C'est le 12 avril que j'avais lu pour la première fois le poème *La liberté*. Ça tombait bien, c'était le lendemain de la libération de Buchenwald.

Ce jour-là, j'avais fini par parler avec le jeune Français qui accompagnait les deux officiers de Sa Gracieuse Majesté.

Nous étions restés seuls, assis au soleil sur les marches d'un perron. Les deux Britanniques étaient dans la grande salle des archives S.S., au premier étage du bâtiment dont j'assurais la garde. Je leur avais permis de fouiller dans les dossiers. Ils avaient pour mission, en effet, de retrouver la trace des agents des réseaux alliés de renseignements et d'action déportés par les nazis.

Le Français, lui, était chargé de retrouver celle d'Henri Frager, le chef du réseau « Jean-Marie Action ». Or il se trouvait que j'avais fait partie de ce réseau, que Frager avait été mon patron. Il avait été arrêté quelques mois après moi, trahi lui aussi. Je l'avais retrouvé à Buchenwald. Je pouvais donc épargner au jeune officier français de longues recherches inutiles. Je pouvais lui annoncer que Frager était mort. Il avait été fusillé par les Allemands. Un jour, à l'heure de l'appel général du matin, il avait été convoqué par la *Politische Abteilung,* la section de la Gestapo du camp. Le soir, il avait été porté manquant. Le lendemain, la *Politische Abteilung* nous envoyait une communication officielle. « Libéré » : telle était la formule choisie pour annoncer le sort réservé à Henri Frager, sa disparition. *Entlassen* : formule habituelle de l'administration nazie lorsqu'elle annonçait des exécutions individuelles.

Ce jour-là, c'est moi qui avais effacé le nom d'Henri Frager du fichier central du camp. C'était mon travail, d'effacer les noms. Ou de les inscrire, tout aussi bien. De maintenir, quoi qu'il en soit, l'ordre strict des entrées et des sorties, des morts et des nouveaux venus, dans le fichier central du camp. Du moins dans les tranches numériques comprises entre trente et soixante mille. Et ça bougeait beaucoup, dans ces tranches-là, qui correspondaient surtout aux déportés en provenance de l'Europe de l'Ouest, à partir de la fin de l'année 1943.

J'avais effacé le nom d'Henri Frager, ce jour-là. Son matricule redevenait disponible.

J'ai raconté tout cela au jeune Français, afin de lui éviter des recherches inutiles dans les archives. Je lui ai ensuite parlé de mes conversations avec Henri Frager, certains dimanches.

Je lui ai parlé des dimanches à Buchenwald.

Instinctivement, pour amadouer les dieux d'une narration crédible, pour contourner les stridences d'un récit véridique, j'avais essayé d'introduire le jeune officier dans l'univers de la mort par un chemin dominical : chemin buissonnier, en quelque sorte. Plus paisible, au premier abord. Je l'avais conduit dans l'enfer du Mal radical, *das radikal Böse*, par son accès le plus banal. Le moins éloigné, en tout cas, de l'expérience habituelle de la vie.

J'avais évoqué la beauté pâle et vénéneuse de Pola Negri dans *Mazurka*, pour introduire le jeune officier aux mystères des dimanches à Buchenwald.

Mazurka ? Le film ?

Il avait sursauté, ouvrant de grands yeux. J'ai senti qu'il était choqué. Il ne mettait pas forcément en cause la vérité de mon témoignage, mais il était choqué. Comme si j'avais dit une inconvenance. Comme si j'avais commencé ce témoignage par le mauvais bout, à l'envers. Il s'attendait sans doute à un tout autre récit. L'apparition de Pola Negri à Buchenwald le déconcertait. J'ai compris aussitôt qu'il prenait ses distances. Sans doute n'étais-je pas un bon témoin, un témoin comme il faut. Pourtant, j'étais assez satisfait de ma trouvaille. Car n'importe qui aurait pu lui raconter le crématoire, les morts d'épuisement, les pendaisons publiques, l'agonie des Juifs dans le Petit Camp, le goût d'Ilse Koch pour les tatouages sur la peau des déportés. Alors que Pola Negri dans *Mazurka*, j'étais persuadé que personne n'aurait pensé à commencer son récit par là.

Mais oui, lui disais-je, *Mazurka*, le film autrichien.

Parfois, lui expliquais-je, le commandement S.S. organisait des séances de cinéma, le dimanche après-midi. Des comédies musicales ou sentimentales y étaient projetées. Ou les deux en même temps : ça se marie volontiers, musique et sentiments. Je me souvenais, par exemple, d'un film de Martha Eggerth et de Jan Kiepura. Ça se passait dans un paysage de lacs de montagne et ça chantait en duo dans des barques à rames, avec les alpages au fond. Je me souvenais aussi de *Mazurka*, avec Pola Negri.

Je n'avais pas de mérite particulier à me souvenir de ces films. D'abord, par le côté exceptionnel de leur projection dans la grande salle du Petit Camp, aux abords de l'enceinte de l'infirmerie. Mais surtout parce que c'étaient des films que j'avais déjà vus dans mon enfance.

À Madrid, dans les années trente, nous avions des institutrices germaniques. Elles nous conduisaient, mes frères et moi, au cinéma, les jours où le cinéma nous était autorisé, pour voir des films dans leur langue maternelle : allemands ou autrichiens. Le film où Jan Kiepura et Martha Eggerth chantaient dans les bras l'un de l'autre, sur fond d'alpe et de paysage lacustre, s'appelait en espagnol *Vuelan mis canciones*. Par contre, son titre original, allemand comme il se doit, m'échappe tout à fait. Ma mémoire privilégie le souvenir d'enfance, au détriment de celui de mes vingt ans à Buchenwald.

À première vue, il semblerait que le souvenir de Buchenwald, de la projection dans l'immense baraque de bois qui servait de *Kino* – de lieu de rassemblement pour le départ des transports, aussi – aurait dû être plus marquant que celui de l'enfance dans un cinéma de la place madrilène de l'Opéra. Eh bien, pas du tout : mystères de la mémoire et de la vie.

En tout cas, le titre du film de Pola Negri ne posait aucun problème de langue au souvenir : il s'appelle *Mazurka* dans toutes les langues.

J'avais donc parlé des dimanches de Buchenwald avec le jeune officier qui portait sur son cœur l'écusson à la croix de Lorraine. Je lui avais raconté les dimanches à ma façon. Pas seulement Pola Negri, bien entendu. Pola Negri n'était qu'une entrée en matière. Je lui avais parlé des réunions du dimanche. Du bordel, qui était réservé aux Allemands. De l'entraînement clandestin des groupes de combat. De l'orchestre de jazz de Jiri Zak, le Tchèque de la *Schreibstube*. Et ainsi de suite.

Il m'avait écouté attentivement mais dans un désarroi de plus en plus perceptible. Mon témoignage ne correspondait sans doute pas au stéréotype du récit d'horreur auquel il s'attendait. Il ne m'a posé aucune question, n'a demandé aucune précision. À la fin, il est resté plongé dans un silence embarrassé. Embarrassant, aussi. Mon premier récit sur les dimanches à Buchenwald était un bide complet.

Alors, pour nous sortir de cette situation gênante, c'est moi qui lui ai posé des questions. Un tas de questions. Il faut dire que j'avais presque un an à rattraper, depuis la libération de Paris. Des événements considérables s'y étaient sans doute déroulés, dont j'ignorais tout. Des livres avaient été publiés, des pièces jouées, des journaux fondés.

Mais à écouter le jeune officier français – qui tenait probablement à se racheter et qui était prolixe et précis dans ses réponses, désormais –, il ne semblait pas qu'il y ait eu à Paris, pendant mon absence, de nouveautés bouleversantes.

Albert Camus était l'homme du jour, mais ça n'avait rien de surprenant. *L'étranger* était l'un des romans qui m'avaient le plus intrigué, ces années passées. Et *Le mythe de Sisyphe* avait provoqué des discussions passionnées dans le cercle de mes amitiés, sous l'Occupation. Camus, donc : normal.

André Malraux n'écrivait plus, semblait-il. Il aurait tourné au politique. Quelques mois plus tôt, son discours au congrès du M.L.N. aurait empêché les communistes de prendre le contrôle de la Résistance unifiée. En tout cas, *La lutte avec l'ange* n'avait pas été terminée. Il ne paraissait pas qu'elle dût l'être.

Il y avait Sartre, bien sûr. Mais Sartre occupait déjà le terrain, avant. Nous avions dévoré en 1943 *L'Être et le Néant*, nous savions par cœur des pages de *La nausée*. Nous avions été en bande voir *Les mouches* au Sarah-Bernhardt. Nous avions discuté en hypokhâgne des rapports de Sartre avec Husserl et Heidegger. Parfait, vieille connaissance, Jean-Paul Sartre !

Aux côtés de ce dernier, m'informait le jeune Français, méticuleux, il y avait Maurice Merleau-Ponty. D'accord, mais ça ne m'épatait pas : j'avais déjà lu *La structure du comportement*. Il y avait Aragon, flanqué de son Elsa. Mais je ne m'intéressais pas du tout à l'Aragon de l'époque. Sa poésie civique et patriotarde de l'Occupation m'avait laissé assez indifférent. (Il y avait *Brocéliande*, quand même.) À Buchenwald, cela avait été l'unique sujet de désaccord avec mon copain Boris Taslitzky, qui était un aragonien inconditionnel. Il me faudrait attendre un poème de son *Nouveau Crève-Cœur*, la *Chanson pour oublier Dachau*, pour qu'Aragon m'intéressât de nouveau, en tant que poète.

Sans doute irrité de voir qu'aucune des nouvelles de Paris qu'il m'annonçait n'était une vraie nouveauté, le jeune Français m'a parlé de Raymond Aron. Voilà de l'inédit, avait-il l'air d'insinuer, voilà un talent original de chroniqueur politique dont vous ne pouvez rien savoir ! Mais je l'avais interrompu en éclatant de rire. Raymond Aron ? Je ne connaissais que lui. Non seulement je l'avais lu mais je le connaissais personnellement. En septembre 1939, le jour de l'invasion de la Pologne par les armées hitlériennes, je l'avais rencontré boulevard Saint-Michel. J'avais quinze ans, j'étais avec mon père. Paul-Louis Landsberg nous accompagnait. Au coin du boulevard et de la rue Soufflot, près du kiosque à journaux qui se trouvait alors devant « Chez Capoulade », nous avions rencontré Raymond Aron. Les trois hommes avaient parlé de la guerre qui commençait, des chances de survie de la démocratie. Plus tard, Claude-Edmonde Magny m'avait fait lire son *Introduction à la philosophie de l'Histoire*.

Ça ne pouvait pas m'épater, en somme, que Raymond Aron jouât un rôle de premier plan dans le Paris intellectuel de la Libération.

Il y avait aussi les absents, les chers disparus.

Jean Giraudoux était mort, je l'ignorais. Il était mort deux jours après mon arrivée à Buchenwald. Je me souvenais qu'à

Épizy, aux portes de Joigny, lorsque le grand connard de la Gestapo m'avait ouvert le crâne d'un coup de crosse de son pistolet automatique, j'avais pensé que je ne pourrais pas assister à la première représentation publique de *Sodome et Gomorrhe*, prévue quelques semaines plus tard.

Donc, Giraudoux était mort.

Je me demandais, en écoutant le jeune officier français, pourquoi aucun signe ne me l'avait annoncé, à Buchenwald. Il était improbable que la mort de Jean Giraudoux n'eût pas provoqué quelque événement naturel en guise de signe annonciateur. Mais sans doute y en avait-il eu un que je n'avais pas su interpréter, voilà tout. Sans doute, un jour de cet hiver-là, la fumée du crématoire avait-elle soudain été plus légère, plus vaporeuse : flocons à peine gris sur l'Ettersberg pour m'annoncer la mort de Giraudoux.

Je n'avais pas su déchiffrer le signe, voilà tout.

Il y avait d'autres absents : Brasillach avait été fusillé, Drieu la Rochelle s'était suicidé. J'avais toujours préféré Drieu à Brasillach : j'ai préféré son suicide à la mort de celui-ci.

En somme, hormis quelques disparitions naturelles ou provoquées par les événements, il ne semblait pas que le jardin de la littérature française eût été saccagé ou bouleversé. Aucune révélation, nulle vraie surprise : la routine d'une croissance prévisible, quasiment organique. C'était surprenant, à première vue, après un tel cataclysme historique, mais c'était ainsi. Ça prouvait une fois encore que le rythme des maturations et des ruptures n'est pas le même dans l'histoire politique et dans celle des arts et des lettres.

Tout à la fin, pourtant, en désespoir de cause, le jeune officier français m'avait parlé du dernier recueil du poète René Char.

Il avait extrait de sa sacoche de cuir un exemplaire de *Seuls demeurent*, paru quelques semaines plus tôt. Il était enthousiaste, et plus encore à constater qu'il me surprenait enfin, que je ne savais rien de René Char.

J'étais vexé, mais il me fallait bien en convenir.

Au matin du 12 avril 1945, je n'avais pas entendu parler de lui. Je croyais tout savoir, ou quasiment, du domaine poétique français, mais j'ignorais René Char. Je savais par cœur des centaines de vers, de Villon à Breton. Je pouvais même réciter des poèmes de Patrice de La Tour du Pin, ce qui est un comble, franchement! Mais je ne savais rien de René Char.

Le jeune Français qui portait la France sur son cœur – sur la poche gauche, du moins, de son blouson d'uniforme – se délectait à me vanter les beautés des poèmes de Char, à m'en lire des extraits. À la fin, bon prince condescendant, il a cédé à mes instances répétées : il m'a laissé l'exemplaire de *Seuls demeurent* qu'il avait trimbalé pendant toute la campagne d'Allemagne. À une condition, cependant. Que je lui rende le volume dès que j'aurais été rapatrié.

Il y tenait, une jeune femme le lui avait offert.

J'ai promis, ai noté l'adresse qu'il me donnait. Je n'ai pas ergoté sur le mot « rapatrié ». J'aurais pu, pourtant. Comment pourrait-on rapatrier un apatride, en effet ? Mais je n'ai rien dit, je n'ai pas voulu l'inquiéter, le faire revenir sur sa décision. Peut-être aurait-il moins volontiers prêté son livre à un apatride.

Voilà pourquoi, quelques jours plus tard, sur la place d'appel déserte de Buchenwald, je peux crier à pleins poumons la fin du poème de René Char, *La liberté*.

> D'un pas à ne se mal guider que derrière l'absence,
> elle est venue, cygne sur la blessure, par cette
> ligne blanche...

C'est fini, je fais un grand geste amical au soldat américain perché sur la plate-forme de surveillance, ses jumelles braquées sur moi.

4

LE LIEUTENANT
ROSENFELD

Le lieutenant Rosenfeld a arrêté la jeep sur le bord de l'Ilm, au-delà du pont de bois qui franchit la rivière. Au bout de l'allée, parmi les bosquets qui commencent à verdir, se dresse la maisonnette de Goethe.

– *Das Gartenhaus*, dit-il.

Le lieutenant Rosenfeld descend de la jeep et m'invite à le suivre.

Nous marchons vers la petite maison de campagne de Goethe, dans la vallée de l'Ilm, aux portes de Weimar. Il y a du soleil. La fraîcheur du matin d'avril est tonique : elle laisse éclater les bulles d'une tiédeur de printemps tout proche.

Un malaise m'envahit, soudain. Ce n'est pas de l'inquiétude, de l'angoisse encore moins. Bien au contraire, c'est la joie qui est troublante : un trop-plein de joie.

Je m'arrête, le souffle court.

Le lieutenant américain se retourne, intrigué de me voir dans cet état.

– Les oiseaux ! lui dis-je.

Nous parlons en allemand, Rosenfeld est un officier de la IIIe armée de Patton, mais nous parlons en allemand. Depuis le jour de notre rencontre, nous nous sommes parlé en allemand. Je traduirai nos propos pour la commodité du lecteur. Par courtoisie, en somme.

– *Die Vögel ?* répète-t-il, sur le mode de l'interrogation.

Des habitants de Weimar étaient massés dans la cour du crématoire, quelques jours auparavant : des femmes, des adolescents, des vieillards. Pas d'hommes en âge de porter les armes, bien évidemment : ceux-là les portaient encore, la guerre continuait. Les civils, eux, étaient arrivés à Buchenwald en autocars, convoyés par un détachement de Noirs américains. Il y avait beaucoup de soldats noirs, dans les régiments de choc de la IIIe armée de Patton.

Ce jour-là, certains d'entre eux se tenaient à l'entrée de la cour du crématoire, contre la haute palissade qui en interdisait l'accès habituellement. Je voyais leurs visages figés, masques de bronze impassibles, leur regard attentif et sévère sur la petite foule de civils allemands.

Je me suis demandé ce qu'ils pouvaient penser de cette guerre, ces Noirs américains si nombreux dans les formations d'assaut de la IIIe armée, ce qu'ils auraient eu à dire de cette guerre contre le fascisme. D'une certaine façon, c'était la guerre qui en faisait des citoyens à part entière. En droit, du moins, sinon toujours dans les faits quotidiens de leur vie militaire. Pourtant, quelle que fût leur situation sociale originaire, l'humilité de leur condition, l'humiliation ouverte ou sournoise à laquelle les exposait la couleur de leur peau, la conscription en avait fait potentiellement des citoyens égaux en droits. Comme si celui de donner la mort leur donnait le droit d'être enfin libres.

La seule discrimination dont ils pourraient désormais être l'objet s'appliquerait de même à tous les autres soldats de l'armée américaine, qu'ils fussent blancs, noirs, jaunes ou métisses : la discrimination technique en fonction de leur savoir-faire dans le métier des armes. Ou bien celle, par ailleurs informulable, mais lourde de conséquences morales, en fonction de leur couardise ou de leur courage au combat.

Dans la cour du crématoire, en tout cas, un lieutenant américain s'adressait ce jour-là à quelques dizaines de femmes, d'adolescents des deux sexes, de vieillards allemands de la ville de Weimar. Les femmes portaient des robes de printemps aux couleurs vives. L'officier parlait d'une voix neutre, implacable. Il expliquait le fonctionnement du four crématoire, donnait les chiffres de la mortalité à Buchenwald. Il rappelait aux civils de Weimar qu'ils avaient vécu, indifférents ou complices, pendant plus de sept ans, sous les fumées du crématoire.

– Votre jolie ville, leur disait-il, si propre, si pimpante, pleine de souvenirs culturels, cœur de l'Allemagne classique et éclairée, aura vécu dans la fumée des crématoires nazis, en toute bonne conscience !

Les femmes – bon nombre d'entre elles, du moins – ne pouvaient retenir leurs larmes, imploraient le pardon avec des gestes théâtraux. Certaines poussaient la complaisance jusqu'à manquer de se trouver mal. Les adolescents se muraient dans un silence désespéré. Les vieillards regardaient ailleurs, ne voulant visiblement rien entendre.

C'est là que j'avais vu pour la première fois ce lieutenant américain. Je l'avais suivi et observé pendant plus de deux heures, tout au long de la visite de Buchenwald imposée par l'armée américaine aux habitants de Weimar.

Très peu de temps après – le surlendemain, peut-être le lendemain même –, j'étais assis en face de lui, dans l'un des anciens bureaux du commandement S.S. du camp, sur l'avenue des Aigles qui menait de la gare à l'entrée monumentale de Buchenwald.

Je pouvais voir sur le rabat de la poche de sa chemise kaki la plaque métallique où s'inscrivaient son nom et son grade : Lt. Rosenfeld.

Il regardait, lui, le matricule, 44904, et le « S » inscrit

dans un triangle d'étoffe rouge, que j'arborais sur ma veste de grosse toile bleue.

– Espagnol, a-t-il dit.

Je rappelle que nous parlions en allemand et que le « S » était l'initiale de *Spanier*.

– *Rotspanier*, ai-je précisé. Rouge espagnol.

Sans doute avec outrecuidance. Une certaine arrogance, en tout cas.

Le lieutenant Rosenfeld avait haussé les épaules. Cette précision lui semblait superflue, visiblement.

– Je ne m'attendais vraiment pas à trouver des phalangistes ici ! s'exclama-t-il.

Je n'ai rien dit, il n'y avait rien à dire.

– 44904, a-t-il poursuivi. Ça correspond aux arrivées massives de janvier 44, n'est-ce pas ?

J'ai hoché la tête : ça correspondait, il n'y avait toujours rien à dire.

– Arrêté dans la Résistance française, c'est bien ça ? C'était bien ça.

– Réseau « Jean-Marie Action », ai-je pourtant précisé. Un réseau Buckmaster.

Son œil a laissé filtrer un éclair d'attention redoublée. « Buckmaster », ça lui disait quelque chose, apparemment.

Je savais que l'administration militaire américaine préparait un rapport d'ensemble sur la vie et la mort à Buchenwald. À cette fin, les détenus qui avaient exercé quelque responsabilité dans la gestion interne du camp étaient convoqués par des officiers des services de renseignements. Le lieutenant Rosenfeld était l'un d'eux. Et j'avais été invité à me présenter ce jour-là pour avoir fait partie de l'*Arbeitsstatistik*, le service où se gérait la distribution de la main-d'œuvre déportée.

– Vous êtes étudiant, je suppose. Mais en quoi ? demanda le lieutenant Rosenfeld.

Ça m'a rappelé quelque chose, un lointain épisode.

– En philosophie, lui ai-je dit, pendant que je me rappelais cet épisode lointain.

– Ça vous fait sourire, la philosophie ? demanda Rosenfeld.

J'avais souri, apparemment.

Mais ce n'était pas la philosophie qui m'avait fait sourire. En tout cas, pas celle de mes études à la Sorbonne. Les cours de Le Senne ne pouvaient pas susciter le moindre sourire, même rétrospectivement. Plutôt un bâillement discret. C'était le souvenir surgi au moment où je lui répondais qui m'avait fait sourire.

J'avais couru dans le long souterrain. Pieds nus, sur le sol de ciment rugueux. Entièrement nu, d'ailleurs : nu de pied en cap. Nu comme un ver. Comme tous les autres déportés de mon convoi, qui couraient avec moi.

Avant, il y avait eu le vacarme, les chiens, les coups de crosse, le pas de course dans la boue, sous la lumière crue des projecteurs, tout au long de l'avenue des Aigles. Soudain, nous avions marché lentement, dans un silence glacial. C'était la nuit, finis les grands éclairages wagnériens. On ne distinguait pas bien où nous étions, une fois franchi le portail monumental. Les S.S. et les chiens étaient restés de l'autre côté. On nous avait conduits jusqu'à un bâtiment à deux étages. Ensuite, au rez-de-chaussée de cet édifice, nous fûmes tassés dans une immense salle de douches, épuisés par les jours et les nuits du voyage dans l'inconnu. Les heures ont passé. L'eau qui coulait aux robinets de la grande salle était infecte, tiède et fétide. Nous ne pouvions étancher notre soif. Certains se sont effondrés dans un sommeil agité. D'autres ont immédiatement essayé de se regrouper, de retrouver des copains, échangeant des débris de nourriture, des souvenirs plus ou moins communs, des mots d'espoir. Plus tard, très longtemps après, ça a bougé de nouveau. Des portes se sont ouvertes, on a hurlé des ordres. Par paquets de quinze à vingt hommes, nous avons été poussés dans une salle attenante. Il fallait

nous déshabiller, laisser tous nos vêtements, nos objets personnels – ceux qui avaient pu échapper aux multiples fouilles
pratiquées pendant le voyage – sur une sorte de comptoir. Les
types qui nous donnaient ces ordres, dans un allemand guttural et primitif, quasi monosyllabique, étaient jeunes. Ils
chaussaient des galoches en bois, portaient des espèces de treil-
lis en toile grisâtre, délavée. Ils avaient le crâne rasé, étaient
plutôt malabars. Entre eux, ils parlaient en russe. Je n'avais
eu aucune difficulté à identifier leur langue. Deux ans auparavant, lorsqu'il m'arrivait de jouer en équipe première du
Stade français, dans le championnat de basket, j'avais eu
affaire aux garçons du B.B.C.R. Je me souvenais très bien des
frères Fabrikant et de leurs coéquipiers. Fort bons joueurs de
basket, par ailleurs, ces fils d'émigrés russes blancs. Je les
avais entendus parler entre eux, dans les vestiaires ou sur le
terrain et je ne pouvais avoir aucun doute : ces jeunes mecs qui
nous harcelaient, afin que nous fassions vite (le seul mot de
leur langue qui se mêlait aux *Los, Schnell, Scheisse* allemands,
était *Bistro*, bien sûr), parlaient russe entre eux. Cela n'avait
pas manqué de me surprendre, de trouver ces jeunes costauds
russes, visiblement bien nourris, dès mon initiation à la vie du
camp. Mais enfin, il n'y avait pas eu beaucoup de possibilités
de réflexion ou de curiosité. Ça allait très vite, sous les coups de
gueule et les poussées des jeunes Russes. On se retrouvait aussitôt, nus désormais, dans une autre salle de la longue suite de
celles qui occupaient le rez-de-chaussée du bâtiment des
douches. Là, des coiffeurs, armés de tondeuses électriques dont
les fils pendaient du plafond, nous rasaient rudement le crâne,
tout le corps. Nus comme des vers, en effet, désormais :
l'expression habituelle et banale devenait pertinente. Mais ça
continuait d'aller très vite. On n'avait même pas le temps de
pouffer de rire ou de dégoût, à contempler le spectacle
qu'offraient tous ces corps nus comme des vers. Ou de frémir de
crainte, à imaginer ce que cette entrée en matière laissait présa-

ger de la suite. Car on avait déjà été poussé *(Los, Schnell, Bistro!)* dans une nouvelle salle presque entièrement occupée par une baignoire-piscine remplie d'un liquide verdâtre, prétendument désinfectant. Il valait mieux s'y plonger, tête la première, de son plein gré. Dans le cas contraire, c'étaient les jeunes Russes qui prenaient un franc et malin plaisir à vous y enfoncer. J'ai donc plongé immédiatement, en fermant les yeux : je gardais un assez mauvais souvenir des baignoires où les hommes de la Gestapo vous enfonçaient la tête sous l'eau.

C'est après toutes ces cérémonies rituelles et purificatrices qu'on s'est retrouvés à courir dans le souterrain qui reliait, je l'ai appris par la suite, le bâtiment des douches et de la désinfection à celui du magasin d'habillement, l'*Effektenkammer*.

Mais ce n'était pas ce souvenir-là qui m'avait fait sourire, on le comprendra aisément. C'était le mot « philosophie », l'idée que j'étais un étudiant en philosophie, ainsi que je venais de le déclarer au lieutenant Rosenfeld. Car on m'avait posé la même question et j'avais fait la même réponse, à la fin de cette longue course dans le couloir souterrain de Buchenwald, le jour de mon arrivée au camp.

Il y avait eu des escaliers à monter et on s'était retrouvés pour finir dans une salle bien éclairée. Sur la droite, derrière un comptoir qui occupait toute la longueur de la salle, des types qui n'étaient plus jeunes, qui n'avaient plus le crâne rasé et qui n'étaient pas russes, nous lançaient au passage des pièces de vêtement. Des caleçons et des chemises sans col d'une toile grossière, des pantalons et des vestes. Un couvre-chef aussi. Et une paire de galoches à semelle de bois, pour finir.

Nous avions enfilé ces vêtements au fur et à mesure qu'ils nous étaient jetés, au hasard. Au jugé, dans le meilleur des cas. Après un coup d'œil sur notre stature ou notre corpulence, ces types nous lançaient des vêtements qu'ils choisissaient dans différents tas alignés devant eux sur le comptoir. Mais ça tombait rarement juste : c'était trop large ou trop étroit, trop long ou trop court. Disparate, surtout. Ainsi, au bout du comptoir, je me suis trouvé affublé d'un vieux pantalon d'étiquette, rayé noir et gris, trop long, et d'une veste de sport brunâtre, étriquée. Et j'avais hérité en prime d'un chapeau mou pisseux à me mettre sur la tête. Seules les galoches étaient neuves, mais c'étaient des pièces extrêmement rudimentaires : une semelle de bois avec une simple lanière de toile pour y glisser le pied. Courir sur la neige avec de telles chaussures était un vrai supplice, je l'apprendrais bientôt.

Vêtu de ces hardes disparates, hagard, hilare, honteux, triturant dans ma main l'horrible chapeau mou, je me suis ensuite trouvé devant une table où des détenus établissaient la fiche d'identité des nouveaux arrivés.

J'ai supposé que c'étaient des détenus, du moins. Ce n'étaient pas des S.S., en tout cas. Pas des militaires de la Wehrmacht non plus. C'étaient des civils allemands, mais ils portaient un matricule et un triangle rouge cousus sur le devant de leurs vestes. Des détenus, donc, vraisemblablement, mais quelle sorte de détenus ?

L'homme devant lequel le hasard m'avait placé avait une quarantaine d'années. Des cheveux gris. Un regard prodigieusement bleu, prodigieusement triste aussi. Ou bien dénué de toute curiosité, désormais. Tourné sans doute vers l'intériorité d'un absolu manque d'espérance, me semblait-il. Quoi qu'il en soit, l'homme devant lequel le hasard m'avait placé m'a demandé mon nom, mon prénom, le lieu et la date de ma naissance, ma nationalité. Mes signes d'identité, en fin de compte. À la fin, il m'a demandé ma profession.

— *Philosophiestudent*, lui ai-je répondu. Étudiant en philosophie.

Une sorte d'éclair a jailli dans son regard morne, prodigieusement bleu, prodigieusement désabusé.

— Non, a-t-il dit, péremptoire, ce n'est pas vraiment une profession. *Das ist doch kein Beruf!*

Je n'ai pas pu m'empêcher de lui faire une astuce de khâgneux germaniste.

– *Kein Beruf aber eine Berufung!*

J'étais très content de mon jeu de mots.

Un sourire a brièvement éclairé le visage sévère de l'homme qui établissait ma fiche d'identité. Il appréciait mon jeu de mots, vraisemblablement. C'est-à-dire, il appréciait ma maîtrise de la langue allemande. En français, ma formule aurait été plate, banalement informative. Ce n'était pas une profession mais une vocation, avais-je dit, que d'étudier la philosophie. En allemand, le contrepoint phonétique et sémantique entre *Beruf* et *Berufung* était piquant et significatif. J'étais satisfait de mon impromptu linguistique.

Le détenu au regard bleu était redevenu grave.

– Ici, a-t-il dit, les études de philosophie ne sont pas une profession convenable! Ici, il vaut mieux être électricien, ajusteur, maçon... Ouvrier spécialisé, en somme!

Il a insisté sur ce dernier terme.

– *Facharbeiter*, a-t-il répété plusieurs fois.

Il me regardait dans les yeux.

– Ici, pour survivre, a-t-il ajouté, martelant les mots, il vaut mieux avoir une profession de cette sorte!

J'avais vingt ans, j'étais un khâgneux sans expérience de la vie. Je n'ai rien compris au message que cet homme essayait de me transmettre.

– Je suis un étudiant en philosophie, rien d'autre, me suis-je entêté.

Alors, le type au regard bleu a fait un geste d'impuissance ou d'impatience. Il m'a renvoyé et a appelé le suivant dans la file d'attente, tout en finissant de remplir ma fiche d'identité.

– Voilà pourquoi j'ai souri, dis-je au lieutenant Rosenfeld. À cause de ce souvenir.

Je viens de lui raconter ce lointain épisode.

Il m'a écouté avec une attention visible.

– C'est un bon début, murmure-t-il ensuite.

– Début de quoi ? lui dis-je, surpris par sa voix assourdie.

Il m'offre une cigarette. Son regard s'est troublé, sa main tremble un peu, me semble-t-il.

– Début de l'expérience, dit-il. Et du récit que vous pourriez faire de cette expérience !

J'avais eu moins de succès avec l'officier à la croix de Lorraine, quelques jours auparavant. Il m'avait donné le volume de René Char (« prêté », devrais-je dire : il avait beaucoup insisté pour que je le lui rende, une fois revenu à Paris), mais il n'avait pas apprécié le début de mon récit. Il est vrai que je n'avais pas commencé par ce commencement-là. J'avais choisi le dimanche, pour commencer mon récit : la profondeur des dimanches à Buchenwald. J'avais choisi de l'introduire dans l'enfer des dimanches par un chemin paradisiaque : par les images de *Mazurka*, un film de Pola Negri. Mais l'officier français avait été scandalisé par le début de mon récit. Stupéfait, du moins, et décontenancé. Pola Negri ? Il ne s'attendait pas du tout à cela. Il n'avait pu se remettre de cette première mauvaise impression. Il n'avait pas réussi ensuite, à se laisser entraîner par moi dans la grouillante profondeur des dimanches, à cause de Pola Negri.

Qu'aurait pensé de cet autre début le lieutenant Rosenfeld ?

– Il y a toutes sortes de bons débuts, lui dis-je. Celui-ci est anecdotique. Il faudrait commencer par l'essentiel de cette expérience...

– Vous savez déjà ce qu'est l'essentiel ?

Je hoche la tête. J'aspire une longue bouffée de ma cigarette. Je me remplis la bouche, la gorge, les poumons, de cette fumée de miel délicieuse et violente. C'est infiniment meilleur que l'âcre saveur de la *machorka*, l'herbe russe. Ce n'est même pas comparable. Mais je sais déjà que j'aurai toute ma vie un souvenir nostalgique des mégots de *machorka* fumés avec des copains.

L'essentiel ? Je crois savoir, oui. Je crois que je commence à savoir. L'essentiel, c'est de parvenir à dépasser l'évidence de l'horreur pour essayer d'atteindre à la racine du Mal radical, *das radikal Böse*.

Car l'horreur n'était pas le Mal, n'était pas son essence, du moins. Elle n'en était que l'habillement, la parure, l'apparat. L'apparence, en somme. On aurait pu passer des heures à témoigner sur l'horreur quotidienne sans toucher à l'essentiel de l'expérience du camp.

Même si l'on avait témoigné avec une précision absolue, avec une objectivité omniprésente – par définition interdite au témoin individuel – même dans ce cas on pouvait manquer l'essentiel. Car l'essentiel n'était pas l'horreur accumulée, dont on pourrait égrener le détail, interminablement. On pourrait raconter n'importe quelle journée, à commencer par le réveil à quatre heures et demie du matin, jusqu'à l'heure du couvre-feu : le travail harassant, la faim perpétuelle, le permanent manque de sommeil, les brimades des *Kapo*, les corvées de latrines, la « schlague » des S.S., le travail à la chaîne dans les usines d'armement, la fumée du crématoire, les exécutions publiques, les appels interminables sous la neige des hivers, l'épuisement, la mort des copains, sans pour autant toucher à l'essentiel, ni dévoiler le mystère glacial de cette expérience, sa sombre vérité rayonnante : *la ténèbre qui nous était échue en partage*. Qui est échue à l'homme en partage, de toute éternité. Ou plutôt, de toute historicité.

– L'essentiel, dis-je au lieutenant Rosenfeld, c'est l'expérience du Mal. Certes, on peut la faire partout, cette expérience... Nul besoin des camps de concentration pour connaître le Mal. Mais ici, elle aura été cruciale, et massive, elle aura tout envahi, tout dévoré... C'est l'expérience du Mal radical...

Il a sursauté, son regard s'est aiguisé.

Das radikal Böse ! Il a saisi visiblement la référence à Kant. Le lieutenant Rosenfeld était-il aussi un étudiant en philosophie ?

C'est dans la puanteur du block 56, celui des invalides, que j'aurais dû commencer ce récit, dis-je au lieutenant américain. Dans la puanteur étouffante et fraternelle des dimanches, autour de Halbwachs et de Maspero.

– Le Mal n'est pas l'inhumain, bien sûr... Ou alors c'est l'inhumain chez l'homme... L'inhumanité de l'homme, en tant que possibilité vitale, projet personnel... En tant que liberté... Il est donc dérisoire de s'opposer au Mal, d'en prendre ses distances, par une simple référence à l'humain, à l'espèce humaine... Le Mal est l'un des projets possibles de la liberté constitutive de l'humanité de l'homme... De la liberté où s'enracinent à la fois l'humanité et l'inhumanité de l'être humain...

J'ai évoqué pour le lieutenant Rosenfeld nos conversations du dimanche, autour des châlits où s'allongeaient, déjà épuisés, encore vivaces intellectuellement, Halbwachs et Maspero. J'ai évoqué les figures de tous ceux d'entre nous qui se réunissaient le dimanche autour de Halbwachs et de Maspero.

– Et puis, de cette expérience du Mal, l'essentiel est qu'elle aura été vécue comme expérience de la mort... Je dis bien « expérience »... Car la mort n'est pas une chose que nous aurions frôlée, côtoyée, dont nous aurions réchappé, comme d'un accident dont on serait sorti indemne. Nous l'avons vécue... Nous ne sommes pas des rescapés, mais des revenants... Ceci, bien sûr, n'est dicible qu'abstraitement. Ou en passant, sans avoir l'air d'y toucher... Ou en riant avec d'autres revenants... Car ce n'est pas crédible, ce n'est pas partageable, à peine compréhensible, puisque la mort est, pour la pensée rationnelle, le seul événement dont nous ne pourrons jamais faire l'expérience individuelle... Qui ne peut être saisi que sous la forme de l'angoisse, du pressentiment ou du désir funeste...

Sur le mode du futur antérieur, donc... Et pourtant, nous aurons vécu l'expérience de la mort comme une expérience collective, fraternelle de surcroît, fondant notre être-ensemble... Comme un *Mit-sein-zum-Tode*...

Le lieutenant Rosenfeld m'interrompt.

– Heidegger ? s'exclame-t-il. Vous avez lu Martin Heidegger !

Le livre était exposé à la devanture d'une librairie allemande, boulevard Saint-Michel.

Pendant l'hiver 40-41 – j'étais en classe de philosophie – les autorités d'occupation avaient ouvert une librairie au coin du boulevard et de la place de la Sorbonne. Il y avait eu auparavant un café à cet endroit, le « D'Harcourt ». Je passais tous les jours dans les parages, avant et après les cours à Henri-IV. Je passais devant cette librairie allemande, je regardais parfois quels livres s'y trouvaient, mais l'idée d'y entrer ne m'effleurait même pas. Jusqu'au jour où j'ai remarqué dans une vitrine un exemplaire de *Sein und Zeit* de Heidegger. Ce jour-là, après avoir longuement hésité, j'ai fini par franchir le seuil pour acheter le livre.

C'était à cause d'Emmanuel Levinas. C'était lui qui m'incitait à entrer dans cette librairie allemande. La lecture de ses essais, du moins. J'avais découvert, en effet, pendant cette année de philo, les travaux que Levinas avait publiés naguère, dans diverses revues philosophiques, sur Husserl et Heidegger. Je les avais lus, relus, annotés. D'où une curiosité et un intérêt tout neufs pour la phénoménologie et la philosophie de l'existence.

Il y avait à Henri-IV deux classes de philosophie. Le professeur de l'une était Maublanc, un marxiste. L'autre était Bertrand, un rationaliste critique, dont le modèle – la référence méthodologique, du moins – était l'enseignement de Léon

Brunschvicg. J'étais dans la classe de Bertrand. Mes rapports avec lui étaient ambigus : j'étais son meilleur élève et il me chouchoutait, s'intéressant à mes lectures et à mes préoccupations, en dehors de l'enseignement proprement dit. J'appréciais chez lui ses qualités de pédagogue, la passion qu'il mettait à faire découvrir à ses élèves l'univers historique de la philosophie. Sur le plan des idées, cependant, je m'éloignais chaque jour davantage de lui, de la sécheresse intemporelle, quelque peu confite en dévotion rationaliste, de sa vision du monde. D'un monde idéel et immobile, flottant au-dessus de la sanglante mêlée de l'histoire.

Bertrand regrettait notre divergence intellectuelle. Il aurait souhaité me voir briller dans mes études de philosophie, mais de la lumière douce et nuancée de la sagesse raisonnable et raisonnante qu'il enseignait. Ainsi, lorsque j'obtins à la fin de l'année scolaire le deuxième prix de philosophie du Concours général, Bertrand fut partagé entre la joie de m'avoir eu comme élève, de m'avoir si bien préparé à cette joute intellectuelle, ce triomphe éphémère, et le chagrin de savoir que j'avais traité le sujet – « L'intuition selon Husserl », tel en était l'intitulé – de façon objective, sans faire la critique radicale des visions éidétiques. En vérité, dirai-je en passant, c'est à la lecture d'Emmanuel Levinas, plutôt qu'au cours de Bertrand, que j'étais redevable de cette récompense universitaire.

Paradoxalement, à première vue du moins, bien que ce fût mon intérêt pour le monde réel qui me rendait sensible aux idées de Husserl et de Heidegger découvertes chez Levinas, cette première approche était dégagée de tout souci du contexte historique de leur œuvre. Ainsi, j'ignorais que Husserl avait été chassé de l'Université allemande parce que juif. J'ignorais aussi que *Sein und Zeit*, dans les éditions antérieures à la montée du nazisme au pouvoir, avait été dédié à Husserl et que cette dédicace avait disparu dès que le vieux maître de Heidegger était tombé en disgrâce, victime de la purification ethnique de l'Université allemande. L'exemplaire que j'avais acheté dans la librairie du boulevard Saint-Michel ne comportait pas de dédicace. Je ne pouvais ni m'en étonner ni m'en indigner, puisque je ne savais pas que le nom de Husserl aurait dû y figurer. Je ne savais pas que Heidegger l'avait délibérément effacé, comme on efface quelque chose de sa mémoire : un mauvais souvenir. Comme on efface un nom sur une tombe, peut-être.

C'est le lieutenant Rosenfeld qui m'a, le premier, parlé des rapports de Heidegger avec le nazisme. À peine lui avais-je dit cette formule, *Mit-Sein-zum-Tode,* empruntée à Heidegger, mais transformée, dans sa substance, qu'il m'avait parlé de l'engagement nazi du philosophe.

Quoi qu'il en soit, la lecture de Levinas m'avait amené à surmonter mes doutes, un lointain jour d'hiver : j'étais finalement entré dans cette librairie allemande. Après de nouvelles hésitations, j'avais fini par acheter le livre. Une folie : le prix en était ruineux pour mes modestes finances. Combien de repas aurai-je dû sacrifier pour posséder le volume de Martin Heidegger ?

J'avais donc passé de longues soirées austères, cet hiver-là, l'hiver de l'année scolaire 40-41, à étudier *Sein und Zeit.* Heidegger aura été (avec saint Augustin, à vrai dire) le philosophe dont j'ai le plus systématiquement exploré la pensée, ces mois-là. Je dirai, pour être tout à fait explicite, que ce n'était pas Emmanuel Levinas qui m'avait conduit à la lecture des *Confessions* et de *La Cité de Dieu* de saint Augustin, c'était Paul-Louis Landsberg. Et mon propre désir, surtout, de mettre au clair, une fois pour toutes, mes rapports de voisinage avec Dieu.

Le livre de Heidegger ne m'avait pas impressionné outre mesure. Sans doute y avait-il eu une certaine fascination, parfois mêlée d'irritation, pour le langage du philosophe. Pour cette obscurité foisonnante dans laquelle il fallait s'ouvrir un chemin, aménager des éclaircies, sans jamais parvenir à une définitive clarté. Travail de déchiffrement intellectuel toujours inachevé, qui devenait passionnant par son inachèvement même. Les résultats partiels en valaient-ils la peine ? Ce n'était pas sûr. Parfois, certes, j'avais eu l'impression de fulgurantes découvertes. Impression bientôt évanouie, ou obscurcie, démentie même, par mes progrès dans la maîtrise de l'ensemble, sa somptueuse vacuité. Parfois, j'avais été irrité jusqu'à l'indignation ou le fou rire, par l'opacité improductive du mouvement conceptuel, du jargon ésotérique, par des tours de passe-passe purement langagiers.

D'ailleurs, la philosophie de Heidegger est-elle concevable dans une langue autre que l'allemand ? Je veux dire, le travail retors de torsion et de distorsion que Martin Heidegger a pratiqué sur le langage est-il pensable dans une autre langue que l'allemand ? Quelle autre langue supporterait, sans se défaire en bribes poussiéreuses, une telle instillation d'obscurités, de pseudo-étymologies torturées et torturantes, de résonances et d'assonances purement rhétoriques ? Mais la langue allemande l'a-t-elle vraiment supporté ? Heidegger ne lui a-t-il pas porté un coup dont elle mettra longtemps à se remettre, dans le domaine du moins de la recherche philosophique ?

On me dira que Heidegger a devancé cette question, qu'il l'a en quelque sorte désamorcée en proclamant d'emblée que l'allemand était – avec le grec ancien, ce qui nous la baille belle ! – la seule langue philosophique concevable. Mais ce n'est qu'une ruse assez primitive, assez arrogante aussi, qui oblige simplement à formuler autrement l'interrogation : une pensée philosophique peut-elle être vraiment profonde, vraiment universelle – même lorsque son champ d'application vise à une extrême singularité – si elle ne peut s'articuler qu'en une seule langue, si son essence échappe à toute traduction, la déjouant radicalement dans son expression originaire ?

L'essentiel n'est pas là, cependant. L'essentiel est que le

questionnement fondamental qui sous-tend l'entreprise de Heidegger me semble tout bonnement insignifiant. Pourquoi y a-t-il de l'Être plutôt que rien : cette question m'a toujours paru positivement insensée. C'est-à-dire non seulement dépourvue de sens, mais dépourvue aussi de toute possibilité d'en produire. L'oubli de la question de l'Être est, en effet, la condition même de l'émergence d'une pensée du monde, de l'historicité de l'être-au-monde de l'homme.

Si l'on tient absolument à commencer la méditation philosophique par un questionnement de ce genre, aussi obtusement radical, la seule interrogation productive de sens serait à peu près celle-ci : pourquoi l'homme est-il un être qui éprouve – pour exister, pour se savoir au monde – le besoin vital, compulsif, de se poser la question du Non-Être, celle de sa propre finitude ? La question de la transcendance, donc ?

– Les oiseaux ? a demandé le lieutenant Rosenfeld, en se tournant vers moi, visiblement étonné.

Nous sommes quelques jours plus tard, sur les bords de l'Ilm, aux portes de Weimar. Nous marchons vers la maisonnette où Goethe se retirait, à la belle saison, pour y goûter les charmes mêlés de la fraîcheur et de la solitude.

Oui, les oiseaux. Leur présence bruissante et multiple, dans les ramures de la vallée. Leurs chants, leurs trilles, leur rumeur, qui soudain m'enivre, fait faiblir mon cœur. Leur sourde présence, leur éclatante invisibilité, comme un remous de la vie, un dégel soudain, après toutes ces années de silence glacial.

Les oiseaux, sans doute. La joie soudaine, trop forte, de les entendre de nouveau m'a fait perdre le souffle.

Le lieutenant Rosenfeld hoche la tête, après avoir écouté mes explications.

– Qu'est-ce qui a fait fuir les oiseaux de l'Ettersberg ? demande-t-il.

— L'odeur du crématoire, lui dis-je. L'odeur de chair brûlée.

Il regarde autour de lui le paysage charmant des bords de l'Ilm. On aperçoit la tour du château, son clocheton baroque, qui surplombe la faille du terrain où coule la rivière.

— Reviendront-ils désormais? murmure-t-il.

Nous reprenons notre marche.

— Goethe ne serait pas non plus un mauvais début, lui dis-je, en recommençant la conversation que nous n'avons cessé de poursuivre depuis le premier jour.

Il me regarde, ironique et intéressé.

— Là, je vous attends au tournant! s'exclame-t-il. Si Pola Negri a décontenancé votre officier français, Goethe l'aurait fait tomber à la renverse!

— Pas du tout! Car je n'aurais pas parlé de Goethe à brûle-pourpoint, juste pour l'épater! Goethe et Eckermann sur l'Ettersberg, leurs délicates et savantes conversations à l'endroit même où le camp a été construit... Non, trop simple! J'aurais commencé par Léon Blum...

Il s'arrête et me fait face, visiblement surpris.

— Blum a été évacué de Buchenwald le 3 avril, s'exclame-t-il. C'est moi qui ai interrogé l'*Obersturmführer* S.S. qui s'est occupé de son départ! Il était perclus de rhumatismes, ça n'a pas été facile de le caser dans la voiture, m'a dit le S.S.!

Les villas où avaient été enfermés les prisonniers spéciaux étaient vides, le 11 avril, lorsque le camp a été libéré. Mais nous ne savions pas ce qu'il était advenu des personnalités de diverses origines détenues en otage dans le quartier S.S.

— Où ont-ils emmené Blum?

— Vers le sud, me dit-il. Ratisbonne était la première étape prévue, semble-t-il. Il n'a pas encore été retrouvé par les troupes alliées...

— Nous avons appris que Blum était là en 1944, lui dis-je. Au mois d'août... Des déportés belges et français qui faisaient des réparations dans les villas S.S., après le bombardement américain des usines d'armement de Buchenwald, l'ont reconnu un jour...

Nous reprenons notre marche vers la maisonnette de Goethe.

– Mais je ne comprends pas, dit le lieutenant Rosenfeld, le sourcil froncé. Pourquoi commencer par Blum si vous voulez parler de Goethe?

Je ne suis pas mécontent de le prendre en flagrant délit d'ignorance. Depuis que j'ai rencontré le lieutenant Rosenfeld, le 19 avril – j'ai des raisons et des repères indiscutables pour l'affirmer avec assurance, de même que je peux être certain de la date de ma promenade avec lui dans la vallée de l'Ilm, aux portes de Weimar : le 23 avril, le jour de la Saint-Georges : « Pour votre fête, je vais vous faire un cadeau, m'avait dit Rosenfeld ce matin-là, je vous emmène à Weimar! » –, depuis lors, donc, il m'a toujours surpris et parfois agacé par sa culture et l'ampleur de ses connaissances. Je ne suis pas mécontent de le prendre pour une fois en flagrant délit d'igno-rance, puisqu'il n'a pas l'air de saisir le lien évident qui existe entre Blum et Goethe.

– Léon Blum, lui dis-je, du ton de l'évidence, a écrit il y a fort longtemps un livre intitulé *Nouvelles conversations de Goethe avec Eckermann*!

Il l'ignorait, ça l'excite prodigieusement de l'apprendre. Je lui en dis un peu plus.

Peut-être le moment est-il venu de parler du lieutenant Rosenfeld. Il est devant moi, à quelques dizaines de mètres de la maison d'été de Goethe. Tout heureux d'apprendre ce détail sur l'œuvre de Blum. Peut-être vais-je profiter de ce moment pour parler de Walter Rosenfeld, que je n'ai jamais revu, dont je n'ai plus jamais eu de nouvelles, mais dont la brève appari-tion dans ma vie n'aura pas été vaine. N'aura pas été insigni-fiante, loin de là. Pendant que je lui explique de quoi il était question dans l'essai de Blum, quel était le propos des *Nou-velles conversations de Goethe avec Eckermann*, j'aurai le

106

temps de vous parler de Rosenfeld. Car je ne vais pas aller au plus court, me borner à une information bibliographique succincte sur l'essai de Blum. Je me connais assez pour savoir que je vais parler à Rosenfeld de Lucien Herr, et de l'affaire Dreyfus, du pavillon où il avait vécu à la fin de sa vie, boulevard de Port-Royal, où sa famille vivait toujours quand je l'ai connue, en 1942. Je vais lui parler de Mme Lucien Herr, haute silhouette fragile et infatigable, de la bibliothèque du rez-de-chaussée ouverte sur le jardin intérieur où j'avais lu les *Nouvelles conversations* dans l'exemplaire dédicacé à Herr par Léon Blum. En arriver à l'Ettersberg, au hasard qui a conduit Blum, prisonnier de la Gestapo, sur les lieux mêmes où se déroulèrent les conversations de Goethe et d'Eckermann, parmi les chênes et les hêtres de la forêt de l'Ettersberg, ça va me prendre quelque temps, juste celui qu'il me faudra pour vous présenter le lieutenant Rosenfeld.

Il était de cinq ans mon aîné, avait donc vingt-six ans. Malgré son uniforme et sa nationalité américaine, il était allemand. Je veux dire qu'il était né en Allemagne, dans une famille juive de Berlin, émigrée aux États-Unis en 1933, lorsque Walter avait quatorze ans.

Il avait opté pour la nationalité américaine afin de porter les armes, de faire la guerre au nazisme. De faire la guerre à son propre pays, en somme. En devenant américain, il avait choisi l'universalité de la cause démocratique : la défaite de son pays était la condition nécessaire pour que cette universalité possible devienne concrète.

Je l'avais écouté me raconter cette enfance, cet exil, ce retour belliqueux au pays natal et je m'étais souvenu de son visage sévère, de sa voix implacable, lorsqu'il s'adressait à ses compatriotes de Weimar, dans la cour du crématoire. Je me suis aussi souvenu de Kaminski, dans la baraque des contagieux, quelques semaines plus tôt, un dimanche de bourrasque de neige sur le camp : il avait allumé la lampe après le récit du survivant du *Sonderkommando* d'Auschwitz. « N'oubliez pas, avait-il dit, avec cette même voix, sévère et sombre, qu'avait Rosenfeld, n'oubliez jamais! L'Allemagne! C'est mon pays qui est coupable... »

Dès le premier jour de notre rencontre, le 19 avril, le lieutenant américain Walter Rosenfeld, Juif berlinois, m'avait parlé de son enfance, de son exil, de son retour au pays natal. Des années plus tard, toute une vie plus tard, j'ai évoqué le souvenir du lieutenant Rosenfeld pour Axel Corti. Il n'était pas berlinois, lui, mais viennois. Il avait écrit et filmé une trilogie cinématographique, *Welcome to Vienna*, pour narrer un retour de cette sorte. J'ai évoqué pour Axel Corti la mémoire du lieutenant Rosenfeld, sa mince silhouette dégingandée, son regard aigu et triste, son vaste savoir. Quand j'ai parlé de lui avec Corti, dans le courant d'une discussion sur un projet commun de film, c'est le paysage de la vallée de l'Ilm qui m'est revenu à la mémoire. Je revoyais alors la maisonnette à colombages de Goethe, au pied de la colline, au-delà de la rivière, sous le soleil d'avril. Axel Corti est l'une des rares personnes avec lesquelles j'aie parlé du lieutenant Rosenfeld. À cause de l'exil, bien sûr, à cause de l'amer retour au pays natal : une expérience qui les rapprochait dans mon esprit.

En tout cas, c'est à cause de Heidegger, de l'intrusion de Martin Heidegger dans notre conversation, que le lieutenant Rosenfeld m'avait parlé de son enfance berlinoise, dès le premier jour. Il avait beaucoup à me dire sur l'engagement politique du philosophe de Todtnauberg. Par sa famille d'abord, par ses études universitaires ensuite, Walter Rosenfeld avait été en rapport avec les milieux intellectuels allemands et autrichiens exilés aux États-Unis. C'est par ces milieux, par les multiples réseaux de communication qu'ils avaient maintenus avec l'Allemagne, malgré la guerre et la censure, qu'il possédait des informations précises sur l'attitude pronazie de Heidegger, de 1933 jusqu'au moment où nous parlions, en avril 1945.

Au cours d'entretiens postérieurs, Rosenfeld me parla de ces exilés. Il me parla de l'*Institut für Sozialforschung*, d'Adorno, Horkheimer et Marcuse. Il me parla de Hannah Arendt – une ancienne élève de Heidegger, par ailleurs – dont il disait merveille. Il me parla de l'écrivain Bertolt Brecht. D'autres encore, qui avaient vécu et travaillé aux États-Unis.

Parmi tous ces noms, qui éveillaient en moi des horizons inconnus, des curiosités et des appétits de savoir, les seuls que je connusse déjà étaient ceux de Brecht et de Broch. Avec *L'homme sans qualités* de Musil, j'avais trouvé, en effet, *Les somnambules* de Hermann Broch dans la bibliothèque d'Édouard-Auguste Frick, rue Blaise-Desgoffe, à Paris. Frick était un Genevois érudit, fortuné et généreux, ami du groupe *Esprit*, qui nous avait hébergés pendant plusieurs mois, mon frère Alvaro et moi. Il disposait d'une bibliothèque épatante, dont une bonne partie en langue allemande. J'en avais dévoré les volumes par dizaines.

Bertolt Brecht, quant à lui, ce n'est pas rue Blaise-Desgoffe que je l'avais découvert, mais rue Visconti. Chez une jeune femme, une Viennoise, qui m'avait « cadré » – ou qui avait été mon contact, si vous préférez un langage moins ésotérique – à une certaine époque de l'Occupation, pour le compte de la M.O.I., l'organisation communiste clandestine qui encadrait les militants étrangers.

> *O Deutschland, bleiche Mutter!*
> *Wie sitzest Du besudelt*
> *Unter den Völkern...*

La nuit était tombée, rue Visconti, au printemps 1943. Le couvre-feu nous avait surpris, plus question de quitter l'appartement, de risquer de tomber sur un contrôle de police, qu'il fût allemand ou français. Julia s'en voulait de ce manquement aux règles élémentaires de la sécurité. Mais il était trop tard pour me faire partir. Ce n'était pas l'avenir du monde, ni les subtilités du livre légendaire de Lukács, *Geschichte und Klassen-bewusstsein*, qui nous avaient distraits du temps qui passait. C'était la littérature.

Nous avions tous deux la passion que peuvent avoir des étrangers pour la langue française, quand celle-ci devient une conquête spirituelle. Pour sa possible concision chatoyante, pour sa sécheresse illuminée. De fil en aiguille, de Jean Giraudoux en Heinrich Heine, nous en étions venus à nous réciter des poèmes. D'où l'oubli de l'heure qui tournait, le piège refermé du couvre-feu.

Julia m'avait récité des vers de Brecht, rue Visconti, en 1943. Elle m'avait longuement parlé de l'écrivain. Sur le pas de sa porte, le jour revenu, le couvre-feu levé, elle avait tendu la main vers mon visage, avec une inquiète tendresse. « Ne meurs pas! » m'avait-elle murmuré.

J'avais ri, vexé qu'elle puisse me croire mortel, vulnérable, même. Je ne pouvais deviner quelle ténèbre allait bientôt m'échoir en partage.

Ainsi, lorsque le lieutenant Rosenfeld, en avril 1945, m'avait parlé des écrivains allemands exilés aux États-Unis, je connaissais déjà Hermann Broch et Bertolt Brecht. Grâce à la bibliothèque d'un Genevois disert et fortuné qui s'appelait Édouard-Auguste Frick et à la passion littéraire d'une Viennoise qui portait le pseudonyme de Julia et qui avait travaillé, dès son plus jeune âge, dans l'appareil du Komintern.

O Deutschland, bleiche Mutter!

C'est le lieutenant Rosenfeld qui murmure à présent la fin du poème, où cette invocation est reprise. Nous sommes assis sur l'herbe tendre de la prairie qui descend en pente douce vers l'eau de l'Ilm, devant la maisonnette rustique de Goethe. Et je viens de lui raconter l'épisode d'il y a deux ans : ma découverte de la poésie de Brecht.

110

Ô Allemagne, mère blafarde!
Comment tes fils t'ont-ils traitée
Pour que tu deviennes la risée
ou l'épouvantail des autres peuples!

Le lieutenant murmure la fin du poème, les yeux mi-clos.
Un rayon de soleil s'accroche, incandescent, au canon du pistolet-mitrailleur qu'il a posé à ses côtés.

Nous n'avions pas pu entrer dans la maison campagnarde de Goethe. La porte en était fermée à double tour, cadenassée. Personne n'avait l'air de savoir qui avait la charge des clefs, de la surveillance. Nous avions dû nous contenter d'en faire le tour, mais Rosenfeld m'avait tout dit à son sujet. Assez, du moins, pour que je n'en puisse retenir qu'une partie. Il faut dire qu'il était un guide omniscient, méticuleux et plein de verve. J'avais retenu que la maisonnette était un cadeau du duc Charles-Auguste, en 1776, et que Goethe y avait séjourné régulièrement, les années suivantes. La dernière trace de son passage au *Gartenhaus* datait du 20 février 1832, m'avait dit Rosenfeld, avec une assurance qui me paraissait quelque peu irréelle. Irritante, même.

Ce matin-là, lorsque j'avais franchi la grille de la porte monumentale de Buchenwald, pour aller à mon rendez-vous quotidien avec lui, le soldat américain qui y montait une garde nonchalante m'avait interpellé.

– Vous, mon vieux, je vous connais!

Il ne regardait même pas le laissez-passer que Rosenfeld m'avait fait établir. Il mimait le geste de porter à ses yeux une paire de jumelles.

– Je vous ai observé l'autre jour... Vous criiez à tue-tête sur la place d'appel, tout seul... C'était quoi?

– Des vers, lui avais-je répondu.

Il en demeura bouche bée.

– De la poésie? Merde alors!

Mais il n'avait pas dit « merde », bien sûr. Il n'avait pas non plus dit le mot auquel on pouvait s'attendre : *shit*. Il avait juré en espagnol pour exprimer sa surprise. Il avait dit *coño*.

— *Poetry ? Coño!* s'était-il écrié.

Nous avions alors échangé quelques mots en espagnol et je m'étais dit que j'aimais bien cette armée américaine. La tenue, aussi bien vestimentaire que protocolaire, y avait l'air plus souple, plus désinvolte que dans les autres armées dont j'avais quelque expérience. Moins militaire, pour le dire clairement. Et cette impression se voyait confirmée par la diversité des origines et des cultures de ces soldats-citoyens. Le lieutenant avec lequel je parlais depuis quatre jours de la vie et de la mort à Buchenwald était un Juif allemand. Les sous-officiers et les soldats qui étaient venus jouer du jazz avec nous – je veux dire : avec l'orchestre clandestin qu'avait organisé Jiri Zak, mon copain communiste tchèque – étaient noirs. Et il y avait aussi de nombreux soldats originaires du Nouveau-Mexique, dont l'espagnol mélodieux me ravissait. Ou me troublait : que la langue de mon enfance fût celle de la liberté, pas seulement celle de l'exil et du souvenir angoissé, était troublant.

Quelques jours plus tôt, alors que le lieutenant Rosenfeld s'adressait aux civils allemands de Weimar, dans la cour du crématoire, j'avais remarqué un tout jeune soldat américain. Son regard, dilaté d'horreur, était fixé sur l'amoncellement de cadavres qui s'entassaient à l'entrée du bâtiment des fours. Un amoncellement de corps décharnés, jaunis, tordus, d'os pointus sous la peau rêche et tendue, d'yeux exorbités. J'avais observé le regard épouvanté, révolté, du jeune soldat américain, dont les lèvres s'étaient mises à trembler. Soudain, à quelques pas de distance, je l'avais entendu murmurer. D'une voix basse mais distincte, en espagnol, il s'était mis à prier. *Padre nuestro que estás en los cielos...* J'avais été bouleversé de l'entendre. Non pas d'entendre une prière : il y avait longtemps que je me refusais cette consolation désolante, que je m'interdisais ce recours.

112

J'avais été bouleversé de constater que la langue de mon enfance, soudain sonore à mes côtés, fût celle qui exprimât la vérité funeste de cet instant.

– *Poetry? Coño!* s'était donc écrié cet autre soldat américain originaire du Nouveau-Mexique, ce matin-là.

Nous avions échangé quelques mots en espagnol. Lui aussi pouvait réciter des poèmes, m'avait-il dit. Il en avait aussitôt apporté la preuve, d'ailleurs, en déclamant avec une emphase proprement castillane, malgré son accent mexicain, une poésie de Rubén Darío, dont il avait conclu la récitation par un grand geste des bras vers l'horizon imaginaire d'une plage océanique où auraient défilé des troupeaux d'éléphants de combat harnachés pour la parade.

> *... y el Rey mandó desfilar*
> *cuatrocientos elefantes por las orillas del mar...*

Le lieutenant Rosenfeld, donc, ce jour-là, m'avait accueilli en rappelant que nous étions le 23 avril, jour de la Saint-Georges. Il m'offrait en cadeau une visite de Weimar.

Les rues de la petite ville étaient désertes, quasiment, quand nous y arrivâmes. J'avais été frappé par sa proximité : quelques kilomètres seulement séparaient Buchenwald des premières maisons de Weimar. Sans doute le camp avait-il été construit sur le versant opposé de l'Ettersberg. La ville en devenait invisible pour nous qui étions tournés vers une plaine verdoyante où s'étalaient quelques villages paisibles. Mais elle était toute proche, quasiment déserte sous le soleil d'avril quand nous y entrâmes. Le lieutenant Rosenfeld fit lentement tourner la jeep dans les rues et les places. Celle du marché, au centre de la ville, avait souffert des bombardements alliés : tout le côté nord en portait les traces. Ensuite, Rosenfeld avait arrêté son véhicule sur le *Frauenplan*, devant la maison citadine de Goethe.

Le vieil homme qui avait fini par nous ouvrir la porte n'était guère aimable. Il prétendit d'abord nous interdire l'accès. Il fallait, nous dit-il, une permission spéciale des autorités, vu les circonstances. Le lieutenant Rosenfeld lui rétorqua que, précisément, vu les circonstances, c'était lui qui incarnait les autorités. L'Autorité, même, majuscule, dans son extrême singularité : toute autorité imaginable. Cette évidence chagrinait visiblement le vieil Allemand, gardien zélé de la maison-musée de Goethe. Mais il ne pouvait empêcher le lieutenant Rosenfeld de pénétrer dans ce haut lieu de la culture germanique. Celui-ci y pénétra donc, et moi à sa suite. Alors que le vieil homme refermait la porte d'entrée – j'avais eu le temps de déchiffrer l'inscription latine qui la surmontait, rappelant que la maison avait été construite, pour la gloire de Dieu et l'ornement de la cité, en 1709, par un certain Georg Caspar Helmershausen –, son regard chargé de haine s'était posé sur le lieutenant Rosenfeld, qui s'éloignait déjà vers l'intérieur et sur le pistolet-mitrailleur que ce dernier avait suspendu à son épaule. Ensuite, cet œil noir, méfiant, exprimant une colère désespérée, m'avait toisé. Avait toisé ma tenue, plutôt. Il faut dire qu'elle n'était pas très convenable, quelque peu insolite. Il avait sans doute compris d'où je venais, ce n'était pas fait pour le réconforter.

Nous n'avions, en réalité, nul besoin de guide pour visiter la maison du *Frauenplan*. Rosenfeld m'en parlait en connaisseur, pertinent et volubile. Le vieux gardien nous avait pourtant suivis. Parfois, nous l'entendions marmonner derrière nous. Il brûlait de nous faire comprendre à quel point nous étions des intrus, indignes de profaner un tel lieu. Il évoquait les écrivains et les artistes de toute l'Europe qu'il avait guidés lui-même à travers les pièces de cette noble maison, ces dernières années. Mais le lieutenant Rosenfeld ne réagissait pas, il continuait de me dire tout ce qu'il savait, et c'était profus, de la longue vie de Goethe à Weimar. À la fin, vexé sans doute de ne pas parvenir à provoquer une réaction, le vieux nazi a monté le ton. Dans notre dos, sa voix a commencé à nous raconter la dernière visite de Hitler, alors que ce dernier séjournait à Weimar, à l'hôtel de l'Éléphant. Sa voix s'enflait dans l'éloge de cet être admirable qu'était le Führer. N'y tenant soudain plus, le lieutenant Rosenfeld s'est retourné, a saisi le vieil homme au collet et l'a traîné jusqu'à un placard où il l'a enfermé à double tour. Nous avons pu terminer notre visite tranquillement, hors de portée de sa voix haineuse et désespérée.

> *O Deutschland, bleiche Mutter!*
> *Wie haben deine Söhne dich zugerichtet*
> *Dass du unter den Völkern sitzest*
> *Ein Gespött oder eine Furcht!*

Le lieutenant Rosenfeld vient de murmurer la fin du poème de Brecht. Nous sommes assis sur la pelouse qui descend en pente douce vers la rive de l'Ilm. Le soleil brille sur l'acier de son pistolet-mitrailleur, ce jour de la Saint-Georges.

Deux ans se sont passés depuis que Julia m'a fait découvrir la poésie de Bertolt Brecht. Deux ans seulement. J'ai l'impression pourtant qu'une éternité nous sépare de ce printemps-là, de cette nuit-là de printemps rue Visconti. Une certitude me vient, je souris. Une certitude incongrue mais sereine. Une éternité, bien sûr : celle de la mort. Deux ans d'éternité mortelle me séparent de celui que j'étais rue Visconti. Celui, cet autre, qui écoutait Julia réciter des poèmes de Bertolt Brecht. À l'aube, elle avait d'une main légère et caressante effleuré mon visage. « Ne meurs pas », avait-elle murmuré en me quittant. J'avais sursauté, avec un rire d'orgueil étonné. N'étais-je pas immortel, invulnérable du moins ?

Deux ans d'éternité glaciale, d'intolérable mort me séparaient de moi-même. Reviendrais-je à moi-même, un jour ? À l'innocence, quel que fût le souci de vivre, de la présence transparente à soi-même ? Serais-je à tout jamais cet autre qui avait

traversé la mort ? qui s'en était nourri ? qui s'y était défait, éva-
poré, perdu ?

— Il est l'heure de rentrer, vient de dire le lieutenant Rosenfeld.

Il a regardé sa montre, il est l'heure de rentrer, en effet. Je
regarde le soleil d'avril sur la pelouse qui descend vers l'Ilm. Je
regarde la maisonnette champêtre de Goethe. J'entends le murmure foisonnant des oiseaux, autour de moi : la vie recommencée, en somme. Pourtant, un sentiment inexplicable m'envahit :
je suis content de « rentrer », comme vient de le dire Rosenfeld.
J'ai envie de revenir à Buchenwald, parmi les miens, parmi
mes camarades, les revenants d'une longue absence mortelle.

— Allons-y, lui dis-je, debout sur la verte pelouse des bords
de l'Ilm.

5

LA TROMPETTE
DE LOUIS ARMSTRONG

On the sunny side of the street : quel bonheur!

C'était la trompette de Louis Armstrong, je la reconnaissais malgré ma griserie.

Je riais, ravi.

C'était à Eisenach, vers la fin du mois d'avril. Dans un hôtel d'Eisenach utilisé par les états-majors alliés comme centre de rapatriement des prisonniers et des déportés de la région.

J'ai serré encore plus fort la jeune femme que je tenais dans mes bras. Nous dansions depuis quelques minutes, quasiment immobiles, à la fin de cette nuit blanche. Je l'ai regardée, elle avait les yeux grands ouverts. J'avais trouvé de bon augure qu'elle eût ces yeux bleus qui m'émouvaient lors des surprises-parties de mon adolescence, deux ans auparavant.

Un siècle, plutôt : ça me faisait rire. Sottement, j'imagine. Mais elle s'est agitée soudain, elle devenait fébrile.

– Ne me regarde pas comme ça, a-t-elle dit dans un souffle.

Je ne la regardais pas comme ça. Je la regardais, sans plus. Comme on regarde une femme, après tant de mois. Avec surprise, sans doute. Avec curiosité, aussi. Je la regardais, donc, tout simplement. Mais peut-être était-ce la simplicité de ce regard, sa franchise, qui était indécente. Qui la troublait, précisément.

Elle parlait, en tout cas, d'une voix saccadée, enrouée d'émotion.

– Je voudrais être la première femme de ta vie! murmurait-
elle.

C'était excessif, je le lui ai fait remarquer.

– De ma vie, c'est trop tard! La première d'après ma mort,
tu ne peux pas faire mieux!

La voix de cuivre de Louis Armstrong ouvrait des avenues de
désir infini, de nostalgie acide et violente. La jeune femme
tremblait de tout son corps, elle ne dansait plus. Comme si elle
avait soudain un désir panique de l'étrange passé dont j'arrivais, du désert qui s'annonçait malgré moi dans mes yeux.

Comme si elle était attirée par cette panique même.

Les semaines suivantes, les mois, au cours de ce printemps,
cet été-là, du retour – drôle de mot, hypocrite, équivoque pour
le moins –, j'ai eu l'occasion de vérifier la persistance efficace de
ce regard.

Du mien, je veux dire.

Il n'était plus déchiffrable d'emblée, comme il l'avait été
pour les trois officiers en uniforme britannique, quinze jours
plus tôt. Pour cette jeune femme d'Eisenach aussi, qui répondait au prénom de Martine et qui faisait partie d'une mission
auxiliaire de l'armée française. Mes cheveux repoussaient, en
effet. J'étais habillé comme n'importe qui, n'importe quel type
de vingt ans, à Paris, par beau temps estival. Mal habillé, sans
doute, à la diable, comme tant d'autres types de mon âge à cette
époque de pénurie de l'après-guerre.

Rien n'indiquait de prime abord où j'avais passé les dernières années. Moi-même, je me tus aussitôt, à ce sujet, pour
longtemps. Non pas d'un silence affecté, ni coupable, ni craintif
non plus. Silence de survie, plutôt. Silence bruissant de l'appétit de vivre. Je ne devins pas muet comme une tombe, donc.
Muet parce que ébloui par la beauté du monde, ses richesses,
désireux d'y vivre en effaçant les traces d'une agonie indélébile.

Mais je ne parvenais pas à faire taire mon regard, il faut croire.

Dans les transports en commun, les soirées, les bistrots, des femmes y étaient sensibles. Je tournais la tête, curieux d'un visage entrevu, de la courbe d'une épaule ou d'une hanche, d'un rire intelligent. Je fixais des yeux inconnus qui se troublaient, s'obscurcissaient. Une violence soudaine, inquiète, peut-être même angoissée, mais impérieuse, y devenait lisible : diamant de l'attirance à l'état brut.

En tout cas, le plus difficile était fait, souvent par mégarde, ou par inadvertance. L'alouette était prise au piège d'un miroir où elle croyait contempler sa propre image embellie par l'intérêt de l'autre. Où il n'y avait rien à voir, pourtant, à deviner – mais comment, par quelle procédure perspicace ? – que la surface sans tain d'un passé abominable.

Ainsi, le regard fou, dévasté, qui avait provoqué le malaise chez trois officiers d'une mission alliée, le 12 avril 1945, à Buchenwald, à l'entrée d'un bâtiment administratif de la division S.S. Totenkopf, où se trouvaient des dossiers qu'ils voulaient consulter, ce regard me donnerait accès à la beauté des femmes, à leur tendresse, leur fougue et leur langueur, qui ont rendu mon âme de nouveau habitable. Du moins pour quelque temps et par intermittence. De quoi emmagasiner le souvenir de quelques minuscules bonheurs déchirants.

J'en jouai sans scrupules, ayant découvert ce pouvoir.

Sans scrupules, certes, mais non sans quelque inquiétude. Car chacune de ces rencontres, chacune de ces aventures, pour plaisante qu'elle fût, ravivait en moi les douleurs de la mémoire. Chacune d'entre elles réveillait en moi la mort que je voulais oublier, mais dont le sombre rayonnement était à l'origine de ces plaisirs.

Tout au long de l'été du retour, de l'automne, jusqu'au jour d'hiver ensoleillé, à Ascona, dans le Tessin, où j'ai décidé d'abandonner le livre que j'essayais d'écrire, les deux choses dont j'avais pensé qu'elles me rattacheraient à la vie – l'écriture, le plaisir – m'en ont au contraire éloigné, m'ont sans cesse, jour après jour, renvoyé dans la mémoire de la mort, refoulé dans l'asphyxie de cette mémoire.

Louis Armstrong, le cuivre de sa voix, de sa trompette, ce corps de femme au sortir de l'absence : tout semblait facile, à la fin d'une nuit blanche, à Eisenach, dans le palace réquisitionné dont le charme désuet me rappelait les stations balnéaires fréquentées jadis par A.O. Barnabooth.

Je me laissais aller, flottant dans le rêve cotonneux de la danse au plus près. Le désir s'y inscrivait, somptueux. J'avais eu raison de ne pas trop m'en faire pour mon corps amaigri, quelque peu fantomatique. Le sang y circulait toujours, nul souci à avoir. L'avenir était probablement rempli de femmes aux yeux fermés – Martine D. venait de fermer les siens –, aux longues jambes entrelacées aux miennes.

Rien à craindre, vraiment.

Ça me faisait du bien à l'âme, cette joie charnelle. Mon corps m'épatait, je dois l'avouer. À l'age de dix-huit ans, j'ignorais pour ainsi dire mon corps. Plutôt : j'ignorais le fait d'en avoir un, ses servitudes. Je le négligeais, du moins, ou le mésestimais, peut-être. Mon corps m'avait ignoré, lui aussi. Il n'était rien d'objectif, rien de vivant pour soi. Nul en-soi, mon corps, avec ses exigences propres, heureuses ou misérables, dont j'eusse à prendre conscience. Ou mon parti, en tout cas.

Mon corps n'était que le prolongement immédiat de mes désirs, mes volontés. De mes caprices, même. Il n'était rien d'autre que moi-même. Il m'obéissait au doigt et à l'œil, sans rien d'instrumental pourtant. La traditionnelle dissertation des classes de philosophie sur les rapports du physique et du moral, je l'aurais conclue sans hésitation : c'était tout un, c'était tout comme. Mon corps m'était aussi consubstantiel que mes souvenirs d'enfance. J'étais dans mon corps comme un poisson dans l'eau. J'y étais de toute mon âme, si l'on me permet d'être aussi catégorique.

J'avais redécouvert mon corps, sa réalité pour-soi, son opacité, son autonomie dans la révolte aussi, à dix-neuf ans, à Auxerre, dans une villa de la Gestapo, au cours des interrogatoires.

Soudain mon corps devenait problématique, se détachait de moi, vivait de cette séparation, pour soi, contre moi, dans l'agonie de la douleur. Les types de Haas, le chef de la Gestapo locale, me suspendaient haut et court par les bras tirés en arrière, mains serrées dans le dos par des menottes. Ils me plongeaient la tête dans l'eau de la baignoire, délibérément souillée de détritus et d'excréments.

Mon corps étouffait, devenait fou, demandait grâce, ignoblement. Mon corps s'affirmait dans une insurrection viscérale qui prétendait me nier en tant qu'être moral. Il me demandait de capituler devant la torture, il l'exigeait. Pour sortir vainqueur de cet affrontement avec mon corps, il me fallait l'asservir, le maîtriser, l'abandonnant aux affres de la douleur et de l'humiliation.

Mais c'était une victoire à chaque minute remise en question et qui me mutilait, de surcroît, en me faisant haïr une part de moi essentielle, que j'avais jusqu'alors vécue dans l'insouciance et le bonheur physique. Pourtant, chaque journée de silence gagnée à la Gestapo, si elle éloignait mon corps de moi, carcasse pantelante, me rapprochait de moi-même. De la surprenante fermeté de moi-même : orgueil inquiétant, presque indécent, d'être homme de cette inhumaine façon.

Ensuite, à Buchenwald, mon corps a continué d'exister pour son compte — ou ses mécomptes — dans les hantises de l'épuisement : la faim et le manque de sommeil. J'avais été obligé de le mener rudement, de le traiter par le mépris, le cas échéant.

Un jour, quelques semaines après mon arrivée au camp,

j'avais été pris d'une forte fièvre, liée à un accès de furonculose. D'instinct, j'avais évité le *Revier*, l'infirmerie, les soins auxquels j'aurais pu prétendre. On sortait habituellement de l'infirmerie par la cheminée du crématoire : je connaissais déjà ce dicton des anciens de Buchenwald. Je m'étais donc fait inciser les furoncles qui envahissaient mes aisselles par un copain français, médecin du *Revier*, et j'avais continué ma vie de travail réglementaire. Tout était rentré dans l'ordre.

Mais il m'était arrivé de soupçonner que mon corps serait marqué à jamais par les supplices de la faim, le sommeil en retard, l'épuisement perpétuel.

Pas du tout, pas le moins du monde.

Ce soir-là, à Eisenach, mon corps m'épatait. Quelques jours de liberté, de nourriture plus consistante, de sommeil à volonté, et le voici ravigoté, arrogant, royalement oublieux des paniques toutes récentes. Un vrai dîner servi à une vraie table, quelques verres de vin de la Moselle et le voici grisé, sans doute, mais agile, affûté : de quoi rire de bonheur.

Alors je me suis penché vers la jeune femme en uniforme bleu, seyant, et j'ai murmuré au creux de son oreille.

> J'ai pesé de tout mon désir
> sur ta beauté matinale...

Une sorte de feu de Bengale a brillé dans ses yeux.

– Tu es poétique, dis donc!

Ce n'était pas moi qui étais poétique, bien sûr. Je ne l'étais que de façon vicariale, en tout cas. Mais Martine ne savait rien de René Char. Je ne pouvais lui en tenir grief, je n'en avais rien su moi non plus jusqu'aux tout derniers jours. Jusqu'au 12 avril, pour être vraiment précis.

122

Martine D., pourtant, n'a pas été la première femme de ma vie. Même pas la première d'après la mort. Celle-ci, la première d'après la neige et la mort, la faim et la fumée, se prénommait Odile. Et je n'ai pas dansé avec elle à Eisenach, dans le palace réquisitionné par les Américains. C'est au « Petit Schubert », boulevard du Montparnasse, que je danserais avec Odile pour la première fois, quelques jours après mon retour. Après la nuit blanche d'Eisenach.

Il y avait de nouveau la trompette d'Armstrong, toutes les trompettes du paradis. Il y avait la nuit blanche, l'alcool, le fol espoir d'une vie recommencée. Il y avait Odile M., qui était la cousine de l'un de mes amis d'adolescence. Après un dîner, des conversations, des rires, une discussion confuse chez des inconnus, avenue de Saxe, autour d'Albert Camus, nous nous étions retrouvés en bande au « Petit Schubert », après minuit.

Odile M. ne dansait qu'avec moi. Je la tenais dans mes bras, le temps passait, l'amour de l'aube s'annonçait tendrement.

Alors, j'ai murmuré à l'oreille de la jeune fille les mots de René Char. Ce n'est pas parce que ça n'avait pas marché à Eisenach que j'allais me priver de ce recours rhétorique, de cette ouverture poétique au langage indécent et délicieux de l'intimité.

> J'ai pesé de tout mon désir
> sur ta beauté matinale...

Odile s'était arrêtée de danser, m'avait regardé, nous avions quitté le « Petit Schubert ».

Quelques jours plus tard, le 8 mai 1945, sous un soleil radieux, j'avais traversé la cour de l'hospice du Kremlin-Bicêtre.

C'était le jour de la victoire sur les armées nazies, on s'en souvient probablement. Et même si l'on ne s'en souvient pas, on peut avoir retenu cette date. Se souvenir et retenir les dates, ce n'est pas pareil. On ne se souvient pas non plus de la bataille de Marignan et c'est pourtant une date qu'on a retenue.

Quant à moi, je me souviens vraiment du 8 mai 1945. Ce n'est pas une simple date pour manuels scolaires. Je me souviens du ciel radieux, de la blondeur des filles, de la ferveur des multitudes. Je me souviens de l'angoisse des familles en grappes affligées à l'entrée de l'hôtel Lutétia, attendant des proches non encore revenus des camps. Je me souviens d'une femme aux cheveux grisonnants, au visage encore lisse et juvénile, qui était montée dans le métro à la station Raspail. Je me souviens qu'un remous des voyageurs l'avait poussée près de moi. Je me souviens qu'elle a soudain remarqué ma tenue, mes cheveux ras, qu'elle a cherché mon regard. Je me souviens que sa bouche s'est mise à trembler, que ses yeux se sont remplis de larmes. Je me souviens que nous sommes restés longtemps face à face, sans dire un mot, proches l'un de l'autre d'une inimaginable proximité. Je me souviens que je me souviendrai toute ma vie de ce visage de femme. Je me souviendrai de sa beauté, de sa compassion, de sa douleur, de la proximité de son âme.

Et je me souviens aussi d'avoir traversé la cour de l'hospice du Kremlin-Bicêtre sous un soleil radieux, dans la rumeur des cloches carillonnant la victoire.

Je devais y retrouver Odile M., ce jour-là, dans une chambre austère d'interne de garde. Elle m'avait demandé de venir au moment du déjeuner, elle aurait une sorte d'heure tranquille. « Une ou deux heures ; ça dépendra des urgences. Je préfère te recevoir que d'aller manger à la cantine, où c'est dégueulasse, m'avait-elle dit. D'ailleurs, qui dort dîne, si tu vois ce que dormir veut dire ! » avait-elle ajouté dans un fou rire.

Lorsque Odile a commencé à se déshabiller, dans un brouhaha de cloches, de foules en liesse, de klaxons de toute sorte, qui parvenait assourdi jusqu'à nous, dans la petite pièce austère de l'hospice du Kremlin-Bicêtre – elle ne savait pas l'étymologie de la deuxième partie de ce nom composé, mais elle ne m'a même pas été reconnaissante de la lui avoir apprise : s'en fichait éperdument –, elle a renversé par mégarde la sacoche de

124

cuir d'officier allemand que j'avais rapportée de Buchenwald. J'y trimbalais à l'époque toutes mes possessions.

Odile s'est agenouillée pour rassembler mes affaires éparpillées. J'ai vu alors dans ses mains le volume de René Char, *Seuls demeurent*.

Je me suis rappelé que j'avais promis à l'officier français de lui rapporter ce livre dès mon retour. Il m'avait donné une adresse, rue de Varenne. D'ailleurs, pour être tout à fait précis, il n'avait pas parlé de retour mais de rapatriement.

J'ai pensé à tout ce qu'il y aurait à dire sur ces deux mots : retour, rapatriement. Le second, bien entendu, était pour moi dépourvu de sens. Tout d'abord, je n'étais pas revenu dans ma patrie, en revenant en France. Et puis, si l'on allait au fond des choses, il était clair que je ne pourrais plus jamais revenir dans aucune patrie. Il n'y avait plus de patrie pour moi. Il n'y en aurait jamais plus. Ou alors plusieurs, ce qui reviendrait au même. Peut-on mourir, pensez-y, pour plusieurs patries à la fois ? C'est impensable. Pourtant, mourir pour la patrie est la meilleure preuve ontologique de l'existence de celle-ci. La seule, peut-être. Ça s'annulerait, toutes ces morts possibles. Le cas échéant, on ne meurt qu'une fois et pour une seule patrie. Il ne faut pas plaisanter avec ça : pas de pluralisme quant à la patrie, qui est une et indivisible, unique.

Pour ma part, je n'avais jamais songé à mourir pour la patrie. Jamais l'idée de patrie ne m'avait effleuré (mais sans doute est-ce un verbe trop léger, trop éthéré, « effleurer », pour parler de l'idée de patrie; si elle existe, je ne pense pas qu'elle vous effleure, cette idée-là, elle doit plutôt vous abattre, vous écraser, vous renverser, je suppose), jamais, donc, cette idée ne m'était venue quand j'avais envisagé à l'occasion – plutôt fréquente, ces dernières années – la possibilité de mourir. De risquer ma vie, c'est-à-dire. L'enjeu n'en avait jamais été la patrie.

Pas de rapatriement, donc.

Mais le mot « retour » n'aurait pas tout à fait convenu non plus, malgré son apparente neutralité. Certes, d'une façon purement descriptive, on pouvait dire que j'étais retourné à mon point de départ. Mais celui-ci était occasionnel : je n'étais pas retourné chez moi. J'aurais pu être arrêté n'importe où, revenir n'importe où. Du coup, on retombait sur la figure précédente du discours, concernant le rapatriement, son improbabilité. Plus encore : étais-je vraiment retourné quelque part, ici ou ailleurs, chez moi ou n'importe où ? La certitude qu'il n'y avait pas vraiment eu de retour, que je n'en étais pas vraiment revenu, qu'une part de moi, essentielle, ne reviendrait jamais, cette certitude m'habitait parfois, renversant mon rapport au monde, à ma propre vie.

Quelques heures plus tard, rue de Varenne, lorsque la porte s'est finalement ouverte, j'étais sur le point de repartir, tant on avait tardé à répondre à mon coup de sonnette.

Une jeune fille est apparue sur le seuil au moment où j'allais tourner le dos, découragé.

J'avais à la main le livre que je rapportais à son propriétaire. L'officier français m'avait dit qu'il y tenait beaucoup, une femme le lui ayant offert. Était-ce elle ? En tout cas, je me suis souvenu d'un poème de Char :

> Beauté, je me porte à ta rencontre dans la solitude
> du froid. Ta lampe est rose, le vent brille. Le
> seuil du soir se creuse...

Je me suis dit ces mots en silence, quand j'ai vu apparaître Laurence sur le palier de la rue de Varenne. Une jeune inconnue, plutôt, dont le prénom s'avérerait être celui-là. Qui était encore sans nom mais non innommable. Plein de prénoms me venaient à l'esprit, en plusieurs langues, pour m'adresser à elle, pour cerner son apparence. C'est finalement le plus universel, qui les contenait tous, que j'ai murmuré pour moi-même : *Beauté*...

126

Mais elle a sursauté en me voyant, a porté sa main droite devant son visage, pour se cacher les yeux. Pour me cacher à ses yeux, plutôt.

– C'est donc vous...

Elle a dit ces mots d'une voix basse et plaintive. Je n'ai pas bien saisi si c'était sur le mode de l'interrogation ou sur celui de la constatation désolée.

– Marc est mort avant-hier, a-t-elle ajouté.

Et elle m'a arraché des mains le volume de René Char, qu'elle a serré sur son cœur.

Plus tard, la nuit était tombée, des lampes allumées : tout avait été dit. Marc était le prénom de l'officier de Buchenwald, je l'avais ignoré. Il avait été mortellement blessé lors de l'un des derniers affrontements de la guerre, trois jours avant la capitulation allemande. Mais le lendemain de notre rencontre à l'entrée de la caserne Totenkopf, il avait écrit une longue lettre à Laurence. Il y parlait de notre rencontre, de nos conversations. La jeune fille me l'avait lue, dans un instant d'abandon. Car elle avait été distante, presque hostile, coléreuse, à certains moments : la plupart du temps. Et puis, soudain, tendre, se réfugiant dans mes bras, désemparée.

Offerte, en effet, s'abandonnant, mais pour se reprendre aussitôt.

Maintenant, d'un mouvement souple de tout le corps, harmonieux malgré la hâte fébrile, après un long silence, des larmes amères, Laurence s'était dressée. Elle avait marché vers le fond de la pièce.

J'avais fermé les yeux : l'éclat de sa beauté avait quelque chose d'éblouissant.

Ce n'était pas le désir qui me faisait trembler, pourtant. Je n'avais pas la bouche sèche, nulle chaleur ne montait de l'aine vers un cœur à la chamade. Le désir n'était pas improbable, certes, mais dans l'avenir. Quelque chose d'aigu et de tendre, plus tard. C'était l'étonnement qui me faisait trembler, pour l'heure : que ce fût possible, tant de grâce épanouie.

127

À cet instant, j'avais entendu les premières mesures du disque que Laurence avait mis sur l'électrophone. La voix de Louis Armstrong, ensuite : *In the shade of the old apple tree...* Pendant une fraction de seconde, un fragment d'éternité, j'ai eu l'impression d'être vraiment revenu. D'être de retour, vraiment. Rentré chez moi.

Mais je n'en suis pas encore là.

J'en suis encore à Martine D., à Eisenach, sous les lustres d'un palace au charme désuet. Je viens de dire à Martine deux vers de *Seuls demeurent*, elle vient de proclamer qu'elle me trouve poétique, mais nous allons en rester là. Un grand type a subitement surgi près de nous. Un officier français en tenue de combat, avec un béret noir sur le crâne.

— Bonsoir, vieux! a dit l'officier en prenant Martine par le bras et l'attirant vers lui.

Il avait un air de propriétaire.

J'ai compris que je n'avais plus qu'à aller retrouver mes copains de Buchenwald, qui partaient avec moi pour Paris dans le convoi d'une mission de rapatriement.

— Bonsoir, jeune homme lui ai-je répondu, très digne.

Complètement gris, je m'en rendais compte. Très digne, néanmoins.

Le sourcil gauche de l'officier se fronçait, c'était sa seule réaction.

— Tu viens du camp? a-t-il demandé.

— Comme vous le voyez...

Ça devait se voir, effectivement. Je portais des bottes russes, un pantalon de grosse toile, avec mon matricule – 44904 – cousu sur la jambe gauche. Je portais une sorte de chandail gris, avec l'inscription « KL Bu » peinte en vert sur le dos. Difficile de ne pas voir que j'arrivais de Buchenwald, en effet.

— C'était dur, hein ? a dit l'officier au béret de commando, d'un air concentré.

— Mais non, ai-je répondu, c'était un sana, ce camp !

C'était la phrase que nous jetaient à la figure les anciens de Buchenwald, lorsqu'ils comparaient leurs années terribles – de 1937 à 1942, à peu près – à celles que nous avions connues.

Mais l'officier coiffé de son béret noir à rubans ne savait rien de ce langage crypté. Il a sursauté, m'a regardé, a dû penser que j'étais saoul, ou tombé sur la tête. En tout cas, il a haussé les épaules et il est parti.

Il emmenait Martine, bien entendu.

Était-ce le dépit provoqué par le départ de la jeune femme ? Ou bien le désarroi habituellement lucide de la fin des nuits blanches ? J'étais soudain malheureux, immobile au milieu des militaires américains et français qui dansaient avec des filles de toute sorte, sous le regard fébrile et fou des rescapés, sous l'œil compassé des maîtres d'hôtel allemands. Malheureux de la réponse que j'avais faite, qui ne pouvait faire rire que moi. Malheureux qu'il fût parti avant que j'eusse vraiment répondu à sa question. Il faut dire que celle-ci était imbécile. Absurde dans sa forme, du moins. « C'était dur, hein ? » était une question qui n'ouvrait sur rien, qui clôturait même tout espace de questionnement, par une réponse inévitable, affirmative, mais ne menant à rien. Oui, c'était dur : et après ?

J'aurais dû m'y attendre, j'aurais dû être prêt à répondre à une question aussi mal posée. Depuis quinze jours, chaque fois que j'avais eu affaire à des gens du dehors, je n'avais entendu que des questions mal posées. Mais pour poser les bonnes questions, peut-être fallait-il déjà connaître les réponses.

— Pourquoi l'as-tu laissé tomber, cette fille, ça avait l'air de marcher, me dit Yves Darriet un peu plus tard.

Je viens de regagner le coin du salon où sont les copains. Nous allons continuer à nous saouler gentiment jusqu'au départ du convoi, prévu tôt dans la matinée.

– Je ne sais pas, ai-je dit. Il y a un grand con d'officier avec un béret à rubans qui est venu la reprendre. Elle avait l'air d'être à lui.

Elle ne serait pas à moi, en tout cas.

Quelques jours auparavant, j'avais entendu des voix de femmes, proches. J'étais sur la place d'appel, déserte à ce moment. Je venais de rapporter mes livres à Anton, le bibliothécaire. Je contemplais le portrait de Staline. L'accordéon russe jouait à présent un *gopak* au rythme endiablé.

Il y a eu ces voix de femmes, des rires : une vraie volière. Je me suis retourné.

Les jeunes femmes de la Mission France avaient des uniformes bleus qui moulaient leur corps. Elles voulaient visiter le camp, on leur avait dit que c'était passionnant. Elles me demandaient de les accompagner.

J'ai remarqué les yeux bleus de l'une d'entre elles. Je l'ai regardée dans les yeux. Martine D. a fait un geste de la main, comme pour se protéger. Puis sa main est retombée. Son regard est resté sur le mien. Nous avons été seuls au monde, un instant, yeux dans les yeux. Seuls sur la place d'appel de Buchenwald, parmi les hêtres centenaires. Il y avait du soleil, du vent dans les arbres et nous avons été seuls. Durant quelques longues secondes, en tout cas.

Ensuite, une autre jeune femme s'est exclamée :

– Mais ça n'a pas l'air mal du tout !

Elle regardait les baraques d'un vert pimpant sur le pourtour de la place d'appel. Elle regardait le parterre de fleurs devant le bâtiment de la cantine. Elle a vu ensuite la cheminée trapue du crématoire, au bout de la place d'appel.

– C'est la cuisine, ça ? a-t-elle demandé.

J'ai souhaité d'être mort, pendant une fraction de seconde. Si j'avais été mort, je n'aurais pas pu entendre cette question. J'avais horreur de moi-même, soudain, d'être capable d'entendre cette question. D'être vivant, en somme. C'était une réaction compréhensible, même si elle était absurde. Excessive, en tout cas. Car c'est précisément parce que je n'étais pas vraiment vivant que cette question à propos de la cuisine me mettait hors de moi. Si je n'avais pas été une parcelle de la mémoire collective de notre mort, cette question ne m'aurait pas mis hors de moi. Je n'étais rien d'autre, pour l'essentiel, qu'un résidu conscient de toute cette mort. Un brin individuel du tissu impalpable de ce linceul. Une poussière dans le nuage de cendre de cette agonie. Une lumière encore clignotante de l'astre éteint de nos années mortes.

Et sans doute savais-je, du fond le plus archaïque d'un savoir viscéral, que j'allais revivre, reprendre le cours d'une vie possible. J'en avais même le désir, un goût violent de cet avenir : les musiques, les soleils, les livres, les nuits blanches, les femmes, la solitude. Je savais qu'il était nécessaire et juste de revivre, de revenir à la vie, que rien ne m'en empêcherait. Mais ce savoir impatient, avide, cette sagesse du corps, ne m'occultait pas la certitude fondamentale de mon expérience. De mes liens avec la mémoire de la mort, à jamais.

– Venez, ai-je dit aux jeunes femmes de la Mission France, je vais vous montrer.

Je les ai conduites vers le bâtiment du crématoire, que l'une d'entre elles avait pris pour une cuisine.

Montrer ? Peut-être la seule possibilité de faire comprendre aura été, effectivement, de faire voir. Les jeunes femmes en uniforme bleu, en tout cas, auront vu. J'ignore si elles ont compris, mais pour ce qui est de voir, elles auront vu.

Je les avais fait entrer par la petite porte du crématoire, qui menait à la cave. Elles venaient de comprendre que ce n'était pas une cuisine et se taisaient, subitement. Je leur ai montré les crochets où l'on pendait les déportés, car la cave du crématoire servait aussi de salle de torture. Je leur ai montré les nerfs de bœuf et les matraques. Je leur ai montré les monte-charge qui menaient les cadavres jusqu'au rez-de-chaussée, directement devant la rangée de fours. Nous sommes montés au rez-de-chaussée et je leur ai montré les fours. Elles n'avaient plus rien à dire. Plus de rires, plus de conversations, plus de bruits de volière : du silence. Assez lourd, assez épais pour trahir leur présence, derrière moi. Elles me suivaient, comme une masse de silence angoissé, soudain. Je sentais le poids de leur silence dans mon dos.

Je leur ai montré la rangée de fours, les cadavres à moitié calcinés qui étaient restés dans les fours. Je leur parlais à peine. Je leur nommais simplement les choses, sans commentaire. Il fallait qu'elles voient, qu'elles essaient d'imaginer. Ensuite, je les avais fait sortir du crématoire, sur la cour intérieure entourée d'une haute palissade. Là, je n'avais plus rien dit, plus rien du tout. Je les avais laissées voir. Il y avait, au milieu de la cour, un entassement de cadavres qui atteignait bien trois mètres de hauteur. Un entassement de squelettes jaunis, tordus, aux regards d'épouvante. Dehors, au-delà de la palissade, l'accordéon russe continuait de jouer à un rythme endiablé. L'allégresse du *gopak* parvenait jusqu'à nous, virevoltant sur cet entassement de cadavres : danse des morts de la dernière journée, qui étaient restés sur place, les S.S. en fuite ayant laissé s'éteindre le crématoire.

J'ai pensé que dans les baraques du Petit Camp, les vieux, les invalides, les Juifs continuaient de mourir. La fin des camps, pour eux, n'était pas la fin de la mort. Elle n'était pas non plus la fin de la société de classes, venait de me rappeler Anton, le bibliothécaire. J'ai pensé, en regardant les corps décharnés, aux os saillants, aux poitrines creuses, qui s'entassaient au milieu de la cour du crématoire, sur trois mètres de hauteur, que c'étaient là mes camarades. J'ai pensé qu'il fallait avoir vécu leur mort, comme nous l'avions fait, nous qui avions

132

survécu à leur mort – mais qui ne savions pas encore si nous avions survécu à la nôtre – pour poser sur eux un regard pur et fraternel.

J'entendais dans le lointain le rythme allègre du *gopak* et je me suis dit que ces jeunes femmes n'avaient rien à faire ici. C'était idiot que d'essayer de leur expliquer. Plus tard, dans un mois, dans quinze ans, dans une autre vie, je pourrais sans doute expliquer tout ceci à n'importe qui. Mais aujourd'hui, sous le soleil d'avril, parmi les hêtres bruissants, ces morts horribles et fraternels n'avaient pas besoin d'explication. Ils avaient besoin que nous vivions, tout simplement, que nous vivions de toutes nos forces dans la mémoire de leur mort : toute autre forme de vie nous arracherait à l'enracinement dans cet exil de cendres.

Il fallait faire partir ces jeunes femmes de la Mission France.

Je me suis retourné, elles étaient parties. Elles avaient fui ce spectacle. Je les comprenais d'ailleurs. Ça ne devait pas être drôle d'arriver à Buchenwald, en visite touristique, et d'être brutalement mises en présence d'un monceau de cadavres aussi peu présentables.

J'étais ressorti sur la place d'appel, j'avais allumé une cigarette. L'une des jeunes femmes m'attendait, celle qui avait les yeux bleus : Martine Dupuy. J'appris son nom quelques jours plus tard, à Eisenach.

Mais elle vient de partir avec son capitaine des commandos et Yves Darriet me demande pourquoi je l'ai laissée.

Je connais Yves depuis les premiers jours de quarantaine au block 62 du Petit Camp. Il était arrivé de Compiègne dans les convois massifs de janvier 44, comme moi. André Verdet, Serge Miller, Maurice Hewitt, Claude Bourdet, Maurice Halbwachs, parmi beaucoup d'autres, sont aussi arrivés ces jours-là. Après la quarantaine, j'avais partagé avec Yves les jours et les nuits de la même aile du block 40 : *Flügel C*. Il était musicien dans la vie d'ailleurs, c'est lui qui avait fait les arrangements pour l'ensemble de jazz de Jiri Zak. C'est lui qui a découvert le saxophoniste de l'orchestre. Parfois, avant le couvre-feu du soir, ou le dimanche après-midi, nous échangions des poèmes. Il me récitait Victor Hugo, Lamartine, Toulet, Francis Jammes. Je lui récitais Rimbaud, Mallarmé, Apollinaire, André Breton. Quant à Ronsard et Louise Labé, nous les récitions ensemble. À l'unisson, c'est-à-dire.

C'est Darriet qui m'avait inscrit dans le convoi de demain, de tout à l'heure, plutôt. Quelques camions de la mission de rapatriement de l'abbé Rodhain partent pour Paris, à la première heure. Yves fait partie du groupe des rapatriés, il est venu me chercher à Buchenwald. Comme c'est un vrai copain, qu'il a le sens de l'humour, je lui ai fait les commentaires que vous connaissez déjà sur le rapatriement supposé. Il ne les a pas du tout mal pris. Il ne les a pas non plus pris à la légère, cela ne m'a pas étonné de sa part.

— Tu tombes bien, de toute façon, me dit Yves, maintenant que j'ai rejoint le groupe des futurs rapatriés. Nous étions en train de nous demander comment il faudra raconter, pour qu'on nous comprenne.

Je hoche la tête, c'est une bonne question : une des bonnes questions.

— Ce n'est pas le problème, s'écrie un autre, aussitôt. Le vrai problème n'est pas de raconter, quelles qu'en soient les difficultés. C'est d'écouter... Voudra-t-on écouter nos histoires, même si elles sont bien racontées ?

Je ne suis donc pas le seul à me poser cette question. Il faut dire qu'elle s'impose d'elle-même.

Mais ça devient confus. Tout le monde a son mot à dire. Je ne pourrai pas transcrire la conversation comme il faut, en identifiant les participants.

— Ça veut dire quoi, « bien racontées » ? s'indigne quelqu'un. Il faut dire les choses comme elles sont, sans artifices !

C'est une affirmation péremptoire qui semble approuvée par la majorité des futurs rapatriés présents. Des futurs narrateurs possibles. Alors, je me pointe, pour dire ce qui me paraît une évidence.

— Raconter bien, ça veut dire : de façon à être entendus. On n'y parviendra pas sans un peu d'artifice. Suffisamment d'artifice pour que ça devienne de l'art !

Mais cette évidence ne semble pas convaincante, à entendre les protestations qu'elle suscite. Sans doute ai-je poussé trop loin le jeu de mots. Il n'y a guère que Darriet qui m'approuve d'un sourire. Il me connaît mieux que les autres.

J'essaie de préciser ma pensée.

— Écoutez, les gars ! La vérité que nous avons à dire – si tant est que nous en ayons envie, nombreux sont ceux qui ne l'auront jamais ! – n'est pas aisément crédible... Elle est même inimaginable...

Une voix m'interrompt, pour renchérir.

— Ça, c'est juste ! dit un type qui boit d'un air sombre, résolument. Tellement peu crédible que moi-même je vais cesser d'y croire, dès que possible !

Il y a des rires nerveux, j'essaie de poursuivre.

— Comment raconter une vérité peu crédible, comment susciter l'imagination de l'inimaginable, si ce n'est en élaborant, en travaillant la réalité, en la mettant en perspective ? Avec un peu d'artifice, donc !

Ils parlent tous à la fois. Mais une voix finit par se distinguer, s'imposant dans le brouhaha. Il y a toujours des voix qui s'imposent dans les brouhahas semblables : je le dis par expérience.

— Vous parlez de comprendre... Mais de quel genre de compréhension s'agit-il ?

Je regarde celui qui vient de prendre la parole. J'ignore son nom, mais je le connais de vue. Je l'ai déjà remarqué, certains après-midi de dimanche, se promenant devant le block des

Français, le 34, avec Julien Cain, directeur de la Bibliothèque nationale, ou avec Jean Baillou, secrétaire de Normale Sup. Ça doit être un universitaire.

— J'imagine qu'il y aura quantité de témoignages... Ils vaudront ce que vaudra le regard du témoin, son acuité, sa perspicacité... Et puis il y aura des documents... Plus tard, les historiens recueilleront, rassembleront, analyseront les uns et les autres : ils en feront des ouvrages savants... Tout y sera dit, consigné... Tout y sera vrai... sauf qu'il manquera l'essentielle vérité, à laquelle aucune reconstruction historique ne pourra jamais atteindre, pour parfaite et omnicompréhensive qu'elle soit...

Les autres le regardent, hochant la tête, apparemment rassurés de voir que l'un d'entre nous arrive à formuler aussi clairement les problèmes.

— L'autre genre de compréhension, la vérité essentielle de l'expérience, n'est pas transmissible... Ou plutôt, elle ne l'est que par l'écriture littéraire...

Il se tourne vers moi, sourit.

— Par l'artifice de l'œuvre d'art, bien sûr !

Il me semble le reconnaître, maintenant. C'est un professeur de l'université de Strasbourg.

L'été dernier, peu après la libération de Paris, j'avais fait une causerie sur Rimbaud, dans une salle du *Revier*, un dimanche après-midi. C'était le comité clandestin des intérêts français, regroupant toutes les organisations de résistance, qui avait pris l'initiative de ces réunions culturelles. Qui étaient parfois musicales, autour de Maurice Hewitt, parfois littéraires, autour de quelque conférencier improvisé. Il apparaissait que ces réunions dominicales étaient bonnes pour le moral des troupes.

Quoi qu'il en soit, Boris Taslitzky et Lucien Chapelain étaient venus me proposer de parler un jour de Rimbaud aux habitués de ces distractions organisées par l'appareil clandestin de solidarité. J'en avais donc parlé, dans une salle du *Revier*, comble pour la circonstance. C'était l'été, je portais la veste de toile bleue que l'*Effektenkammer*, le magasin d'habillement, m'avait attribuée pour la saison. À l'entrée de la salle, avant que la causerie rimbaldienne ne commence, Chapelain, très mal à l'aise, m'avait prié de tomber la veste pour l'occasion. Il souhaitait qu'on ne vît pas le « S » sur fond de tissu rouge que j'arborais sur la poitrine et qui m'identifiait en tant qu'Espagnol. Certains chauvins du comité français – il faut de tout pour faire une résistance nationale – trouvaient, en effet, que les loisirs proposés étaient habituellement trop internationalistes, trop cosmopolites. Ils désiraient qu'on y apportât un caractère plus typiquement français. Chapelain, qui était communiste, et qui me parlait au nom du comité clandestin du P.C.F., désireux d'éviter des conflits mineurs avec les groupes de résistants nationalistes, me priait donc d'enlever ma veste. « Tu comprends, me disait-il, à t'entendre parler, personne ne peut soupçonner que tu es espagnol. Ces vieux cons n'y trouveront rien à redire ! » J'en étais un peu abasourdi, en vérité. La requête de Chapelain me semblait proprement ubuesque. Mais enfin, je l'aimais bien, ainsi que les autres camarades du P.C.F. à qui j'avais affaire. J'ai donc tombé ma veste, afin que la vue du « S » cousu sur ma poitrine ne vienne pas troubler les Français de souche et de sang benoîtement installés dans leurs certitudes de pureté nationale.

À la fin de la causerie, quatre ou cinq déportés se sont approchés de moi. C'étaient des hommes d'âge mûr, autour de la quarantaine. Ils étaient tous professeurs à l'université de Strasbourg. Certains des propos que j'avais tenus sur Rimbaud les avaient intéressés, ils voulaient savoir quelles études je faisais, si je me destinais à l'enseignement.

À Eisenach, au bout de la nuit blanche, l'homme qui nous parlait était l'un de ces professeurs de l'université de Strasbourg.

– Par l'artifice de l'œuvre d'art, bien sûr ! vient-il de dire.

Il réfléchit un instant, personne ne dit rien, en attendant la suite. Car il y aura une suite, c'est évident.

– Le cinéma paraît l'art le plus approprié, ajoute-t-il. Mais les documents cinématographiques ne seront sûrement pas très nombreux. Et puis les événements les plus significatifs de la vie des camps n'ont sans doute jamais été filmés... De toute façon, le documentaire a ses limites, infranchissables... Il faudrait une fiction, mais qui osera ? Le mieux serait de réaliser un film de fiction aujourd'hui même, dans la vérité de Buchenwald encore visible... La mort encore visible, encore présente. Non pas un documentaire, je dis bien : une fiction... C'est impensable...

Il y a du silence, nous pensons à ce projet impensable. Nous buvons à lentes gorgées l'alcool du retour à la vie.

– Si je te comprends bien, dit Yves, ils ne sauront jamais, ceux qui n'y ont pas été!

– Jamais vraiment... Il restera les livres. Les romans, de préférence. Les récits littéraires, du moins, qui dépasseront le simple témoignage, qui donneront à imaginer, même s'ils ne donnent pas à voir... Il y aura peut-être une littérature des camps... Je dis bien : une littérature, pas seulement du reportage...

Je dis un mot à mon tour.

– Peut-être. Mais l'enjeu ne sera pas la description de l'horreur. Pas seulement, en tout cas, ni même principalement. L'enjeu en sera l'exploration de l'âme humaine dans l'horreur du Mal... Il nous faudra un Dostoïevski!

Ça plonge les survivants qui ne savent pas encore à quoi ils ont survécu dans un abîme de réflexion.

Soudain, une trompette s'est mise à jouer.

Des Noirs américains d'un bataillon de choc de l'armée Patton se sont rassemblés au fond de la salle. Ils commencent à improviser entre eux, pour le plaisir. La blancheur des nappes et le cristal des carafes vides réfléchissent la lumière hésitante du soleil levant.

J'ai reconnu la phrase initiale de *Big Butter and Egg Man*, ça m'a fait trembler de joie. J'ai levé mon verre à leur adresse. Ils ne pouvaient pas me voir, certes. Mais j'ai bu en leur honneur, à la gloire de cette musique qui m'avait si souvent rendu la vie supportable.

Deux ans plus tôt, à peu près, en septembre 1943 – quinze jours avant d'être arrêté par la Gestapo, à Joigny –, j'étais à une surprise-partie, rue Washington. Chez une amie charmante, étudiante en médecine. Sa mère avait un nom à rallonge, issu d'une lignée de hobereaux vendéens, et ses opinions reflétaient bien cette origine sociale. Mais elle adorait sa fille et supportait avec une bienveillance distraite les amis de celle-ci. Hyacinthe organisait des surprises-parties somptueuses dans le grand appartement de la rue Washington. Il y avait tous les disques imaginables, un électrophone à changement automatique et un buffet campagnard abondant et varié.

Ce jour-là, le jour de cette surprise-partie, j'avais rendez-vous le matin avec Henri Frager, le patron de « Jean-Marie Action ». Avenue Niel, sur le trottoir des numéros impairs, entre le 1 et le 7. Il y avait une raison grave à cette entrevue, une raison urgente. Depuis quelque temps, certains indices nous faisaient penser à la présence d'un agent de la Gestapo infiltré dans le réseau. Peut-être quelqu'un d'infiltré, peut-être un homme du réseau qui aurait été arrêté par la Gestapo sans que nous en eussions eu connaissance, et retourné. En tout cas, quelque chose était en cours, ça se détraquait quelque part. Des dépôts d'armes tombaient, une opération de parachutage avait été interrompue par une intervention des forces de police allemandes, heureusement trop précipitée : l'avion anglais avait pu repartir sans larguer sa cargaison. D'autres signes encore, troublants, indiquaient cette présence d'un agent ennemi dans le réseau. À un niveau élevé, de surcroît, vu le genre d'opérations dont il semblait être au courant.

Michel H. et moi-même avions une présomption. Nous pensions avoir identifié le traître. J'apportais donc à Frager, ce jour-là, tous les arguments, tous les indices – il y a rarement des preuves irréfutables, dans des affaires de ce genre – qui nous autorisaient à soupçonner « Alain », tel était son pseudo.

Frager fut effectivement impressionné par le faisceau de faits, de détails incongrus, de coïncidences fâcheuses, qui nous laissaient croire à la trahison d'Alain. Il m'autorisa à couper provisoirement tout lien organique avec lui, à ne pas répondre aux demandes de contact qu'il pourrait formuler. Un an plus tard, à Buchenwald, lorsque j'y avais retrouvé Henri Frager, la première nouvelle qu'il m'annonça fut la confirmation de nos soupçons. Alain avait dû être exécuté, me dit Frager.

Mais c'est une autre histoire.

Je ne voulais pas raconter maintenant les péripéties de « Jean-Marie Action ». Je voulais raconter une surprise-partie rue Washington, chez mon amie Hyacinthe. Je m'en suis souvenu à cause d'un thème musical d'Armstrong, interprété par des soldats noirs, à Eisenach, au bout d'une nuit blanche.

L'appartement de la mère de Hyacinthe avait une particularité. On pouvait y accéder aussi bien par le portail de la rue Washington que par une autre entrée, sur l'avenue des Champs-Élysées. C'est à cette possibilité de double accès que j'avais pensé lors de mon rendez-vous avec Koba.

Il y avait du soleil, sur le gazon du parc Montsouris.

Je voyais arriver Koba, à l'heure dite. Mais Koba arrivait toujours à l'heure dite, quels que fussent l'heure, le lieu, le temps qu'il faisait. Il n'arrivait pas, d'ailleurs, à proprement parler. Il était là, soudain, sans qu'on l'eût vu arriver. Il prenait corps, comme les personnages de certains récits bibliques. Peut-être était-ce parce qu'il était juif qu'il possédait cette vertu biblique de la soudaine incarnation.

Il y avait du soleil sur le parc Montsouris, et Koba apparaissait au bout d'une allée, à l'heure dite. Je l'appelais « Koba » parce que tel était son nom de guerre, mais je le faisais en toute innocence. Je ne savais pas, en 1943, que « Koba » avait été un pseudonyme de Staline, à l'époque où celui-ci, porteur d'une barbe et d'un foulard de révolutionnaire romantique, était l'un des chefs des groupes armés d'expropriation – de pilleurs de banques, autrement dit – de l'appareil bolchevik en Géorgie. Je ne savais rien de Staline, en 1943, quasiment rien. Je savais simplement que ce jeune homme qui venait d'apparaître au bout d'une allée du parc Montsouris était communiste. Je savais qu'il était juif. Je savais qu'on l'appelait « Koba », sans connaître l'origine légendaire de ce surnom. Je savais qu'il était mon contact avec la M.O.I. – c'était Julia qui me l'avait présenté – l'organisation communiste pour les étrangers. Je savais aussi qu'il faisait partie des groupes de choc.

Ce jour-là, Koba n'avait qu'une idée en tête. Il fallait que je lui dégote un appartement dans le quartier des Champs-Élysées, près du Claridge. Un appartement où il pourrait trouver refuge pendant quelques heures.

– Une nuit, en fait, a-t-il précisé, une seule nuit. J'y arriverai juste avant le couvre-feu !

J'avais l'appartement qui lui convenait, lui ai-je dit aussitôt. Il en est resté bouche bée, l'opinion qu'il se faisait de moi s'est subitement améliorée.

– À condition, ai-je ajouté, que tu puisses exécuter ton action à une date précise, qui est déjà fixée !

Il ne comprenait pas bien, je lui ai expliqué. Quelques jours plus tard, il y aurait une surprise-partie dans un appartement idéal pour lui. Je lui signalai la possibilité du double accès.

– Tu entres par les Champs-Élysées, je te donnerai le nom d'un locataire. Tu crieras ce nom à la concierge, tu monteras l'escalier en faisant du bruit, tu redescendras dès que la minuterie se sera éteinte, en silence et dans le noir. En traversant la cour, tu atteindras l'escalier de service de l'immeuble qui donne rue Washington. C'est au deuxième, je t'ouvrirai la porte. Tu seras un copain à moi, personne ne te demandera rien. Tu passeras la nuit avec nous. Il y aura de quoi bouffer, de jolies filles. (Il m'écoutait, l'œil quelque peu écarquillé.) Tu sais danser, au moins? Je ne parle pas de la polka, bien sûr. Danser vraiment? Tu aimes les jolies filles?

Il a sursauté.

— Tu te fous de moi? a-t-il marmonné.

— Mais non, je ne me fous pas de toi! Il faudra donner le change. Pour commencer, il faudra t'habiller autrement.

Koba a regardé sa tenue, son œil était orageux.

— Je ne suis pas bien fringué, peut-être?

— Trop bien, lui ai-je dit. Bon chic, bon genre. T'es déguisé en fils de famille d'épiciers, ça se voit. Déguise-toi en étudiant, beaucoup plus détendu! (Koba a regardé son complet de confection, m'a regardé ensuite, hésitant entre le rire et la colère.) Tu auras ton flingue sur toi, en arrivant rue Washington? Si oui, il faut prévoir où le planquer!

Il a sifflé entre ses dents.

— Dis donc, vieux, tu penses à tout! Où as-tu appris ça, chez les gaullistes?

Je lui ai répondu sèchement que « Jean-Marie Action », ce n'était pas le B.C.R.A., mais les Britanniques, les réseaux Buckmaster.

— D'ailleurs, ai-je ajouté, je pense à tout parce que je suis romancier, dans le civil!

Il m'a toisé, l'air de dire qu'il valait mieux entendre ça que d'être sourd. Mais j'ai poursuivi.

— L'Allemand que tu vas liquider au Claridge, c'est une huile?

Il a été furieux, ça ne me regardait pas, a-t-il crié.

— Si, ça me regarde, ai-je argumenté. Si c'est une huile, les chleuhs risquent de faire des rafles. Il faut tout prévoir, y compris une descente de police rue Washington!

142

En fin de compte, après avoir étudié les lieux, vérifié certains détails, Koba a fait son coup le soir de la surprise-partie chez Hyacinthe. Après, il est arrivé dans l'appartement, à l'heure dite, calme, comme si de rien n'était. En apparence, du moins. Il avait largué son arme sur le chemin, dans le sac d'une jeune militante de la M.O.I.

Il a donné le change, Koba. Il a dansé, il a même embarqué l'une des plus jolies filles de la soirée. Il a failli trop boire, pourtant. Il a un peu trop parlé, aussi. Heureusement, c'est à moi qu'il a trop parlé. Moi de même, d'ailleurs, j'ai trop parlé. Il m'a raconté son histoire du Claridge, je lui ai raconté celle du jeune soldat qui chantait *La Paloma*. Son Allemand à lui était un type important de l'Abwehr, pas de problème. Tout avait bien marché, mais en entrant dans la chambre, le type n'était pas seul. Une femme ravissante lui tenait compagnie, une prostituée certainement. Koba n'a pas dit « prostituée », il a dit « femme galante ». Cette expression dans sa bouche, ça m'a sidéré. Je me suis demandé quelle lecture en était à l'origine. Quoi qu'il en soit, l'officier supérieur de l'Abwehr était dans son appartement du Claridge avec une femme galante.

– J'avais le flingue que tu m'avais donné, a dit Koba.

Je lui avais en effet procuré un Smith and Wesson 11,43, choisi dans un parachutage. Il n'y avait rien de mieux, pour des opérations de ce genre.

– Mais, a-t-il poursuivi, je lui avais bricolé un silencieux, vu l'endroit. J'aime pas les silencieux, d'habitude, ça fait capote anglaise... Ça te prive du vacarme et de la flamme. Enfin, il me fallait un silencieux...

Il était songeur, Koba, il racontait lentement. La femme galante s'était tournée vers lui dès qu'il était apparu, arme pointée. Elle avait un regard étrange, expliquait Koba. De la panique, oui. Mais en même temps, une sorte de compréhension, comme si elle approuvait ce qu'il allait faire. Comme si elle acceptait sa mort.

143

– Car j'étais obligé de les descendre tous les deux. Je ne pouvais pas prendre le risque de la laisser derrière moi..., disait Koba, rageur. Jamais plus, jamais plus, a-t-il murmuré ensuite, après un long silence et plusieurs verres de cognac. Nous avons beaucoup parlé, beaucoup bu aussi.

Le regard de la femme galante l'obsédait. Moi, je lui parlais du jeune soldat allemand qui chantait *La Paloma*. De son œil bleu bouleversé par l'étonnement. Mais ça restera entre nous, cette conversation.

Koba a disparu, je n'ai jamais retrouvé sa trace. Quant à moi, il y a des jours où je ne vaux guère mieux.

À Buchenwald, un vieux kominternien tchèque m'apprit que « Koba » avait été le nom de guerre de Staline. Lors de la libération du camp, il m'est arrivé de penser que Koba devait ressembler davantage à Nicolaï, mon jeune barbare du block 56, qu'au Généralissime dont les Russes avaient dressé le portrait comme un totem sur leur baraquement.

Je me suis souvenu de Koba, à la fin d'une nuit d'avril 1945, à Eisenach, parce que les soldats noirs américains venaient d'attaquer un morceau célèbre d'Armstrong, *Big Butter and Egg Man*. Précisément le morceau qu'on entendait chez Hyacinthe, rue Washington, lorsque Koba a surgi de la nuit comme un archange mortifère.

Dans la cuisine où je lui donnais à boire un grand verre d'eau fraîche, une jeune fille est entrée. L'une des plus jolies filles de la soirée.

– Dis donc, m'a-t-elle dit en riant, d'où sors-tu ton copain ? Tu me le prêtes ?

J'avais poussé Koba vers elle.

– Je le sors du néant, je viens de l'inventer. Mais je ne te le prête pas, je te le donne !

Elle a ri encore plus fort, provocante. Elle a entraîné mon copain des groupes de combat de la M.O.I vers le salon où l'on dansait.

Mais ce n'est pas Koba que j'ai inventé. J'ai inventé un autre copain juif, Hans Freiberg. Je l'ai placé à côté de moi, le jour où nous avons abattu le jeune soldat allemand qui chantait *La Paloma*.

Kommt eine weisse Taube zu Dir geflogen...

Il avait pris la place de Julien Bon, mon copain bourguignon. Je l'ai inventé pour qu'il prenne dans mes romans la place que Koba et d'autres copains juifs ont tenue dans ma vie.

Une bourrasque de neige, soudain, sur les drapeaux du 1ᵉʳ Mai.

J'étais arrivé à Paris l'avant-veille. La nuit de mon retour, j'avais dormi rue du Dragon, chez Pierre-Aimé Touchard, dit « Pat ». Jusqu'à l'aube, nous avons parlé. Pour commencer, c'est moi qui lui posais des questions. J'avais une année de retard et je voulais tout savoir, c'est compréhensible. De sa voix lente et grave, d'une extrême douceur, Touchard répondait à mes questions. Les réponses qu'il me faisait confirmaient, avec quelques précisions complémentaires, ce que m'avait déjà dit l'officier de René Char. Je veux dire : l'officier qui m'avait fait connaître René Char.

Pat a eu la délicatesse de répondre à mes questions avec patience, sans m'en poser aucune. Sans doute a-t-il senti que je n'étais pas encore en état de répondre.

Pour mon malheur, ou du moins ma malchance, je ne trouvais que deux sortes d'attitudes chez les gens du dehors. Les uns évitaient de vous questionner, vous traitaient comme si vous reveniez d'un banal voyage à l'étranger. Vous voilà donc de retour ! Mais c'est qu'ils craignaient les réponses, avaient horreur de l'inconfort moral qu'elles auraient pu leur apporter. Les autres posaient des tas de questions superficielles, stupides

– dans le genre : c'était dur, hein ? –, mais si on leur répondait, même succinctement, au plus vrai, au plus profond, opaque, indicible, de l'expérience vécue, ils devenaient muets, s'inquiétaient, agitaient les mains, invoquaient n'importe quelle divinité tutélaire pour en rester là. Et ils tombaient dans le silence, comme on tombe dans le vide, un trou noir, un rêve.

Ni les uns ni les autres ne posaient les questions pour savoir, en fait. Ils les posaient par savoir-vivre, par politesse, par routine sociale. Parce qu'il fallait faire avec ou faire semblant. Dès que la mort apparaissait dans les réponses, ils ne voulaient plus rien entendre. Ils devenaient incapables de continuer à entendre.

Le silence de Pierre-Aimé Touchard était différent. Il était amical, ouvert à toute parole possible de ma part, spontanée. Ce n'était pas pour éviter mes réponses qu'il ne me questionnait pas, c'était pour me laisser le choix de parler ou de me taire.

Nous en étions là, lorsqu'une jeune fille est entrée dans la pièce où je parlais avec Pat. Je la reconnaissais, c'était sa belle-fille, Jeanine.

Elle m'a vu, elle s'est figée sur place. Comme si elle avait vu un revenant, aurait-on dit dans un roman de gare. Mais c'est qu'elle voyait vraiment un revenant. Et que la vie est comme un roman de gare, souvent.

– Tu vois, Jeanine, a dit Pierre-Aimé Touchard, tu vois qu'on en revient ?

J'en revenais, en effet. J'étais un revenant, ça me convenait.

La jeune fille, alors, s'est mise à pleurer silencieusement, les deux mains croisées sur son visage.

– J'ai rencontré Yann, ai-je dit. Cet hiver, au début de l'hiver. Nous avons passé quelque temps ensemble à Buchenwald !

Yann Dessau était le fiancé de Jeanine. Il n'était pas encore revenu. Ce n'était pas encore un revenant.

Un jour, fin 44, devant l'un des blocks français du camp, je l'avais croisé. Nous étions restés face à face, sûrs de nous connaître, sans nous reconnaître. Nous identifier, du moins. Un an, pourtant, un peu plus d'une année seulement nous séparait de notre dernière rencontre, lors d'une fête chez Claude-Edmonde Magny, dans son atelier de la rue Schœlcher. Une fête d'adieux multiples : adieu aux chères études, adieu à Paris, adieu aux jeunes filles en fleurs.

J'y étais allé avec Catherine D., qui m'accompagnait alors plus ou moins dans la vie.

> Jeune fille aride et sans sourire
> ô solitude et tes yeux gris...

J'avais l'habitude de soumettre au jugement de Claude-Edmonde Magny les poèmes que j'écrivais à l'époque. Elle avait trouvé que le portrait de Catherine D. était ressemblant : juste, plutôt.

C'est ce soir-là que Claude-Edmonde m'annonça qu'elle venait de m'écrire une longue lettre, à propos de mes poèmes, précisément. « Si je la publie un jour, me dit-elle, je lui donnerai pour titre *Lettre sur le pouvoir d'écrire.* » Ce qu'elle fit, en effet, bien plus tard.

Ce fut une belle fête d'adieu. Il y avait Yann Dessau avec tous ses copains. Tous brillants normaliens, étudiants de Sciences-Po : les premiers de la classe. Il s'agissait, tout compte fait, d'un adieu à l'adolescence. Nous abandonnions nos études, partions dans les maquis, l'action clandestine.

Il y avait les jeunes filles aussi, les compagnes éphémères ou durables de nos vingt ans : Jeanine et Sonia, Annette et Catherine. D'autres encore, dont le souvenir s'est évanoui.

Un an plus tard, à peine plus d'un an, j'ai croisé Yann Dessau devant le block 34 de Buchenwald. J'ai eu du mal à le reconnaître. Lui aussi, d'ailleurs. Ombres de nous-mêmes, sans doute, tous les deux, difficiles à identifier d'après le souvenir que nous gardions l'un de l'autre. Le voyage initiatique touchait à sa fin : nous avions été transformés par ce voyage. Bientôt, nous serions tout à fait autres.

147

Mais Dessau n'était plus à Buchenwald quand les Américains ont libéré le camp. Quelques semaines auparavant, il avait été pris dans un transport pour Neuengamme, en Allemagne du Nord. Et l'on était sans nouvelles des survivants de Neuengamme. Il semblait que la fin de ce camp avait été chaotique.

Yann Dessau n'était pas encore un revenant, Jeanine pleurait en silence.

Alors, sans l'avoir prémédité, sans l'avoir pour ainsi dire décidé – si décision il y avait, de ma part, c'était plutôt celle de me taire –, j'ai commencé à parler. Peut-être parce que personne ne me demandait rien, ne me posait de questions, n'exigeait de comptes. Peut-être parce que Yann Dessau ne reviendrait pas et qu'il fallait parler en son nom, au nom de son silence, de tous les silences : milliers de cris étouffés. Peut-être parce que les revenants doivent parler à la place des disparus, parfois, les rescapés à la place des naufragés.

Longuement, cette nuit-là, interminablement, rue du Dragon, chez Pierre-Aimé Touchard, qui avait fait partie du groupe *Esprit* et qui avait été mon correspondant, en 1939, lorsque j'avais été interne au lycée Henri-IV, pour ma première année d'exil ; longuement, dans une spirale de récit sans fin prévisible, j'ai parlé à la fiancée de Yann Dessau, qui n'était pas encore revenu, qui était peut-être parmi les naufragés de Neuengamme.

Jeanine s'était laissée tomber à genoux sur le tapis. Pierre-Aimé Touchard se recroquevillait dans son fauteuil.

J'ai parlé pour la première et dernière fois, du moins pour ce qui est des seize années suivantes. Du moins avec une telle précision dans le détail. J'ai parlé jusqu'à l'aube, jusqu'à ce que ma voix devienne rauque et se brise, jusqu'à en perdre la voix. J'ai raconté le désespoir dans ses grandes lignes, la mort dans son moindre détour.

Ça n'a pas été inutile, apparemment.

Yann Dessau est finalement revenu de Neuengamme. Sans doute faut-il parfois parler au nom des naufragés. Parler en leur nom, dans leur silence, pour leur rendre la parole. Et le surlendemain, une brève bourrasque de neige s'est abattue sur les drapeaux du 1er Mai.

J'étais au coin de l'avenue Bel-Air et de la place de la Nation. J'étais seul, je voyais déferler la marée des manifestants, surmontée de pancartes, de drapeaux rouges. J'entendais la rumeur des chants anciens.

J'étais revenu, j'étais vivant.

Une tristesse pourtant m'étreignait le cœur, un malaise sourd et poignant. Ce n'était pas un sentiment de culpabilité, pas du tout. Je n'ai jamais compris pourquoi il faudrait se sentir coupable d'avoir survécu. D'ailleurs, je n'avais pas vraiment survécu. Je n'étais pas sûr d'être un vrai survivant. J'avais traversé la mort, elle avait été une expérience de ma vie. Il y a des langues qui ont un mot pour cette sorte d'expérience. En allemand on dit *Erlebnis*. En espagnol : *vivencia*. Mais il n'y a pas de mot français pour saisir d'un seul trait la vie comme expérience d'elle-même. Il faut employer des périphrases. Ou alors utiliser le mot « vécu », qui est approximatif. Et contestable. C'est un mot fade et mou. D'abord et surtout, c'est passif, le vécu. Et puis c'est au passé. Mais l'expérience de la vie, que la vie fait d'elle-même, de soi-même en train de la vivre, c'est actif. Et c'est au présent, forcément. C'est-à-dire qu'elle se nourrit du passé pour se projeter dans l'avenir.

Quoi qu'il en soit, ce n'était pas un sentiment de culpabilité qui m'empoignait. Ce sentiment-là n'est que dérivé, vicariant. L'angoisse nue de vivre lui est antérieure : l'angoisse d'être né, issu du néant confus par un hasard irrémédiable. On n'a aucun besoin d'avoir connu les camps d'extermination pour connaître l'angoisse de vivre.

149

J'étais vivant, donc, debout, immobile, au coin de l'avenue Bel-Air et de la place de la Nation.

Le malheur qui m'étreignait ne provenait d'aucun sentiment de culpabilité. Certes, il n'y avait pas de mérite à avoir survécu. À être indemne, en apparence du moins. Les vivants n'étaient pas différents des morts par un mérite quelconque. Aucun d'entre nous ne méritait de vivre. De mourir non plus. Il n'y avait pas de mérite à être vivant. Il n'y en aurait pas eu non plus à être mort. J'aurais pu me sentir coupable si j'avais pensé que d'autres avaient davantage que moi mérité de survivre. Mais survivre n'était pas une question de mérite, c'était une question de chance. Ou de malchance, au gré des opinions. Vivre dépendait de la manière dont tombaient les dés, de rien d'autre. C'est cela que dit le mot « chance », d'ailleurs. Les dés étaient bien tombés pour moi, c'était tout.

Soudain, au moment où un cortège de déportés en tenue rayée débouchait de la rue du Faubourg-Saint-Antoine dans la place de la Nation, au milieu d'un silence respectueux qui s'épaississait le long de leur passage, soudain, le ciel s'est obscurci. Une bourrasque de neige s'est abattue, brève mais violente, sur les drapeaux du 1er Mai.

Le monde s'est effacé autour de moi dans une sorte de vertige. Les maisons, la foule, Paris, le printemps, les drapeaux, les chants, les cris scandés : tout s'est effacé. J'ai compris d'où venait la tristesse physique qui m'accablait, malgré l'impression trompeuse d'être là, vivant, sur la place de la Nation, ce 1er Mai. C'est précisément que je n'étais pas vraiment sûr d'être là, d'être vraiment revenu.

Une sorte de vertige m'a emporté dans le souvenir de la neige sur l'Ettersberg. La neige et la fumée sur l'Ettersberg. Un vertige parfaitement serein, lucide jusqu'au déchirement. Je me sentais flotter dans l'avenir de cette mémoire. Il y aurait toujours cette mémoire, cette solitude : cette neige dans tous les soleils, cette fumée dans tous les printemps.

Deuxième partie

6

LE POUVOIR D'ÉCRIRE

– « Vous vous êtes demandé ce qui manquait à ces extra-ordinaires petits pastiches de Mallarmé (un Mallarmé qui aurait lu Proust et adopté la prosodie d'Aragon) que l'an dernier vous fabriquiez en trois heures et qui chaque fois m'éblouissaient. Il leur manquait simplement d'avoir été écrits par vous... »

Elle s'est arrêtée de lire, m'a regardé.

J'ai vaguement eu envie de lui dire que Mallarmé n'aurait sans doute jamais lu Proust : ça ne pouvait pas l'intéresser. Moi non plus, d'ailleurs. L'été 1939, entre les deux guerres de mon adolescence, j'avais lu *Du côté de chez Swann*. Ça ne m'avait pas vraiment intéressé. Je n'ai pas poursuivi plus avant ma lecture de la *Recherche*. C'était trop familier, trop familial presque. Je veux dire : c'était comme la chronique d'une famille qui aurait pu être la mienne. De surcroît, la phrase de Proust, méandreuse, perdant à l'occasion en cours de route sujet ou prédicat, m'était trop habituelle. J'y retrouvais trop aisément le rythme sinueux, la prolixité de ma langue maternelle : ça n'avait rien de dépaysant.

Cet été-là de mes quinze ans, en 1939, ce qui m'épatait vraiment, m'ouvrant des horizons nouveaux, c'était la prose de Gide. *Paludes*, plus précisément. Voilà une écriture qui n'avait rien à voir avec la complexité rauque et baroque du castillan.

Mais je n'ai rien dit à Claude-Edmonde Magny. Elle me regardait et je regardais le ciel sur le cimetière Montparnasse. Le bleu d'un ciel d'août sur la tombe de César Vallejo.

> En somme, je ne possède rien d'autre que ma mort,
> pour exprimer ma vie...

Mais je ne me souvenais pas, en regardant le bleu du ciel, de ce poème de Vallejo en français. Je m'en souvenais en espagnol, bien entendu. Car le Péruvien Vallejo avait été peu traduit. Et il n'était pas bilingue, comme l'étaient le Chilien Vicente Huidobro et l'Espagnol Juan Larrea. Malgré quelques mots français ironiquement glissés dans ses *Poemas humanos*, César Vallejo n'était pas vraiment bilingue comme les deux autres.

> *En suma, no poseo para expresar mi vida, sino mi*
> *muerte...*

Je me souvenais donc en espagnol du début de ce poème de Vallejo, tout en regardant le bleu du ciel sur sa tombe, dans le cimetière Montparnasse.

J'avais sonné à la porte de Claude-Edmonde Magny, rue Schœlcher, à six heures du matin. Je savais qu'elle s'installait à sa table de travail dès l'aube. Elle corrigeait les épreuves d'un livre d'essais critiques qui allait paraître quelques semaines plus tard : elle y mettait la dernière main. *Les sandales d'Empédocle* : nous en avions parlé souvent, depuis que j'étais revenu de Buchenwald, trois mois plus tôt. Nous n'en parlions pas forcément à six heures du matin, bien sûr. Ni forcément chez elle, rue Schœlcher. Car nous avions repris nos déambulations dans le quartier de Montparnasse. Mais nous n'y rencontrions plus le sosie de Sartre qui hantait les bistrots, en 1942, du « Patrick's » au « Dôme », du « Select » à la « Coupole ». Au bout de la troisième méprise, cet homme dont nous avons toujours ignoré la véritable identité, la profession réelle, nous faisait de grands gestes lorsque nous tombions sur lui, dans l'un de ces endroits. Il nous criait : « Je ne suis pas Jean-Paul Sartre ! » de la table à laquelle il était installé. Pour semer le trouble dans l'esprit de Claude-Edmonde, je prétendais que Sartre était un simulateur plutôt pervers, assez génial, de surcroît : il se déguisait en sosie de Sartre pour qu'on lui fichât la paix.

J'avais sonné à six heures du matin à la porte de Claude-Edmonde Magny. J'étais sûr de ne pas la réveiller. Elle ne m'avait rien demandé, en me voyant apparaître, défait par une nuit blanche. Elle m'avait offert du vrai café.

Ce n'était pas la première fois que je sonnais à sa porte à une heure aussi intempestive, depuis mon retour. Jamais elle ne m'en avait demandé les raisons. Probablement les devinait-elle, mes déraisons. Ou bien considérait-elle que c'était à moi de les lui dire, le cas échéant. En tout cas, je ne lui avais encore jamais parlé de Buchenwald. Pas vraiment, du moins. Il faut dire que je n'en parlais avec personne.

Quoi qu'il en soit, Claude-Edmonde Magny m'ouvrait sa porte, m'offrait du vrai café, nous parlions. Nous reprenions un échange interrompu pendant mon absence.

Je l'avais connue en 1939, à l'occasion d'un congrès d'*Esprit*. Avant l'été, mais après la défaite de la République espagnole. C'était à Jouy-en-Josas, si je me souviens bien. Mon père avait été correspondant général du mouvement personnaliste de Mounier en Espagne. Il assistait à ce congrès, je l'avais accompagné. J'avais quinze ans, j'étais interne à Henri-IV depuis la chute de Madrid aux mains des troupes de Franco. La réunion se déroulait sans doute pendant des vacances scolaires. Peut-être celles de Pâques, on pourrait vérifier. Ou alors pendant un week-end. Mais la date exacte n'a guère d'importance. La guerre d'Espagne était perdue, nous étions en exil, la guerre mondiale allait bientôt commencer : voilà l'essentiel. Je me souviens que l'ombre de sa proximité pesait sur tous les débats du congrès d'*Esprit*. Je me souviens fort bien de l'impression que me firent les interventions de Luccioni, de Landsberg, de Soutou. Je me souviens que la femme de Paul-Louis Landsberg était blonde et belle, qu'elle conduisait un cabriolet décapotable.

C'est là, si je me souviens bien, que j'avais rencontré pour la première fois Claude-Edmonde Magny. Autour de cet événement et de cette date-là. C'est alors qu'elle a commencé à utiliser ce nom, qui était un pseudonyme, pour signer ses essais de critique littéraire. De dix ans mon aînée, elle était agrégée de philosophie, enseignait dans des lycées de province. À Rennes, pendant la drôle de guerre. Elle n'était revenue à Paris que vers 1941, date à partir de laquelle nous nous sommes rencontrés régulièrement.

Mais ce jour-là, début août, trois mois après mon retour de Buchenwald, Claude-Edmonde Magny avait décidé de me lire une longue lettre qu'elle avait écrite deux ans plus tôt, en 1943, à mon intention. J'en connaissais l'existence mais ignorais son contenu dans le détail. En 1947, elle publierait ce texte chez Pierre Seghers, dans une édition à tirage limité qui m'était dédiée, sous le titre *Lettre sur le pouvoir d'écrire*.

Elle m'a regardé, ayant interrompu sa lecture après ce passage sur les pastiches de Mallarmé.

J'ai donc eu vaguement envie de faire une mise au point à propos de Marcel Proust. Je n'avais pas vraiment lu Proust, malgré les apparences de ma conversation. Car j'étais capable de parler de Proust avec pertinence, péremptoirement même, aussi longtemps que l'on voudrait. Je n'avais pas lu la *Recherche* mais quasiment tout à son sujet. En vérité, j'avais commencé cette lecture en 1939, pendant les vacances – *adieu, vive clarté de nos étés trop courts...* – mais je ne l'avais pas poursuivie. Je ne finirais de lire la *Recherche* que quarante ans plus tard : lecture de toute une vie. C'est à Washington, en 1982, que je lirais *Le temps retrouvé*. Yves Montand chantait au Lincoln Center. Il y avait des brouillards matinaux sur le Potomac et à la National Gallery une exposition de peinture hollandaise. La *Vue de Delft* de Vermeer n'en faisait pas partie, j'en avais été attristé. À défaut, je m'étais longuement arrêté devant le portrait de la jeune fille au turban. Toute une vie entre le premier et le dernier volume de Proust. Toute une vie entre mes escapades au Mauritshuis, à La Haye, où mon père était chargé d'affaires de la République espagnole – visites interrompues par la fin de la guerre civile, notre départ pour la France, mon arrivée au lycée Henri-IV – et l'exposition de la National Gallery de Washington.

Mais ce n'est pas à Claude-Edmonde Magny que j'aurais pu dire tout cela, bien entendu. Au mois d'août de l'année 1945, date de cette conversation avec elle, je ne savais pas encore ni où ni quand se terminerait ma lecture de Marcel Proust. En revanche, j'aurais pu lui dire que je ne m'étais jamais demandé ce qui manquait à mes petits poèmes : je le savais parfaitement.

J'ai gardé le silence, cependant.

La fatigue de vivre était lourde, ce matin-là. L'angoisse du réveil en pleine nuit, de la fuite éperdue qui s'était ensuivie, me serrait toujours le cœur.

Pourquoi Odile et moi avions-nous dormi dans un appartement déserté par ses occupants, proche de Duroc ? Était-il vide à cause des vacances ? Ou bien n'était-il pas encore réoccupé par une famille partie se mettre à l'abri en province, dans quelque demeure campagnarde, pour la durée des hostilités qui se prolongeaient encore, loin, en Extrême-Orient ? L'appartement désert appartenait à quelque tante ou cousine d'Odile M. Celle-ci avait une famille nombreuse et généreuse. On lui prêtait volontiers des clefs, ça nous arrangeait bien.

Le soir de notre rencontre au « Petit Schubert », quelques jours après mon retour de Buchenwald, nous avions quitté la boîte, les copains, l'univers clos, cuivré, de la musique de jazz. Dans la fraîcheur de l'aube de mai, nous avions constaté qu'il ne nous restait plus assez d'argent pour nous payer une chambre d'hôtel. Elle n'avait aucune possibilité de m'héberger cette nuit-là. En fin de compte, après avoir évoqué toutes sortes de possibilités farfelues, qui nous faisaient rire follement, immobiles, debout, enlacés sur le trottoir de la « Closerie », j'ai emmené Odile dans le pavillon de la famille Herr, à une distance raisonnable, boulevard de Port-Royal.

Depuis mon retour, en effet, quelques jours plus tôt, Mme Lucien Herr avait mis à ma disposition la chambre mansardée où j'avais parfois trouvé refuge sous l'Occupation.

Un rossignol a chanté soudain, pour saluer le jour naissant qui s'annonçait par une lumière latérale, dorée, lorsque nous avons traversé le vaste jardin qui se cachait (s'y cache-t-il encore ? Une inquiétude m'étreint, brusque, brutale, aujourd'hui, pendant que j'écris ces lignes, à l'idée que ce jardin ait pu disparaître) derrière la façade bourgeoise – haussmannienne, pour tout dire – du numéro 39 du boulevard de Port-Royal.

Un chant de rossignol pour saluer notre arrivée.

Nous nous sommes glissés subrepticement dans le pavillon de la famille Herr. Tout le monde dormait. Odile avait enlevé ses chaussures pour monter l'escalier. En passant, j'ai jeté un coup d'œil dans la bibliothèque du rez-de-chaussée, en évoquant les mânes de tous ceux qui s'y étaient retrouvés autour de Lucien Herr.

Dans le cas de Léon Blum, pourtant, familier des lieux, ce ne sont pas ses mânes que j'ai évoqués. Il était vivant, il venait même d'être libéré par des partisans italiens et des soldats américains, dans un village des Dolomites où il était parvenu après le long périple qui avait commencé à Buchenwald. C'était ce jour-là précisément, le 4 mai si mes comptes sont bons, que la presse avait annoncé la nouvelle.

Mais je n'ai rien dit à Odile ni de Léon Blum ni des autres familiers de ce lieu historique. Il ne fallait pas faire de bruit en gagnant l'escalier de cette vénérable maison. Un fou rire réprimé de collégiens nous secouait encore, lorsque nous nous sommes jetés sur le lit offert, dans la lumière du petit matin.

Trois mois plus tard, début août, nous étions allés dormir dans une rue en impasse qui commençait boulevard des Invalides, non loin du métro Duroc.

C'était un appartement vaste, cossu. Par-dessus le mur qui fermait la rue, l'on voyait bouger des ramures au loin : un bruissement multiple dans l'air transparent du soir. Nous avions choisi un lit matrimonial. Les draps trouvés dans l'armoire impeccablement rangée avaient la fraîcheur de lavande empesée des trousseaux de l'ancien temps.

Tout s'annonçait bien, cette soirée était une fête de plus.

Mais probablement aurais-je dû être attentif à quelques signes à peine perceptibles. Ainsi, une trouble inquiétude m'avait fugacement saisi en parcourant l'appartement vide avec Odile, à la recherche d'un lit pour la nuit prochaine. Rien de précis, certes, pas de coup au cœur, de battement soudain du sang. Plutôt un malaise fugitif, tiède, un peu gluant, qui effleurait mon âme. J'aurais dû être d'autant plus attentif que je savais fort bien, après trois mois d'expérience, à quel point le bonheur de vivre m'était fragile. À quel point il me fallait m'efforcer de tout mon cœur pour m'y tenir. Je savais déjà que mon appétit de vivre, l'avidité qui me poussait à brûler les journées par les deux bouts, à faire de cet été du retour une saison de nuits blanches, je savais que cette vitalité-là ne m'évitait pas d'être vulnérable.

Dans cet appartement proche de Duroc, un malaise sourd m'avait gagné en voyant les canapés et les fauteuils recouverts de housses blanches. Sournoisement, cela m'avait rappelé mon enfance, l'appartement de la rue Alfonso-XI, à Madrid, au retour des longues vacances d'été sur des plages océaniques.

À la fin du dernier été, celui de la guerre civile, nous n'étions pas revenus à Madrid, les événements nous ayant jetés dans l'exil, l'arrachement. Je n'avais pas revu, je ne reverrais plus les grandes pièces aux meubles fantomatiques, recouverts de draps blancs comme des linceuls. Mais les années précédentes, l'appartement retrouvé après les longues vacances estivales résonnait de nos cris, de nos courses éperdues. Il y avait quelque angoisse dans cette excitation. Car le retour à la maison provoquait étrangement une sensation de désarroi. C'était précisément le retour dans les lieux-lares qui provoquait l'incertitude.

En 1953, quand je suis revenu à Madrid la première fois, pour y travailler dans la clandestinité de l'organisation communiste, j'avais couru jusqu'à la rue Alfonso-XI. À peine déposée la valise à l'hôtel où j'étais descendu avec mon faux passeport, j'avais couru à travers Madrid jusqu'à la rue Alfonso-XI.

La ville de mon enfance n'était pas encore devenue la métropole industrielle, tentaculaire, sauvagement somptueuse et délabrée qu'elle est aujourd'hui. Le ciel y était encore d'un bleu profond, l'air des sommets voisins s'y respirait encore, sec et pur, l'eau y était toujours délicieusement fraîche et transparente, comme les neiges et les sources d'où elle provenait. Mais surtout, le quartier du Retiro, celui de mes souvenirs enfantins, n'avait subi aucun changement. Je pouvais superposer les images de ma perception attentive et émue à celles de ma mémoire : elles se fondaient les unes dans les autres, leur couleur s'ajustait à la nuance près.

Pourtant, ce soir de juin 1953, malgré la parfaite identification des souvenirs et des images du présent, une angoisse indistincte, innommable plutôt, a saccagé mon cœur, dès que je suis arrivé rue Alfonso-XI, dès que j'ai contemplé les balcons du dernier étage de la maison, ceux de l'appartement où j'avais passé mon enfance.

Jamais, pendant toutes ces années vécues à l'étranger, je n'avais eu une sensation aussi poignante d'exil, d'étrangeté, qu'à ce moment privilégié du retour au paysage originaire.

Mais je n'en suis pas encore là.

J'en suis à parcourir avec Odile un appartement cossu du 7ᵉ arrondissement de Paris, et les housses blanches qui protègent fauteuils et canapés me rappellent soudain le sentiment d'incertitude, de vague angoisse que j'éprouvais jadis au retour des vacances. C'étaient les signes du déracinement. Soudain, non seulement il devenait évident, clairement lisible, que je n'étais pas chez moi, mais encore que je n'étais nulle part. Ou n'importe où, ce qui revient au même. Mes racines, désormais, seraient toujours nulle part, ou n'importe où : dans le déracinement en tous les cas.

Mais ce sentiment trouble n'avait duré qu'un instant. D'autant plus bref qu'Odile avait aussitôt commencé à faire voltiger les housses blanches qui protégeaient les sièges dans le salon où nous nous tenions. Elle bougeait dans l'espace camphré de la pièce, gracieuse, drue, vivante. La blancheur du drap des housses lui faisait une auréole tournoyante.

Elle claironnait un air de *Carmen,* tout en parcourant la pièce au pas de danse.

Encore aujourd'hui, toute une vie plus tard, il suffit d'un instant de rêverie éveillée, n'importe où, n'importe quand, ou d'un instant de distraction délibérée afin de m'évader d'une conversation oiseuse, d'un récit mal fagoté, d'un spectacle médiocre, pour que brusquement, sans rapport apparent avec les préoccupations ou les désirs circonstanciels, se déploie dans ma mémoire un envol d'éclatante blancheur d'images au ralenti. Ailes de mouette, à l'aube, derrière les baies vitrées d'une chambre d'hôtel, en Bretagne ? Focs des voiliers sous la lumière d'étain de la baie de Formentor ? Brouillards laiteux, effilochés par les vents tournoyant dans le détroit d'Eggemogging ?

Il m'arrive de ne pas identifier ces images. Je reste alors au seuil de leur lisibilité, remué par une émotion indéfinissable : quelque chose de fort et de vrai demeure caché, m'échappe et se dérobe. Quelque chose se défait, sitôt surgi, comme un désir inassouvi. Mais il arrive aussi qu'elles se précisent, qu'elles cessent d'être floues, de me flouer.

Je reconnais le long couloir de l'appartement de la rue Alfonso-XI, à Madrid, résonnant du bruit de nos courses, des portes ouvertes à la volée. Je reconnais dans la pénombre d'un soir de la fin de l'été les meubles précieux recouverts de housses blanches. Et c'est alors que réapparaissent, liés au souvenir enfantin, étrangement gouvernés par lui, tous les autres : un envol de pigeons, place de la Cybèle ; les mouettes de Bretagne ; les voiles de Formentor ; les brouillards de Little Deer Isle. Et le souvenir d'Odile, voltigeant à travers un salon parisien, arrachant joyeusement les linceuls éclatants des fauteuils et des canapés, les transformant en oriflammes du plaisir annoncé, tout en chantant à tue-tête l'air du toréador de Bizet.

Au « Petit Schubert », boulevard du Montparnasse, quelques jours après mon arrivée à Paris, j'avais eu Odile M. dans mes bras. Je me suis demandé si quelqu'un n'allait pas subitement surgir pour me l'enlever. À Eisenach, dans le vieil hôtel où les Américains avaient installé un centre de rapatriement, l'officier français des commandos m'avait enlevé Martine. Mais au « Petit Schubert » le temps a passé, il ne se passait rien. Rien d'autre que la lumière allumée dans les yeux d'Odile, la présence accrue de son corps. Elle était toujours dans mes bras. Elle ne semblait appartenir à personne. Personne ne semblait

162

avoir sur cette jeune femme droit de préemption ou de cuissage. Elle allait être à moi.

Les jours ont passé, les semaines : elle était à moi.

Mais sans doute faut-il renverser ce rapport d'appartenance. C'est moi qui lui appartenais, plutôt, puisqu'elle était la vie et que je voulais appartenir à la vie, pleinement. Elle a réinventé pour moi, avec moi, les gestes de la vie. Elle a réinventé mon corps, un usage de mon corps, du moins, qui n'était plus strictement celui d'une économie de survivance, qui était celui du don, du gaspillage amoureux.

Pourtant, malgré elle, malgré moi, malgré l'exubérance de cet été du retour, la mémoire de la mort, son ombre sournoise, me rattrapait parfois.

Au milieu de la nuit, de préférence.

Je m'étais réveillé en sursaut, à deux heures du matin.

« Réveillé » n'est d'ailleurs pas le terme le plus approprié, même s'il est exact. Car j'avais effectivement quitté, dans un soubresaut, la réalité du rêve, mais ce n'était que pour plonger dans le rêve de la réalité : le cauchemar, plutôt.

Juste avant, j'étais égaré dans un univers agité, opaque, tourbillonnant. Une voix, soudainement, avait retenti dans ces parages confus, y mettant bon ordre. Une voix allemande, chargée de la vérité toute proche encore de Buchenwald.

Krematorium, ausmachen! disait la voix allemande. « Crématoire, éteignez! » Une voix sourde, irritée, impérative, qui résonnait dans mon rêve et qui, étrangement, au lieu de me faire comprendre que je rêvais, comme il arrive habituellement dans des cas semblables, me faisait croire que j'étais enfin réveillé, de nouveau – ou encore, ou pour toujours – dans la réalité de Buchenwald : que je n'en étais jamais sorti, malgré les apparences, que je n'en sortirais jamais, malgré les simulacres et les simagrées de l'existence.

163

Pendant quelques secondes – un temps infini, l'éternité du souvenir – je m'étais retrouvé dans la réalité du camp, une nuit d'alerte aérienne. J'entendais la voix allemande donnant l'ordre d'éteindre le crématoire, mais je n'éprouvais aucune angoisse. Bien au contraire, une sorte de sérénité m'envahissait d'abord, une sorte de paix : comme si je retrouvais une identité, une transparence à moi-même dans un lieu habitable. Comme si – et je conçois que cette affirmation puisse paraître indécente, outrancière du moins, mais elle est véridique – comme si la nuit sur l'Ettersberg, les flammes du crématoire, le sommeil agité des copains entassés dans les châlits, le râle affaibli des mourants, étaient une sorte de patrie, le lieu-dit d'une plénitude, d'une cohérence vitale, malgré la voix autoritaire qui répétait d'un ton irrité : *Krematorium, ausmachen! Krematorium, ausmachen!*

Cette voix enflait, devenait bientôt assourdissante. Je me réveillais alors en sursaut. Mon cœur battait follement, j'avais l'impression d'avoir crié.

Mais non, Odile dormait à mes côtés, paisiblement.

Je me redressais dans le lit, moite de sueur. J'entendais le souffle régulier de mon amie. J'allumais une lampe de chevet. J'écartais le drap, je regardais son corps nu. Une peur abominable m'étreignait, malgré la certitude déchirante de sa beauté. Toute cette vie n'était qu'un rêve, n'était qu'illusion. J'avais beau effleurer le corps d'Odile, la courbe de sa hanche, la grâce de sa nuque, ce n'était qu'un rêve. La vie, les arbres dans la nuit, les musiques du « Petit Schubert » n'étaient qu'un rêve. Tout était un rêve depuis que j'avais quitté Buchenwald, la forêt de hêtres sur l'Ettersberg, ultime réalité.

Je mordais mes poings serrés, pour m'empêcher de hurler. Je me recroquevillais dans le lit, essayant de reprendre mon souffle.

J'aurais dû me méfier, cette nuit. Je n'aurais pas dû négliger les signes annonciateurs du malheur de vivre.

Il y avait eu d'abord, fugitivement, le malaise provoqué par les meubles sournoisement ensevelis sous le linceul des housses blanches, dans les salons de l'appartement où Odile m'avait entraîné pour la nuit. Plus tard, nous étions ressortis. Nous étions allés en nous promenant jusqu'à Saint-Germain-des-Prés. Nous avions dîné avec des amis, rue Saint-Benoît. Après le dîner et un verre au « Montana », nous avions encore marché jusqu'à Montparnasse.

Nous subsistions au jour le jour, cet été-là. Aucun d'entre nous n'avait jamais trois sous devant lui. Moi, en tout cas, je vivais d'expédients mais très gaiement, sans domicile fixe : un rasoir, une brosse à dents, quelques livres et quelques hardes dans un sac de voyage étaient mon viatique.

Au « Petit Schubert », dans l'escalier qui descendait vers la salle en sous-sol, j'avais reçu un second avertissement. C'est *Stardust* que jouait le petit ensemble de jazz de la boîte. J'ai trébuché, j'ai dû m'appuyer sur Odile pour ne pas perdre pied. Elle a cru que j'avais eu envie de sentir à nouveau son corps contre le mien, sa tiédeur offerte. Elle a pris pour un geste de tendresse physique ce qui n'était qu'un signe de détresse. Je ne l'ai pas détrompée, à quoi bon ? Je ne lui ai pas parlé de l'orchestre de jazz de Jiri Zak, à Buchenwald, du trompettiste norvégien qui jouait à merveille les solos de *Stardust*, les après-midi de dimanche à Buchenwald.

Elle s'est appuyée sur moi, sa hanche a pesé contre la mienne. Nous avons descendu ensemble, serrés l'un contre l'autre, les dernières marches de l'escalier, dans la sonorité bouleversante du solo de trompette. Mais des flocons de neige flottaient dans ma mémoire. À moins que ce ne fussent des flocons de fumée grise.

Je m'étais réveillé en sursaut.
Mais le réveil ne tranquillisait pas, n'effaçait pas l'angoisse,

bien au contraire. Il l'approfondissait, tout en la transformant. Car le retour à l'état de veille, au sommeil de la vie, était terrifiant en lui-même. C'était que la vie fût un songe, après la réalité rayonnante du camp, qui était terrifiant.

J'avais allumé une lampe, écarté le drap.

Le corps d'Odile s'offrait à mon regard dans la plénitude alanguie du repos. Mais la certitude apaisante de sa beauté ne m'avait pas distrait de ma douleur. Rien ne me distrairait de ma douleur. Rien d'autre que la mort, bien entendu. Non pas le souvenir de la mort, de l'expérience vécue que j'en avais : l'expérience de m'avancer vers elle avec les autres, les miens, de la partager avec eux, fraternellement. D'être pour la mort avec les autres : les copains, les inconnus, mes semblables, mes frères : l'Autre, le prochain. D'y fonder notre commune liberté. Non pas ce souvenir de la mort, donc, mais la mort personnelle, le trépas : celle qu'on ne peut pas vivre, certes, mais qu'on peut décider.

Seule la mort volontaire, délibérée, pourrait me distraire de ma douleur, m'en affranchir.

Je me suis écarté d'Odile, transi par cette évidence.

Elle incarnait pour moi la vie, ses insouciances, son innocence : son irresponsabilité imprévisible et charmante. Elle était le présent toujours renouvelé, sans autre projet que de persévérer dans cette façon d'être au monde : une présence légère et foisonnante, une sorte d'état de grâce, de liberté complice et tendre.

Mais rien n'effaçait le savoir mortifère où s'enracinait notre compagnonnage libertin. Si elle m'avait choisi, dès le premier soir de notre rencontre, parmi tous les jeunes gens qui tournaient autour de sa fraîcheur, de sa désinvolture gouailleuse, de son beau corps et de son regard clair, livrant candidement les trésors d'une tendresse disponible, c'est bien, m'avait-elle confié, parce qu'elle savait d'où j'arrivais, parce que mon regard, m'a-t-elle avoué plus tard, lui avait paru comblé d'une nuit inhabituelle, d'une exigence glaciale, quasiment forcenée.

Odile me soignait avec les gestes inventifs de l'amour physique, avec ses rires sans rime ni raison, son insatiable vivacité.
Mais elle ne savait que faire quand l'orage éclatait dans ma
vie. Elle ne savait pas gérer le désastre. Dès que l'ombre me
rattrapait, troublant mon regard, me jetant dans un silence
noué ; dès que la voix du *Sturmführer* S.S., commandant
l'extinction des feux du crématoire, me réveillait en pleine nuit
du songe de ma vie, Odile perdait pied. Elle me caressait le
visage, comme on caresse un enfant apeuré, elle me parlait,
pour combler ce silence, cette absence, cette béance, par un
babillage rassurant.

C'était insupportable.

Odile était d'évidence venue au monde pour y apporter de la
joie, de la vivacité : le lait de la tendresse humaine. Elle n'y
était pas venue pour écouter les voix de la mort, ses murmures
insistants. Encore moins pour les prendre à son compte, les
assumer, au risque de sa propre tranquillité d'esprit, de son
propre équilibre.

Mais qui aura été disponible, autour de nous, en ces
temps-là du retour, à une écoute inlassable et mortelle des voix
de la mort ?

J'avais éteint ma lampe de chevet, je m'étais glissé hors du
lit, me rhabillant à tâtons. J'avais fui dans la nuit, j'étais
retourné au « Petit Schubert ». L'ensemble de jazz jouait encore
pour une demi-douzaine de noctambules. Je m'étais installé au
bar, on m'avait offert un verre. Je n'avais plus de quoi me le
payer, mais on me connaissait. On m'avait vu avec Odile, quelques heures plus tôt. On me voyait souvent avec elle, avec des
copains, depuis quelques semaines. Depuis mon retour. Il est
vrai qu'on ne savait pas que j'étais revenu, ni de Buchenwald
ni d'où que ce soit. Mes cheveux repoussaient très vite. Et puis
c'était plein d'anciens militaires de toute sorte, à cheveux plus

ou moins ras, en cet été 1945. Personne ne posait de questions à personne au sujet de son passé. C'était un été où seul le présent comptait.

On m'a offert un verre, donc. Et le serveur ne s'est pas étonné de me voir revenir sans Odile. Le batteur m'a fait un signe de connivence.

J'ai écouté la musique, c'était la seule chose à faire. Presque tous les clients étaient partis, ceux qui étaient venus pour danser, du moins. Il restait une demi-douzaine de personnes pour écouter la musique de jazz. Le petit orchestre de la boîte était plutôt bon. Les musiciens se laissaient aller, maintenant qu'ils jouaient pour eux-mêmes.

J'ai quitté le bar, je suis allé m'asseoir dans la salle. Nous étions groupés autour des musiciens qui improvisaient sur des thèmes classiques, de Louis Armstrong en particulier. Ça me convenait, je connaissais bien le répertoire d'Armstrong. Nous étions là, le temps passait. Rien ne nous rapprochait, rien d'autre que cette musique. C'était suffisant, en apparence. Peut-être n'avions-nous en commun que le même amour de cette musique. Le même respect pour cette musique de liberté, violente et tendre, d'une rigoureuse fantaisie. Ça suffisait, apparemment.

À l'aube, la boîte a fermé. Il était encore trop tôt pour sonner à la porte de Claude-Edmonde Magny, rue Schœlcher. J'ai marché un peu au hasard, dans la fraîcheur hagarde du petit matin.

Pour finir, j'ai sauté par-dessus la grille d'un square, au bout de la rue Froidevaux, je me suis allongé sur un banc.

Une intuition m'avait travaillé, depuis la séance de jazz à Eisenach, lors d'une autre aube, quelques mois plus tôt. Cette musique, ces solos désolés ou chatoyants de trompette et de saxo, ces batteries sourdes ou toniques comme les battements d'un sang vivace, étaient paradoxalement au centre de l'univers que je voulais décrire : du livre que je voulais écrire.

168

La musique en serait la matière nourricière : sa matrice, sa structure formelle imaginaire. Je construirais le texte comme un morceau de musique, pourquoi pas ? Il baignerait dans l'ambiance de toutes les musiques de cette expérience, pas seulement celle de jazz. La musique des chansons de Zarah Leander que les S.S. diffusaient sur le circuit des haut-parleurs du camp, à toute occasion. La musique entraînante et martiale que l'orchestre de Buchenwald jouait matin et soir, sur la place d'appel, au départ et au retour des kommandos de travail. Et puis la musique clandestine par laquelle notre univers se rattachait à celui de la liberté : musique classique jouée certains soirs dans un sous-sol du magasin central, l'*Effektenkammer*, par un quatuor à cordes réuni autour de Maurice Hewitt ; musique de jazz de l'ensemble créé par Jiri Zak.

La musique, les différentes musiques rythmeraient le déroulement du récit. Un dimanche, pourquoi pas ? Le récit d'une journée de dimanche, heure par heure.

Ainsi, depuis le petit matin d'avril, à Eisenach, après la discussion avec les rapatriés sur la meilleure façon de raconter, j'avais travaillé sur cette idée, je lui avais laissé faire son travail dans mon imaginaire. Il ne me semblait pas insensé de concevoir une forme narrative structurée autour de quelques morceaux de Mozart et de Louis Armstrong, afin de débusquer la vérité de notre expérience.

Mais mon projet s'avérait irréalisable, du moins dans l'immédiat et dans sa totalité systématique. La mémoire de Buchenwald était trop dense, trop impitoyable, pour que je parvienne à atteindre d'emblée à une forme littéraire aussi épurée, aussi abstraite. Quand je me réveillais à deux heures du matin, avec la voix de l'officier S.S. dans mon oreille, avec la flamme orangée du crématoire m'aveuglant le regard, l'harmonie subtile et sophistiquée de mon projet éclatait en dissonances brutales. Seul un cri venant du fond des entrailles, seul un silence de mort aurait pu exprimer la souffrance.

169

« ... il leur manquait simplement d'avoir été écrits par vous. De vous exprimer, si superficiellement que ce soit... »

Claude-Edmonde Magny avait repris la lecture de la lettre qu'elle m'avait écrite, deux ans auparavant. Nous voici revenus à mes petits poèmes. À ces extraordinaires petits pastiches de Mallarmé qui chaque fois l'éblouissaient. Ce sont ses propres paroles, je ne fais que les reproduire. Je ne les reprends pas à mon compte. Je me garderai bien de qualifier ces poèmes de jeunesse, je n'en aurai pas l'outrecuidance. Je n'en conserve aucune trace, d'ailleurs. Ces textes ont disparu, dans la tourmente de ces années, le souvenir s'en est pratiquement effacé de ma mémoire. Il faudra croire Claude-Edmonde Magny sur parole.

Du temps a passé, depuis qu'elle a interrompu la lecture qu'elle vient de reprendre. Deux heures pendant lesquelles elle a fait du café à plusieurs reprises. Je lui ai raconté mon réveil en pleine nuit : ses raisons, sa déraison.

Maintenant, elle a repris sa lecture :

« ... il leur manquait simplement d'avoir été écrits par vous. De vous exprimer, si superficiellement que ce soit. De se rattacher en quelque sorte à ce qu'il y a d'essentiel en vous, à cette chose que vous voulez plus que tout, mais dont vous ne savez pas encore quelle elle est... »

Claude-Edmonde s'interrompt de nouveau. Elle me regarde.

– Le savez-vous, désormais ?

La chose que je voudrais plus que tout, c'est le repos. Pas seulement le repos physique, après une nuit blanche. Je suis un revenant inusable, me semble-t-il, un survivant à toute épreuve. Je sais déjà avec quelle facilité je reprends des forces. Le repos physique est secondaire, tout compte fait. La chose que je voudrais plus que tout, c'est le repos spirituel.

L'oubli, autrement dit.

170

– Je crois savoir...

Elle attend une suite, qui ne vient pas.

Je ne voudrais que l'oubli, rien d'autre. Je trouve injuste, presque indécent, d'avoir traversé dix-huit mois de Buchenwald sans une seule minute d'angoisse, sans un seul cauchemar, porté par une curiosité toujours renouvelée, soutenu par un appétit de vivre insatiable – quels que fussent, par ailleurs, la certitude de la mort, son expérience quotidienne, son vécu innommable et précieux –, pour me retrouver désormais, revenu de tout cela, mais en proie parfois à l'angoisse la plus nue, la plus insensée, puisque nourrie par la vie même, par la sérénité et les joies de la vie, autant que par le souvenir de la mort.

Ainsi, cette nuit, ce qui m'a jeté hors du lit, ce qui m'a arraché aux bras d'Odile, ce n'est pas seulement le rêve où retentissait la voix d'un *Sturmführer* S.S. ordonnant qu'on éteignît le crématoire, c'est aussi, davantage même, de me retrouver vivant, forcé d'assumer cet état absurde, improbable du moins, d'avoir à me projeter dans un avenir intolérable à imaginer, même dans le bonheur.

J'avais regardé le corps d'Odile, sa beauté alanguie dans le sommeil, ses promesses toutes proches : un bonheur, une sorte de bonheur, je le savais. Mais c'était un savoir inutile, qui ne me donnait aucune assurance, qui ne m'ouvrait aucune issue.

Tout recommencerait, après ce bonheur-là, ces mille bonheurs minimes et déchirants. Tout recommencerait tant que je serais vivant : revenant dans la vie, plutôt. Tant que je serais tenté d'écrire. Le bonheur de l'écriture, je commençais à le savoir, n'effaçait jamais ce malheur de la mémoire. Bien au contraire : il l'aiguisait, le creusait, le ravivait. Il le rendait insupportable.

Seul l'oubli pourrait me sauver.

Claude-Edmonde m'observait, espérant sans doute que je fusse plus explicite. D'attente lasse, elle a repris la lecture de sa lettre :

« J'ai cru un moment que cet anonymat de vos poèmes était dû au fait que vous pastichiez (volontairement mais il n'importe) ou bien, plus profondément, à l'étrangeté que gardaient pour vous les mots de la langue française, quelle que fût leur familiarité grammaticale – ces mots qui ne savaient rien de votre enfance, de vos ancêtres, où votre âme ne s'enracinait pas... Vous n'êtes pas encore sorti des limbes de la création littéraire : rien de ce que vous pouvez faire n'a de *gravité*, au sens quasi physique du terme... »

Elle s'interrompt brusquement, me regarde.

– J'ai écrit cela il y a deux ans! Aujourd'hui, ce serait plutôt le contraire... Tout ce que vous pourriez écrire risque d'avoir *trop* de gravité!

Elle a parfaitement raison, j'acquiesce d'un geste.

Elle cherche un autre passage de sa lettre, en feuilletant les pages dactylographiées.

– Écoutez, dit-elle. On dirait parfois que je vous ai écrit pour préparer cette conversation d'aujourd'hui, pourtant imprévisible!

Elle lit :

« Je n'ai pas voulu dire autre chose que ceci : c'est que la littérature est possible seulement au terme d'une première ascèse et comme résultat de cet exercice par quoi l'individu transforme et assimile ses souvenirs douloureux, en même temps qu'il se construit sa personnalité... »

Je m'enfonce dans le silence, dans l'épuisement du désir de vivre.

– Vous êtes revenu il y a trois mois, poursuit-elle. Jamais vous ne m'avez dit un mot de Buchenwald. Du moins directement. C'est étrange, exceptionnel même... Je connais d'autres résistants revenus de déportation... Ils sont tous saisis par un véritable vertige de communication... De tentative de communication, en tout cas... Un délire verbal du témoignage... Vous, c'est le silence le plus lisse... On a repris nos conversations d'avant au point exact où elles en étaient restées... Mais vous êtes apparu trois fois chez moi, aux aurores... sans explication... Remarquez, vous pouvez vous le permettre, c'est un des privilèges de l'amitié : obtenir quelque chose sans rien donner en échange... La première fois que vous avez fait irruption à six heures du matin, vous vous souvenez de quoi vous m'avez parlé ?

J'ai hoché la tête, je me souvenais fort bien.

– De Schelling ! s'est-elle exclamée. De ses recherches sur la liberté... J'ai été étonnée que ce livre se trouve à la bibliothèque du camp, heureuse que Schelling vous ait intéressé... Car enfin, les derniers temps avant votre arrestation, vous me sembliez obnubilé par Marx, par votre lecture de *Geschichte und Klassenbewusstsein* de Lukács... Vous me sembliez succomber après tant d'autres à l'illusion la plus néfaste qui soit, celle que Marx exprime dans l'une de ses thèses sur Feuerbach : les philosophes n'ont fait qu'interpréter le monde, il s'agit de le transformer... Ce qui est une grande sottise, ronflante et lourde de conséquences... En quelques mots, Marx liquide la philosophie comme activité spécifique, autonome... Il la met au service du pouvoir, de préférence absolu, car il faut du pouvoir absolu, quelle qu'en soit la source, divine ou populaire, pour transformer le monde, y prétendre du moins, avec quelque légitimité historique... Mais enfin, vous m'avez parlé de Schelling, de son essai sur l'essence de la liberté... Et à ce propos vous avez évoqué fugitivement les dimanches autour de Maurice Halbwachs...

Elle s'est interrompue, a essayé d'obtenir encore quelques gouttes de liquide d'une cafetière résolument vide.

– Les beaux dimanches ! ai-je dit alors. L'après-midi, une fois l'appel terminé, la soupe aux nouilles dominicale dévorée, je descendais dans le Petit Camp... La baraque 56 était celle des invalides inaptes au travail... Nous nous réunissions autour du châlit de Halbwachs et de Maspero... Les haut-parleurs diffusaient des chansons de Zarah Leander... C'est là que Schelling m'est apparu, un *Bibelforscher* m'en a parlé...

Elle m'écoute avec une attention tellement aiguë que les traits de son visage se creusent. Mais je suis épuisé, je marque un temps d'arrêt.

— Raconter un dimanche, heure par heure, voilà une possibilité...

Je regarde le ciel bleu au-dessus de la tombe de César Vallejo, dans le cimetière Montparnasse. Il avait raison, Vallejo. Je ne possède rien d'autre que ma mort, mon expérience de la mort, pour dire ma vie, l'exprimer, la porter en avant. Il faut que je fabrique de la vie avec toute cette mort. Et la meilleure façon d'y parvenir, c'est l'écriture. Or celle-ci me ramène à la mort, m'y enferme, m'y asphyxie. Voilà où j'en suis : je ne puis vivre qu'en assumant cette mort par l'écriture, mais l'écriture m'interdit littéralement de vivre.

Je fais un effort, je m'arrache les mots, un par un.

— C'est riche, un dimanche, heure par heure... C'est épais, surprenant, abominable... Il y a de l'abjection, de la cruauté, de la grandeur... Tout est humain, rien de ce qui est qualifié d'inhumain, dans notre langage moral superficiel, banalisant, ne dépasse l'homme... Vous savez quel est le dernier livre que j'ai lu, avant d'être arrêté à Joigny ? C'est Michel qui l'avait apporté... La traduction de *La religion dans les limites de la simple raison*, de Kant... 1793, vous vous souvenez ? La théorie du Mal radical, *das radikal Böse*... D'où Schelling, mon intérêt pour ses recherches, sans doute empêtrées dans l'hystérie conceptuelle de l'idéalisme romantique, mais où s'élabore, à partir de Kant et de la critique des théodicées, la conception très forte, prégnante, d'une assise originaire où s'enracine la liberté humaine, capable de produire le Bien et le Mal, ontologiquement équivalents... D'où l'impossibilité de décréter l'inhumanité du Mal... À Buchenwald, les S.S., les *Kapo*, les mouchards, les tortionnaires sadiques, faisaient tout autant

174

partie de l'espèce humaine que les meilleurs, les plus purs d'entre nous, d'entre les victimes... La frontière du Mal n'est pas celle de l'inhumain, c'est tout autre chose. D'où la nécessité d'une éthique qui transcende ce fonds originaire où s'enracine autant la liberté du Bien que celle du Mal... Une éthique, donc, qui se dégage à jamais des théodicées et des théologies, puisque Dieu, par définition, les thomistes l'ont assez proclamé, est innocent du Mal. Une éthique de la Loi et de sa transcendance, des conditions de sa domination, donc de la violence qui lui est justement nécessaire...

Mais je m'égare, ce n'est pas du tout cela que je voulais lui dire.

– La profondeur des dimanches! Il y a le bordel pour ceux qui y ont droit, peu nombreux. Il y a les trafics de toute sorte. Il y a l'amour homosexuel, souvent lié à l'intérêt ou à l'abus d'une position de pouvoir, mais pas toujours... Produit aussi de la simple passion, la pure passion. Il y a les chansons de Zarah Leander, les orchestres clandestins, les représentations théâtrales improvisées... Il y a les réunions politiques, l'entraînement des groupes de combat de la Résistance internationale. Il y a les arrivées, les départs des convois. Il y a la mort par épuisement, dans l'atroce solitude du *Revier*...

Je m'interromps de nouveau, elle attend la suite.

– Il y a des obstacles de toute sorte à l'écriture. Purement littéraires, certains. Car je ne veux pas d'un simple témoignage. D'emblée, je veux éviter, m'éviter, l'énumération des souffrances et des horreurs. D'autres s'y essaieront, de toute façon... D'un autre côté, je suis incapable, aujourd'hui, d'imaginer une structure romanesque, à la troisième personne. Je ne souhaite même pas m'engager dans cette voie. Il me faut donc un « je » de la narration, nourri de mon expérience mais la dépassant, capable d'y insérer de l'imaginaire, de la fiction... Une fiction qui serait aussi éclairante que la vérité, certes. Qui aiderait la réalité à paraître réelle, la vérité à être vraisemblable. Cet obstacle-là, je parviendrai à le surmonter, un jour ou l'autre. Soudain, dans l'un de mes brouillons, le ton juste va éclater, la distance ajustée s'établira, j'en suis certain. Mais il y a un obstacle fondamental, qui est spirituel... Vous vous souvenez de quoi je vous avais parlé, lors de ma deuxième arrivée intempestive chez vous ?

Elle hoche la tête, elle se souvient.

– Vous m'avez parlé de Faulkner, d'*Absalon ! Absalon !* Le roman se trouvait aussi dans la bibliothèque de Buchenwald... Vous l'avez lu en allemand.

– Voilà, lui dis-je. Faulkner, vous savez le goût que j'en ai. *Sartoris* est l'un des romans qui m'a le plus marqué. Mais *Absalon ! Absalon !* porte à l'extrême, de façon obsessionnelle, la complexité du récit faulknérien, toujours construit en arrière, vers le passé, dans une spirale vertigineuse. C'est la mémoire qui compte, qui gouverne l'obscurité foisonnante du récit, qui le fait avancer... Vous vous souvenez sans doute de nos conversations d'il y a deux ans... Hemingway construit l'éternité de l'instant présent par les moyens d'un récit quasiment cinématographique... Faulkner, quant à lui, traque interminablement la reconstruction aléatoire du passé : de sa densité, son opacité, son ambiguïté fondamentales... Mon problème à moi, mais il n'est pas technique, il est moral, c'est que je ne parviens pas, par l'écriture, à pénétrer dans le présent du camp, à le raconter au présent... Comme s'il y avait un interdit de la figuration du présent... Ainsi, dans tous mes brouillons, ça commence avant, ou après, ou autour, ça ne commence jamais dans le camp... Et quand je parviens enfin à l'intérieur, quand j'y suis, l'écriture se bloque... Je suis pris d'angoisse, je retombe dans le néant, j'abandonne... Pour recommencer autrement, ailleurs, de façon différente... Et le même processus se reproduit...

– Ça se comprend, dit-elle d'une voix douce.

– Ça se comprend, mais ça me tue !

176

Elle tourne vainement une cuiller dans sa tasse de café vide.

— C'est sans doute votre chemin d'écrivain, murmure-t-elle. Votre ascèse : écrire jusqu'au bout de toute cette mort...

Elle a raison, probablement.

— À moins qu'elle ne vienne à bout de moi!

Ce n'est pas une phrase, elle l'a compris.

— Vous vous souvenez de Wittgenstein ? a-t-elle demandé, après un long silence.

Je regardais le ciel bleu du mois d'août sur le cimetière Montparnasse. Oui, j'aurais pu, en m'y efforçant quelque peu, me souvenir de Wittgenstein, de nos conversations à son propos. Mais j'étais épuisé, je n'avais pas envie de me souvenir de Wittgenstein, de faire cet effort-là.

Je pensais à César Vallejo.

J'ai toujours eu de la chance avec les poètes. Je veux dire : mes rencontres avec leur œuvre ont toujours été opportunes. Je suis toujours tombé, au moment opportun, sur l'œuvre poétique qui pouvait m'aider à vivre, à me faire avancer dans l'acuité de ma conscience du monde. Ainsi de César Vallejo. Ainsi, plus tard, de René Char et de Paul Celan.

En 1942, c'était la poésie de César Vallejo que j'avais découverte. Elle n'avait pas été plaisante, cette année-là. J'avais été contraint d'abandonner la khâgne d'Henri-IV, pour gagner ma vie. Ma survie, plutôt : de quoi chichement subsister. J'y parvenais à peine en donnant des leçons d'espagnol à des élèves de tous âges, de latin à de jeunes cancres de bonne famille, parfois odieux. Je ne faisais de vrai repas que tous les deux jours, plus ou moins. Souvent, je me nourrissais de boulettes de sarrasin achetées sans tickets dans une boulangerie qui existait alors boulevard Saint-Michel, à l'endroit où convergent les rues Racine et École-de-Médecine.

Mais j'avais découvert la poésie de César Vallejo.

Me gusta la vida enormemente
pero, desde luego,
con mi muerte querida y mi café
y viendo los castaños frondosos de París...

Claude-Edmonde Magny venait d'évoquer Wittgenstein, j'ai gardé pour moi le poème de César Vallejo qui m'était revenu en mémoire. Je ne l'ai pas traduit pour elle, je ne vais pas non plus le traduire ici. Ça restera comme un secret, un signe de connivence avec un possible lecteur hispanisant.

Elle voulait savoir si je me rappelais nos conversations à propos du *Tractatus*, trois ans auparavant.

J'étais tombé sur ce livre en fouinant dans la bibliothèque d'Edouard-Auguste Frick, rue Blaise-Desgoffe. C'est également là que j'avais découvert Musil et Broch. Le titre de Wittgenstein m'a attiré aussitôt, par son insolence. Par son côté mégalomane, aussi. *Tractatus logico-philosophicus* : il fallait oser ! C'était une édition bilingue, allemand-anglais, d'une université britannique. Cet hiver-là, l'hiver 40-41, j'étais en classe de philosophie. Outre les classiques du programme, je lisais Heidegger et saint Augustin, je l'ai déjà mentionné.

Martin Heidegger, c'est Levinas qui m'y avait conduit. Quant à saint Augustin, c'est Paul-Louis Landsberg. Ce dernier était apparu dans ma vie adolescente en 1938. Apparition en chair et en os, d'ailleurs : il a été une présence physique avant d'être un sujet de lecture et de réflexion, surtout par son essai sur *L'expérience de la mort*.

C'était à La Haye, Pays-Bas. Mon père y était chargé d'affaires de la République espagnole. Landsberg et lui partageaient le même univers de valeurs chrétiennes, dans la lignée du mouvement personnaliste, autour de la revue *Esprit*. Cette année-là, alors que la guerre civile commençait à tourner mal en Espagne – c'est-à-dire, pour être plus précis : alors qu'elle commençait à tourner dans le sens de l'Histoire, qui n'est pas

178

forcément celui du Bien, l'Histoire, tout au long des années trente, ayant plutôt tourné dans le mauvais sens, faisant mûrir les ripostes totalitaires à la crise de la modernité démocratique et capitaliste – à tourner, en tout cas, à la défaite des républicains espagnols, Landsberg était venu aux Pays-Bas pour quelque conférence ou colloque. Sur la pensée de saint Augustin, précisément.

Un soir, il avait dîné à la légation avec sa femme. Juste avant le repas, j'avais eu l'autorisation de rester au salon avec eux. J'allais avoir quinze ans, j'étais entré dans le groupe des grands. Car nous étions assez nombreux, frères et sœurs, pour être regroupés en classes d'âge bien distinctes, aux normes de vie différenciées.

J'avais eu le droit d'assister à la conversation des adultes, ce soir-là, juste avant le dîner avec les Landsberg. Conversation qui porta principalement sur la situation européenne. Sur la guerre civile en Espagne et la faiblesse congénitale des démocraties face au fascisme. Soudain, dans ce contexte, saint Augustin avait surgi, par une référence à la portée politique de sa pensée. Et à quelque incident survenu au colloque pour lequel Paul-Louis Landsberg était venu aux Pays-Bas. Je ne me souviens plus, bien évidemment, du contenu exact de cet incident, ni de sa portée : tout cela est enfoui dans ma mémoire, irrécupérable. Je me souviens seulement de la femme de Landsberg, soudain dressée dans le salon dont les baies vitrées donnaient sur un jardin planté de magnolias et, au-delà, sur le « Plein 1813 ». Mais ce n'était sûrement pas la saison où les magnolias sont en fleur, car je garde le souvenir d'un feu de bois dans la grande cheminée. La femme de Paul-Louis Landsberg s'était dressée dans le salon, subitement (le setter irlandais, Rex, jeune chien, chien fou, allongé près de moi, avait bondi sur ses pattes, inquiet), pour commenter cet incident surgi au cours du colloque augustinien.

– Scolastique, vous vous rendez compte! s'écriait-elle, avec une emphase délibérée, traiter Paul-Louis Landsberg de scolastique!

Je n'avais pas bien saisi l'enjeu de cette exclamation. Je trouvais également étrange qu'elle parlât de son mari à la troisième personne du singulier. Mais je pensais qu'elle avait de l'allure; blonde et belle, dressée de toute sa taille, elle était une image de femme touchante et passionnée : image inoubliable pour mon adolescence rêveuse des mystères de la féminité.

– Vous vous souvenez de Wittgenstein? avait demandé Claude-Edmonde Magny.

Elle aurait tout aussi bien pu me demander si je me souvenais de Heidegger. Car la conversation, trois ans auparavant, qu'elle voulait évoquer, avait porté à la fois sur un chapitre verbeux, empêtré dans ses tics langagiers, rempli de creuses évidences et d'obscurités tapageuses, du livre de Heidegger, où il était question du *Sein-zum-Tode,* et sur une phrase percutante, limpide, bien que douteuse quant à son sens ultime, du *Tractatus* de Ludwig Wittgenstein.

Son regard brillait derrière des lunettes austères.

– Le cahier de moleskine, vous vous souvenez? « *Der Tod ist kein Ereignis des Lebens. Den Tod erlebt man nicht...* »

Elle citait la proposition du traité de Wittgenstein que j'avais longuement commentée, trois ans auparavant, dans un gros cahier de moleskine où je tenais une sorte de journal intime. C'est la seule époque de ma vie, celle de mes dix-huit ans, où j'ai tenu un journal. Plus tard, l'abandon de l'intention d'écrire et de longues années de clandestinité m'en ont fait perdre l'habitude. Ensuite, à partir de la quarantaine, lorsque j'ai commencé à publier des livres – l'une des raisons de celui-ci est d'expliquer, de m'expliquer aussi à moi-même, pourquoi si tard dans la vie –, j'ai systématiquement détruit les journaux de bord, cahiers de notes de toute sorte qui accompagnent un travail d'écriture. Ainsi que les brouillons inachevés, dès que le projet conçu s'avérait irréalisable, ou se voyait abandonné par le désir de le réaliser. Il me déplairait de laisser derrière moi les traces informes d'une recherche, d'un tâtonnement, ce serait quasiment indécent. Seul compte le travail abouti, quelle qu'en soit la valeur réelle, dont l'auteur est sans doute le plus intime connaisseur, sans en être le meilleur juge.

Ainsi, si l'on voulait généraliser cette attitude – abusivement, sans doute : chacun, dans ce domaine, a le droit de réagir individuellement –, il faudrait dire que les testaments ne sont pas trahis par les légataires mais par les testateurs eux-mêmes. C'est Franz Kafka qui est responsable de la publication de ses œuvres inachevées, et non pas Max Brod. Il n'avait qu'à les détruire lui-même, s'il en était vraiment insatisfait!

Mais enfin, à dix-huit ans, je tenais une sorte de journal, plutôt philosophique et littéraire, d'ailleurs, que réellement intime : j'ai toujours été prudent avec mon intimité. Dans le gros cahier de moleskine noire j'avais commenté la sentence du *Tractatus* de Wittgenstein et les pages de Martin Heidegger, sur l'être-pour-la-mort, de *Sein und Zeit*.

« La mort n'est pas un événement de la vie. La mort ne peut être vécue » : telle est la traduction habituelle, due à Pierre Klossowski, de la proposition de Wittgenstein. J'en avais donné une légèrement différente, pour la dernière partie de la sentence (la première ne pose aucun problème : tout le monde la traduit de la même façon) dans ma longue élucubration juvénile. « On ne peut vivre la mort », avais-je écrit. Plus tard, des années plus tard, dans un bref roman qui s'appelle *L'évanouissement* et qu'il m'arrive de citer dans ce récit parce qu'il concerne précisément l'époque dont il est ici question, l'époque du retour, du rapatriement dans l'exil – j'ai traduit cette deuxième partie de la proposition de Wittgenstein de manière encore différente : « La mort n'est pas une expérience vécue. » Mais cette diversité tient à la difficulté de traduire en français le verbe *erleben* et son substantif *Erlebnis*, difficulté qui ne se serait pas posée si j'avais eu à traduire ces mots en espagnol.

Sans doute, avais-je écrit dans le cahier de moleskine noire, trois ans auparavant, sans doute la mort ne peut-elle être une expérience vécue – *vivencia*, en espagnol –, on le sait au moins depuis Épicure. Ni non plus une expérience de la conscience pure, du *cogito*. Elle sera toujours expérience médiatisée, conceptuelle ; expérience d'un fait social, pratique. Mais c'est là une évidence d'une extrême pauvreté spirituelle. En fait, pour être rigoureux, l'énoncé de Wittgenstein devrait s'écrire ainsi : « *Mein Tod ist kein Ereignis meines Lebens. Meinen Tod erlebe ich nicht.* » C'est-à-dire : *ma* mort n'est pas un événement de *ma* vie. Je ne vivrai pas *ma* mort.

C'est tout, ça ne va pas bien loin.

– À propos, ai-je dit, où est le cahier de moleskine ? Vous ne me l'avez jamais rendu...

Claude-Edmonde rougit légèrement, faisant un geste de regret. Ou d'impuissance.

– Perdu ! s'exclame-t-elle. Votre texte m'avait paru intéressant, j'ai prêté le cahier à Jean, pour qu'il le lise...

Des années plus tard, quand j'ai écrit *Le grand voyage*, à Madrid, dans un appartement clandestin de la rue Concepción-Bahamonde, je me suis souvenu de ce détail. Je me suis souvenu de cette conversation avec Claude-Edmonde Magny. D'une certaine façon mon livre était une réponse à sa *Lettre*. Il était impossible que je ne me souvienne pas de cette conversation d'août 1945, de la lecture qu'elle m'avait faite. Au moment où le pouvoir d'écrire m'était rendu, il était impensable que je ne me rappelle pas la *Lettre* qu'elle m'avait écrite, autrefois. Au moment où je menais à bien – ou à mal, mais en tout cas à son terme – l'entreprise qui avait échoué auparavant, je me suis souvenu du cahier de moleskine, de la réponse qu'elle m'avait donnée à son sujet.

À Madrid, rue Concepción-Bahamonde, je me suis demandé

qui était Jean. Ou plutôt : auquel des deux faisait-elle allusion, à Jean Gosset ou à Jean Cavaillès ? Je savais qu'elle les voyait tous les deux, à l'occasion. Sans doute rencontrait-elle Gosset plus souvent que Cavaillès. Elle m'avait fait lire quelques textes de ce dernier. Ardus, du moins pour moi : la philosophie des mathématiques et la logique n'étaient pas mes domaines préférés. Mais impressionnants par leur exigence de méthode et de cohérence. Une fois, je les avais aperçus tous les deux, Cavaillès et Gosset, sortant d'un restaurant. Je savais qu'ils étaient plongés dans l'univers clandestin de la Résistance. La vraie, je veux dire, la seule, à mon avis : la résistance armée.

Jean Gosset est mort en déportation, Jean Cavaillès a été fusillé.

Je connaissais leur destin, bien entendu, lorsque Claude-Edmonde Magny a fait allusion à la disparition de mon cahier de moleskine. Je comprenais que mon texte s'était perdu avec eux, l'un d'entre eux. C'était une perte qui ne me préoccupait pas outre mesure : celle de mon cahier, s'entend. Je n'ai pas demandé duquel des deux il s'agissait, ce matin-là. Mais à Madrid, quinze ans plus tard, en écrivant *Le grand voyage*, j'ai regretté mon manque de curiosité, dû sans doute à la fatigue de la nuit blanche. J'ai soudain souhaité que Jean Cavaillès fût celui à qui Claude-Edmonde avait prêté mon cahier intime. Cavaillès, certes, n'aurait pu que sourire, au mieux avec bienveillance, à la lecture d'un texte aussi emporté, aussi juvénile que celui dont je garde un vague souvenir. Il n'empêche, j'eusse aimé que ce texte fiévreux et maladroit sur l'expérience de la mort eût eu pour dernier lecteur, avant de disparaître justement dans l'oubli, Jean Cavaillès.

Le dernier jour, je m'étais aussi souvenu de Wittgenstein.

Il n'avait pas ressemblé à un dernier jour, d'ailleurs, mon dernier jour à Buchenwald. Rien ne pouvait me permettre de deviner qu'il le serait. Il avait commencé comme tous les jours depuis le 12 avril, lendemain de la libération du camp. Il aurait pu se terminer comme tous les autres. Au matin de ce jour-là – dont il s'avérerait qu'il était le dernier – rien n'avait la solennité, ni l'émotion mêlée d'inquiétude, qu'ont habituellement les heures ultimes d'une période cruciale de votre vie. Rien, en effet, ne me permettait de deviner qu'Yves Darriet aurait l'idée de m'inclure dans un convoi de la mission Rodhain qui quittait Eisenach pour Paris le lendemain.

Le problème que posaient les Espagnols de Buchenwald n'était pas encore définitivement réglé. On savait bien que nous serions un jour ou l'autre, parce que nous avions été arrêtés dans la Résistance, ramenés en France. Je n'ose pas dire « rapatriés », je m'en suis déjà expliqué avec une certaine prolixité. De façon toute personnelle, d'ailleurs. La plupart des Espagnols de Buchenwald – survivants des maquis, des groupes de choc de la M.O.I. ou des brigades de guérilleros du sud-est de la France – auraient sans doute accepté ce terme de « rapatriés ». Je veux dire : leur patrie était le combat, la guerre antifasciste, et ce depuis 1936. La France étant le deuxième territoire de cette patrie-là, ils n'auraient pas regimbé au mot de « rapatriement ». Ils auraient été, en tout cas, moins enclins que moi à en analyser la signification concrète, à en mesurer le pour et le contre, le positif et le négatif, le « oui mais » et le « non pourtant » : la plupart des déportés espagnols n'auraient pas autant que moi coupé les cheveux en quatre à ce propos.

Nous savions donc que les autorités militaires alliées avaient décidé de nous ramener en France, mais nous ignorions à quelle date. Un jour ou l'autre, en somme. Nous vivions dans cette incertitude.

Mon dernier jour à Buchenwald – celui où je me suis de nouveau souvenu de Wittgenstein – avait commencé comme un jour incertain. Un jour de plus dans la période confuse entre la mort et la vie, le réel et le rêve, que la libération du camp avait inaugurée. Je ne me souviens même pas de la date de ce dernier

184

jour, il faut que je la calcule. Et pour ce faire, je ne puis commencer au jour de la libération, le 11 avril, car je m'égarerais bientôt dans les méandres de la mémoire. Méandres brumeux, de plus. De toutes ces longues journées, seuls quelques instants se maintiennent spontanément dans la lumière du souvenir, je pense l'avoir déjà dit. Instants qu'il m'est souvent impossible de dater, de situer même dans une perspective chronologique. D'autres, par contre, s'y insèrent, s'inscrivent aisément dans une séquence temporelle.

Pourtant, malgré ce flou de la mémoire, je sais que les traces de ces journées ne se sont pas effacées irrémédiablement. Le souvenir ne m'en vient pas naturellement, de façon irréfléchie, certes. Il me faut aller le rechercher, le débusquer, par un effort systématique. Mais le souvenir existe, quelque part, au-delà de l'oubli apparent. Il me suffit de m'y appliquer, de faire en moi le vide des contingences du présent, de m'abstraire volontairement de l'entourage ou de l'environnement, de braquer sur ces lointaines journées le rayon d'une vision intérieure, patiente et concentrée. Des visages émergent alors, des épisodes et des rencontres reviennent à la surface de la vie. Des mots effacés par le tourbillon du temps passé se font entendre à nouveau. Comme si, en quelque sorte, la pellicule impressionnée autrefois par une caméra attentive n'avait jamais été développée : personne n'aura vu ces images, mais elles existent. Ainsi, je garde en réserve un trésor de souvenirs inédits, dont je pourrais faire usage le jour venu, s'il venait, si sa nécessité s'imposait.

Quoi qu'il en soit, si je veux établir la date de mon dernier jour à Buchenwald – celui où je me suis à nouveau rappelé Wittgenstein et la sentence abrupte et creuse du *Tractatus* –, il vaut mieux que je parte de la fin de l'histoire, pour remonter le cours du temps, à l'aide de quelques repères indiscutables. Et la fin se situe le 1er Mai.

J'étais à Paris, ce jour-là, place de la Nation, au coin de

l'avenue Bel-Air, lorsqu'une soudaine bourrasque de neige a tourbillonné sur les drapeaux rouges du défilé traditionnel.

La veille, le 30 avril, donc, j'avais passé la journée à Saint-Prix, dans la maison où ma famille avait vécu sous l'Occupation, sur la colline qui joint Montlignon à Saint-Leu et qu'évoque Victor Hugo dans un poème célèbre. L'avant-veille, 29 avril, immanquablement, j'étais arrivé à Paris. J'avais passé la nuit rue du Dragon, chez Pierre-Aimé Touchard. Et le jour précédent, le 28, le convoi de camions de la mission Rodhain était parvenu au camp de rapatriement de Longuyon. C'est là que j'ai pu constater à quel point j'avais raison, à quel point je n'avais pas été rapatrié : c'est à Longuyon que j'ai retrouvé mon identité d'apatride, que je n'ai plus jamais récusée, dès lors, malgré les apparences administratives et les charges officielles. Ainsi, de fil en aiguille, j'arrive à la conclusion que le 27 avril, veille de mon retour en France à travers Longuyon, à travers la confirmation de mon incapacité foncière à être considéré comme un rapatrié, est le jour consacré à parcourir la distance entre Eisenach, point de départ du convoi, et Francfort, où nous avons fait étape pour la nuit dans un baraquement d'un camp de personnes déplacées. Donc, telle est la conclusion de ce bref itinéraire, c'est le 26 avril qu'Yves Darriet est venu me chercher pour me conduire à Eisenach : mon dernier jour à Buchenwald.

Ce jour-là, vers le milieu de la matinée, je suis allé au block 34, pour y retrouver Boris Taslitzky.

Depuis le 12 avril, *Seuls demeurent,* le volume de René Char, m'accompagnait partout. Une fois de plus, un poète arrivait dans ma vie au moment opportun. J'en lisais des fragments aux copains. Bientôt, j'ai pu réciter les poèmes par cœur : de tout mon cœur.

Yves Darriet aimait autant que moi, André Verdet aussi. Je

186

voyais souvent ce dernier, qui préparait une anthologie des poètes de Buchenwald. Je lui avais donné un texte de ma lointaine adolescence, qui flottait encore dans ma mémoire. Mais Verdet connaissait Char, ça m'a un peu vexé. Il se souvenait de *Ralentir travaux,* un recueil écrit en collaboration avec Breton et Éluard. Je ne lui en ai pas trop voulu de son avance sur moi : l'essentiel était qu'il aimât sans réserves.

Boris Taslitzky, pour sa part, était plus réticent, mais il n'était pas de bonne foi. C'est-à-dire, c'est moi qui l'avais sans doute poussé à ne pas l'être. Car je lui avais déclaré à brûle-pourpoint, en agitant devant lui le volume de Char : « Voici un vrai poète, mieux que ton Aragon ! » Ce qui était un peu provocant. Un peu court, aussi, il me faut le reconnaître. Mais j'avais l'habitude de le taquiner par un mépris délibérément exagéré de la poésie d'Aragon : c'était un jeu entre nous.

Ce jour-là, nous nous sommes assis dans le réfectoire de l'aile B, au rez-de-chaussée du block 34 – qui était une baraque en bois, sans étage – et nous avons comparé sur pièces Char et Aragon.

Je lui lisais des poèmes de *Seuls demeurent,* Boris me récitait des vers d'Aragon. Ceux de *Crève-Cœur,* je m'en souvenais fort bien. Je n'en discutais pas la virtuosité, mais la profondeur réelle. Alors, décidé à me convaincre ou à me séduire, Boris m'a dit des poèmes de circonstance et de résistance, mais aussi des vers plus anciens, tirés principalement de *Hourra l'Oural !* J'ai été impressionné par la violence sémantique et morale de ces derniers, par leur goût d'apocalypse sociale.

Ces dernières années, l'idée m'est parfois venue d'analyser les poèmes de cette époque aragonienne en les comparant avec ceux, contemporains, de l'Allemand Bertolt Brecht et de l'Espagnol Rafael Alberti. D'étudier leur commune violence textuelle et politique, quels que soient par ailleurs, et ils sont évidents, les traits spécifiques qui les distinguent, du point de vue culturel.

187

Ce ne sont certainement pas les seuls textes littéraires empreints de violence, durant cette période de crise de la fin des années vingt, du début des années trente. Violence contre l'ordre moral, hypocrite ou cynique, de la société bourgeoise, qui aura déferlé comme un raz de marée dans la littérature, les arts et la pensée, à la suite de la catastrophe de 14-18. Nulle étude d'ensemble n'a encore dressé, me semble-t-il, l'inventaire des désastres spirituels provoqués par cette guerre-là. Pour ne rien dire des désastres politiques.

Mais à la violence expressionniste, surréaliste, dada, libertaire, en fin de compte, le communisme aura ajouté – surtout après la crise de 1929, qui a suscité des bouleversements aussi bien en U.R.S.S. que dans le monde capitaliste : bouleversements divers, souvent contradictoires, du moins formellement, mais convergents sur un point essentiel, celui de l'accroissement du rôle de l'État, providence ou garde-chiourme – le communisme, donc, aura ajouté la violence froide, éclairée, raisonneuse : totalitaire, en un mot, d'un Esprit-de-Parti persuadé d'agir dans le sens de l'Histoire, comme le *Weltgeist* hégélien. Et ces trois poètes auront été les porte-parole les plus doués de cette violence communiste.

Je connaissais la poésie de Rafael Alberti : ses poèmes politiques des années trente, ceux de la guerre civile. Mais leur violence ne me choquait pas, alors, pas davantage que celle d'Aragon. Je vivais encore dans le même univers de vérités et de valeurs tranchantes comme l'épée des anges exterminateurs. Par ailleurs, à cette époque-là, en pleine maturité de son talent, Rafael Alberti parvenait à préserver la rigueur formelle, la richesse prosodique d'une œuvre qui s'est depuis lors trop souvent délitée en obéissant aux impératifs changeants de la stratégie politique du communisme.

Quant à Bertolt Brecht – que j'avais découvert grâce à une jeune Viennoise qui portait le nom de guerre de Julia – il est incontestablement le plus grand des trois : celui qui a maîtrisé

le registre le plus ample, de l'élégiaque à l'épique. Il a été aussi
– paradoxalement, puisqu'il aura été le seul des trois à ne pas
être militant du P.C. – celui qui incarne de façon paradig-
matique l'illusion positive, les ruses et la bassesse de tout intellectuel marxiste à l'époque révolue de la perverse Vertu révolutionnaire.

En avril 1945, dans le réfectoire d'un baraquement français
de Buchenwald, le 34, nous avons déclamé Char et Aragon,
mon copain Taslitzky et moi.

Soudain, au moment où Boris me récitait à pleine voix un
poème d'Aragon à la gloire du Guépéou, un hurlement s'est
fait entendre, l'interrompant.

Nous avons tourné la tête.

Un vieux déporté français était assis au bout de la table.
Nous n'y avions pas prêté attention, dans le feu de nos récitations. Il mangeait. Il avait soigneusement disposé ses provisions
devant lui. Il mangeait sérieusement : méticuleusement.

Depuis quelques jours, le ravitaillement du camp était
assuré par l'armée américaine. Le travail aux cuisines avait été
réorganisé. L'alimentation des déportés était devenue tout à fait
suffisante. Trop riche même, trop copieuse souvent pour des
organismes déshabitués, débilités. Les derniers jours, l'abon-
dance provoquait autant de victimes que les séquelles de la
famine antérieure.

Mais le vieux Français ne devait pas y croire, il devait se
méfier. C'était trop beau pour durer, devait-il penser. Alors, il
avait soigneusement disposé sur la table ses provisions de
réserve et il mangeait méticuleusement. On ne sait jamais : il
prenait des forces pour le cas où ça tournerait de nouveau mal.
Il se nourrissait, à tout hasard, même s'il n'avait plus réellement faim. Il étalait des couches épaisses de margarine sur les
tranches de pain noir, il les découpait en tout petits carrés qu'il
mâchait lentement, avec du saucisson. Probablement man-
geait-il ainsi depuis longtemps. Probablement n'avait-il pas

l'intention de s'arrêter avant d'avoir tout avalé, tout dégluti. Il mâchait lentement, faisant durer le plaisir. Mais ce mot ne convient certainement pas : il y a de la gratuité dans le mot *plaisir*. Il y a de la légèreté, de l'imprévisible. C'est un mot trop désinvolte pour parler du sérieux avec lequel le vieux Français accomplissait, quelque peu hystériquement, le rite de se nourrir.

Il avait donc hurlé pour attirer notre attention. Et il l'avait obtenue.

– Abscons, vos poètes ! criait-il à tue-tête. Esbroufeurs, tortionnaires de la langue !

Mais il ne voulait pas se laisser distraire par une sainte indignation de son occupation principale. Il a remis dans sa bouche un morceau de pain noir, l'a mâché lentement.

Nous attendions la suite, apitoyés par son grand âge et la détresse coléreuse de ses yeux transparents. La suite est venue soudain. D'une voix qu'il a enflée, qui a retenti dans l'espace vide du réfectoire, il nous a déclamé *La légende des siècles*. Plus précisément le passage sur Waterloo, morne plaine. Il s'est dressé, pour finir, a mimé l'arrivée de Blücher sur le champ de bataille, à la place de Grouchy. Il a commandé d'un geste ample du bras l'ébranlement de la Garde impériale, « tous ceux de Friedland et ceux de Rivoli portant le noir colback ou le casque poli », entrant dans la fournaise de Waterloo.

Nous l'écoutions, faisant un effort pour garder notre sérieux. Ce n'était pas déplaisant, d'ailleurs : j'aime bien *La légende des siècles*.

Ce n'est pas ce jour-là, le 26 avril, dans le réfectoire du block 34, que Louis Aragon est parvenu à me séduire, malgré la diction persuasive de Boris Taslitzky. C'est quelques semaines plus tard que j'ai été séduit par Aragon. Par lui-même, en personne, par le charme indiscutable de sa conversation, quelle qu'en fût parfois la préciosité un peu retorse.

L'été du retour – j'emploie ce mot, malgré toutes les réserves qu'on pourrait y apporter, pour la commodité de la lecture – j'allais assez souvent visiter Boris, dans son atelier de la rue Campagne-Première (ou était-ce rue Boissonnade ? Un doute me vient). Alors que je fuyais tous mes anciens camarades de Buchenwald, que j'avais déjà commencé la cure de silence et d'amnésie concertée qui deviendrait radicale quelques mois plus tard, à Ascona, dans le Tessin, le jour où j'ai abandonné le livre que je tentais d'écrire – abandonnant, du coup, tout projet d'écriture, pour un temps indéfini –, je continuais de fréquenter Boris Taslitzky.

Je ne m'interrogeais pas, alors, sur cette exception à la règle. C'était instinctif : j'avais envie soudain de marcher jusqu'à Montparnasse, de frapper à l'improviste à la porte de l'atelier de Boris, de le regarder peindre ou dessiner. D'échanger nos impressions : les émerveillements, les sarcasmes, les désarrois de notre retour à la vie.

Aujourd'hui, à y réfléchir, à essayer de comprendre ce comportement instinctif qui me faisait écarter tous les autres compagnons de Buchenwald – sauf à les rencontrer par hasard ou inadvertance – au bénéfice exclusif de Taslitzky, je crois savoir pourquoi. C'est qu'il possédait deux qualités qui me le rendaient extraordinairement fraternel. Un appétit de vivre, tout d'abord, inlassable et tonique, disponible à tous les étonnements de l'existence. Et puis, comme le contrepoint ténébreux de cette rayonnante vitalité, un sens aigu de l'expérience vécue : mort parcourue jusqu'à l'extrême limite aveuglante.

J'arrivais rue Boissonnade ou rue Campagne-Première, n'importe : Boris travaillait à l'une des toiles d'un atroce réalisme où il essayait sans doute d'exorciser les images qui le hantaient. Mais la réalité du camp qui avait produit ces images était trop proche, trop incroyable aussi, brutalement dépourvue d'une tradition référentielle de mythes ou d'allégories historiques qui en auraient facilité la représentation. De surcroît, la couleur – et la palette de Boris en était excessivement riche – la couleur ne sied pas à la reproduction de cette réalité. Le réalisme, en somme, trahit cette réalité, celle-ci lui est essentiellement rétive.

Dans l'atelier de Boris je rencontrais parfois Louis Aragon. Je me souviens de sa faconde, de son besoin de séduire et de briller, des gestes de ses mains, volubiles, de son insupportable habitude d'aller et venir sans cesse dans l'atelier, tout en pérorant, en observant son propre reflet dans toutes les surfaces réfléchissantes, se mirant dans tous les miroirs. Mais je me souviens aussi de son silence attentif, de sa capacité d'écoute et de questionnement, lorsque Taslitzky, rarement, parlait de l'expérience de Buchenwald, essayant d'en dégager l'essentiel.

L'un de ces jours, Aragon s'est soudain tourné vers moi.

– Notre héros est bien silencieux! s'est-il exclamé à mon adresse.

J'ai sursauté.

Boris s'est agité, implorant du regard et du geste qu'il n'en dise pas plus. Mais Aragon a poursuivi, imperturbable.

– Mais si, mais si! Boris prétend que vous avez été héroïque... Il m'est arrivé d'être jaloux de l'amitié qu'il a pour vous! Mais quoi, vous ne dites jamais rien, quand il est question du camp!

Taslitzky a disparu, gêné d'avoir ainsi été mis en cause et en avant. On l'a entendu fourgonner dans la cuisine.

J'ai essayé de dire à Aragon pourquoi je gardais le silence dès qu'il était question de Buchenwald. Je lui ai dit que j'essayais d'écrire, que je préférais ne pas trop en parler, pour garder sa fraîcheur à l'écriture, en évitant les routines et les ruses des récits trop souvent répétés.

Ce n'était pas tout à fait vrai, certes. Ce n'était qu'une partie de la vérité, du moins. Une toute petite partie, même. Mais cela a permis une vraie conversation entre nous, pour la première

192

fois. Une discussion sur la sincérité littéraire, ou, ce qui revient au même, sur le romanesque, le mentir vrai de la littérature, dont je garderai à jamais le souvenir.

Vingt ans plus tard, alors que j'avais publié *Le grand voyage* et que je venais de me faire exclure du parti communiste espagnol, on a sonné à ma porte. Louis Aragon était sur le palier. Il m'apportait un exemplaire de son roman *La mise à mort*. Il y avait une dédicace : « Contre vents et marées. »

Mais ce n'est pas à cause de cette dédicace, pas seulement du moins, que j'aurai beaucoup pardonné à Louis Aragon. Pas seulement non plus à cause de son image pathétique des derniers mois : fantôme blanchi, pantin du grand cirque des simulacres, dans le regard duquel éclatait pourtant une vérité profonde, longtemps refoulée. C'est surtout à cause d'un poème où je perçois la trace des conversations dans l'atelier de Boris, rue Campagne-Première – ou Boissonnade : quelle importance! – et qui fut publié dans le *Nouveau Crève-Cœur*, en 1948.

C'est un recueil de vers de circonstance, de « vers d'almanach », comme dit le titre de l'un des poèmes – un autre portant celui-ci, qui se passe de commentaire : « Un revirement de la politique est possible en France » –, de pièces poétiques d'assez piètre tenue. Mais soudain, au détour d'une page, on tombe sur la *Chanson pour oublier Dachau*.

Ne réveillez pas cette nuit les dormeurs...

J'ai murmuré la fin du poème d'Aragon, des années plus tard. C'était dans une boîte de la rue Saint-Benoît. Une jeune Allemande était assise à la même table que moi et je la trouvais belle : blonde, lisse, innocente. Mais justement, cette nuit-là, j'avais eu l'impression de m'éveiller d'un rêve. Ça m'arrivait encore, parfois, malgré une décision d'oubli délibéré qui m'avait assez bien réussi. Mais cette nuit-là, soudain – ou bien était-ce la présence de cette jeune beauté allemande ? –, il

193

m'avait semblé de nouveau que la vie n'avait été qu'un rêve, depuis le retour de Buchenwald, quelques années plus tôt. Peut-être avais-je trop bu, cette nuit-là, m'étant éveillé de ce rêve qu'était la vie. Peut-être n'avais-je pas encore assez bu, lorsque j'ai remarqué la jeune Allemande assise à la même table, mais sans doute allais-je trop boire. Mais la boisson n'avait peut-être rien à faire dans cette histoire, et il ne fallait chercher aucune raison extérieure, accidentelle, à l'angoisse que je croyais avoir désormais oubliée, maîtrisée, et qui resurgissait soudain.

La jeune Allemande était blonde, lisse, innocente. Je ne supportais pas l'innocence, ce soir-là.

> Nul ne réveillera cette nuit les dormeurs
> Il n'y aura pas à courir les pieds nus dans la
> neige...

Je me récitais en silence le poème d'Aragon, en regardant la jeune Allemande que je trouvais belle. Désirable aussi, sans doute. Je ne me souviens pas du désir, mais il n'est pas improbable. L'essentiel était que je ne supportais pas son innocence présumée. Surtout que je me suis senti coupable moi-même, cette nuit-là : une fois n'est pas coutume. En m'éveillant de ce rêve qu'était la vie, je me sentais pour une fois coupable d'avoir délibérément oublié la mort. D'avoir voulu l'oublier, d'y être parvenu. Avais-je le droit de vivre dans l'oubli ? De vivre grâce à cet oubli, à ses dépens ? Les yeux bleus, le regard innocent de la jeune Allemande me rendaient insupportable cet oubli. Pas seulement le mien : l'oubli général, massif, historique, de toute cette ancienne mort.

> Ton corps n'est plus cette dérive aux eaux
> d'Europe
> Ton corps n'est plus cette stagnation cette rancœur

> Ton corps n'est plus la promiscuité des autres
> N'est plus sa propre puanteur...

Sans doute y a-t-il dans le texte d'Aragon des scories rhétoriques, des virtuosités prosodiques qu'il n'a pas su s'interdire. Sans doute son poème aurait-il encore besoin d'un travail de polissage, de frottement maniaque jusqu'à la mise à nu de l'ossature même du langage, toute adiposité verbale éliminée. Travail qui caractérise la poésie de Paul Celan, toujours. De René Char, souvent.

On peut néanmoins extraire de la *Chanson pour oublier Dachau* quelques diamants d'une eau très pure, quelques incursions surprenantes de justesse dans l'expérience de la déportation, pourtant insaisissable de l'extérieur.

> Quand tes yeux sont fermés revois-tu revoit-on
> Mourir aurait été si doux à l'instant même
> Dans l'épouvante où l'équilibre est stratagème
> Le cadavre debout dans l'ombre du wagon...

Je me récitais le poème d'Aragon, en choisissant les vers qui faisaient davantage remuer ma mémoire. Je le récitais sans voix, bouche fermée, cette nuit-là, dans une boîte de la rue Saint-Benoît. Je regardais la jeune Allemande innocente, oublieuse forcément, et je me récitais ce poème de la mémoire. Mais je me suis aussi récité ce poème à voix haute. Dans les rues des grandes villes, à l'occasion, quitte à susciter un regard apitoyé des passants. Je me le suis récité à pleine voix face à la rumeur de la houle océanique sur la plage espagnole d'Oyambre. Face aux brumes changeantes de la côte de Little Deer Isle, dans le Maine.

Toute ma vie je me serai récité ce poème d'Aragon, toute ma vie il m'aura accompagné. Naguère encore, le 8 mars 1992, sur la place d'appel de Buchenwald, je me suis dit la fin de ce poème.

195

J'y revenais pour la première fois, quarante-sept ans après l'époque dont il est question dans ce récit. Jusqu'alors, je m'étais toujours refusé à y revenir. Je n'en avais éprouvé ni le besoin ni le désir, pour toutes sortes de raisons. Mais ce récit était pratiquement terminé – du moins était-ce mon impression trompeuse – et l'idée d'en vérifier la cohérence, la vérité interne, m'avait soudain assailli. Par ailleurs, les circonstances historiques avaient changé, depuis la réunification démocratique de l'Allemagne. J'ai décidé de saisir une occasion d'y revenir : une chaîne de télévision allemande me proposait de participer à une émission sur Weimar, ville de culture et de camp de concentration.

Sur la place d'appel de Buchenwald, un jour du mois de mars 1992, je me suis récité à voix basse le poème d'Aragon. Je venais de découvrir qu'il me faudrait réécrire une bonne partie de mon récit. Qu'il fallait replonger de nouveau dans ce long travail de deuil de la mémoire. Interminable, une fois encore. Mais je n'en étais pas attristé, curieusement.

J'étais accompagné par Thomas et Mathieu Landman, mes petits-fils par les liens du cœur : une filiation qui en vaut toute autre. Je les avais choisis pour m'accompagner en Allemagne et ils m'ont vraiment tenu compagnie. J'ai ressenti tout au long de ce voyage la présence émue, rieuse, chaleureuse, de leur jeune regard sur mes vieux souvenirs : les cendres de mon passé. Et ils étaient auprès de moi, sur la place d'appel de Buchenwald. Mathieu prenait des photos, Thomas regardait l'horizon de mes vingt ans, au pied de l'Ettersberg. Il y avait à notre droite la cheminée trapue du crématoire. Il y avait le bruit du vent qui souffle de toute éternité sur l'Ettersberg. Il y avait la rumeur bruissante des oiseaux revenus : je me suis rappelé le lieutenant Rosenfeld. Forêt sans oiseaux, autrefois, forêt de hêtres dont les oiseaux avaient été chassés par les odeurs nauséabondes du four crématoire.

Alors je me suis dit la fin de ce poème :

Il y a dans ce monde nouveau tant de gens
Pour qui plus jamais ne sera naturelle la douceur
Il y a dans ce monde ancien tant et tant de gens
Pour qui toute douceur est désormais étrange
Il y a dans ce monde ancien et nouveau tant de gens
Que leurs propres enfants ne pourront pas
comprendre

Oh vous qui passez
Ne réveillez pas cette nuit les dormeurs...

– *No hay derecho...*, murmure Morales, tourné vers moi.
Le drap blanc recouvre son corps comme un suaire, dans le
châlit du *Revier* où il est allongé. Son visage s'est creusé, d'une
pâleur soulignée par une barbe de plusieurs jours, drue, d'une
noirceur bleutée.

J'avais quitté Boris Taslitzky, quelque temps auparavant.
Après les récitations de René Char, de Louis Aragon et de *La
légende des siècles*, j'étais revenu dans mon block, le 40, pour y
attendre l'heure du repas de midi. Car nous avions droit à deux
repas, désormais, midi et soir. Je ne savais toujours pas que ce
26 avril allait être mon dernier jour à Buchenwald. Je ne
m'étais pas encore souvenu de Ludwig Wittgenstein.

Des années plus tard, quand j'avais publié *L'évanouissement*, où il était question de Wittgenstein et de son *Tractatus*,
un estimable critique avait cru que j'avais inventé ce personnage de philosophe. Il avait trouvé que c'était une belle invention romanesque. Il faut dire qu'à l'époque, vers le milieu des
années soixante, Wittgenstein n'était guère connu en France.
En lisant l'article j'avais été partagé entre un étonnement quelque peu navré devant l'ignorance du critique, et la satisfaction
littéraire. Me croire capable d'avoir inventé un personnage
aussi fascinant et insupportable que Wittgenstein n'était pas un
mince compliment, en effet.

Mais à Buchenwald, le 26 avril 1945, à cette heure de la journée, je n'avais pas encore inventé Wittgenstein. Je n'y avais même pas pensé. Je ne m'étais même pas souvenu de la sentence péremptoire de son *Tractatus* que j'avais longuement commentée, trois ans plus tôt, dans le cahier de moleskine noire que Claude-Edmonde Magny avait prêté à l'un de ses deux Jean, Gosset ou Cavaillès. J'étais au soleil, devant la porte du block 40, désœuvré, rêveur, attendant la distribution du repas de midi. Je me demandais ce que j'allais faire cet après-midi-là.

J'ai vu arriver Bolados, au pas de course.

Il était le principal responsable de l'organisation clandestine du P.C. espagnol, à Buchenwald. Le numéro un, en somme, de la troïka dirigeante. À ses côtés, il y avait Palazón, le responsable de l'appareil militaire, et Falcó, le secrétaire à l'organisation. Tous ces noms étaient des pseudonymes, d'ailleurs. Ils avaient été arrêtés en France, dans la Résistance, sous ces faux noms et ils les avaient conservés. Ce n'est qu'après le 12 avril, après la libération du camp, que j'ai appris leurs vrais noms. Palazón s'appelait Lacalle, Falcó s'appelait Lucas. Et Bolados s'appelait Nieto, Jaime Nieto.

Une semaine plus tôt, le 19 avril, les délégués de tous les partis communistes de Buchenwald s'étaient réunis pour rédiger une déclaration politique. Onze partis étaient représentés à cette réunion : ceux de France, d'U.R.S.S., d'Italie, de Pologne, de Belgique, de Yougoslavie, des Pays-Bas, de Tchécoslovaquie, d'Espagne, d'Autriche et d'Allemagne. Le délégué espagnol avait signé de ses deux noms : il avait rajouté entre parenthèses le pseudonyme de Bolados, sous lequel il était connu à Buchenwald, à son vrai nom, Jaime Nieto.

Il arrivait au pas de course.

– Tu es là, ça tombe bien, me disait-il, à bout de souffle. Morales se meurt, il veut te voir !

Nous repartons à fond de train vers l'infirmerie qui se trouve à l'autre extrémité de l'enceinte barbelée.

– No hay derecho..., vient de murmurer Morales, tourné vers moi.

Il a raison : ce n'est pas juste.

Diego Morales est arrivé au camp vers la fin de l'été 1944, après un bref passage à Auschwitz. Assez long, cependant, pour qu'il pût saisir l'essentiel des mécanismes de sélection qui étaient spécifiques au complexe d'extermination massive d'Auschwitz-Birkenau. Avant même le témoignage décisif du survivant du *Sonderkommando*, c'est par Morales que j'avais eu une première idée de l'horreur absolue qu'était la vie à Auschwitz.

Chez nous, Morales avait aussitôt trouvé un poste de travail qualifié à l'usine Gustloff : c'était un ajusteur – ou un fraiseur : je ne suis pas une autorité en matière de nomenclature métallurgique – réellement hors pair. Tellement habile et précis qu'il a fini par se voir confier par l'organisation clandestine un poste clef dans la chaîne de montage des fusils automatiques : celui, au bout de la chaîne, où il fallait intelligemment saboter une pièce décisive du mécanisme afin de rendre l'arme inutilisable.

Installé au block 40, dans le même dortoir que moi, après la période de quarantaine, Morales m'avait ébloui par sa faconde de conteur. Je ne me lassais pas de l'écouter. Il faut dire que son histoire était au plus haut point romanesque.

Il avait l'habitude de dire qu'un livre était responsable du caractère aventureux de son existence. « Un foutu petit livre », disait-il en riant. *Un jodido librito...* Un livre dont la lecture avait bouleversé sa vie, en le projetant tête la première – c'est le cas de le dire – dans le tourbillon des batailles politiques. À seize ans, en effet, il avait lu le *Manifeste communiste*, et sa vie en avait été changée. Il en parlait encore, à Buchenwald, avec une émotion existentielle. Comme d'autres vous parlent des *Chants de Maldoror* ou d'*Une saison en enfer*.

À dix-neuf ans, Morales avait fait la guerre d'Espagne dans

une unité de guérilla qui opérait au-delà des lignes de front, en territoire ennemi. C'est après la défaite de la République espagnole, à Prades, qu'il avait eu son deuxième choc littéraire. Il y avait été recueilli et caché dans une famille française, après son évasion du camp de réfugiés d'Argelès. C'est là qu'il avait lu *Le Rouge et le Noir*. Certes, le fait que ce livre lui eût été conseillé par une jeune femme dont il gardait encore le souvenir, à la fois charnel et sublimé, ne semblait pas étranger à la fascination suscitée. Quelle que fût la part du feu, cependant, de l'amoureuse flamme d'antan, le roman de Stendhal, dans son récit, se voyait attribuer des effets comparables à ceux du pamphlet de Marx, dans un domaine différent. Si le *Manifeste* lui avait ouvert la compréhension des grands mouvements massifs et inéluctables de l'Histoire, *Le Rouge et le Noir* l'avait initié aux mystères de l'âme humaine : il en parlait avec une précision émue et nuancée, intarissable dès qu'on l'orientait sur ce sujet et je ne me privais pas du plaisir de le faire.

— Ce n'est pas juste, vient de me murmurer Morales, à peine me suis-je assis au chevet de sa litière, à peine ai-je pris sa main dans la mienne.

Il a raison, ce n'est pas juste de mourir à présent.

Morales a survécu à la guerre d'Espagne, aux combats du plateau des Glières – c'est son plus terrible souvenir, m'a-t-il dit : le long cheminement dans la neige profonde, sous le feu croisé des mitrailleuses, pour se sortir de l'encerclement des troupes allemandes et des détachements de la gendarmerie et de la Milice françaises. Il a survécu à Auschwitz. Et à Buchenwald, au risque quotidien d'être surpris par un *Meister* civil ou un *Sturmführer* S.S., en flagrant délit de sabotage sur la chaîne de la Gustloff, ce qui l'aurait directement mené à la potence. Il a survécu à mille autres dangers, pour finir ainsi, stupidement.

— *Morirse así, de cagalera, no hay derecho...*, murmure-t-il à mon oreille.

Je me suis agenouillé auprès de sa litière, pour qu'il n'ait pas d'effort à faire en s'adressant à moi.

Il a raison : ce n'est pas juste de mourir bêtement de chiasse après tant d'occasions de mourir les armes à la main. Après la libération du camp, de surcroît, alors que l'essentiel semblait acquis, la liberté retrouvée. Alors que les occasions de mourir les armes à la main, dans la guérilla antifranquiste, en Espagne, s'offraient de nouveau à lui, en gage de liberté, précisément, c'était stupide de mourir d'une dysenterie foudroyante provoquée par une nourriture redevenue soudain trop riche pour son organisme affaibli.

Je ne lui dis pas que la mort est stupide, par définition. Aussi stupide que la naissance, du moins. Aussi stupéfiante, également. Ce ne serait pas une consolation. Il n'a aucune raison, de plus, d'apprécier en ce moment les considérations métaphysiques et désabusées.

Je lui serre la main en silence. Je pense que j'ai déjà tenu dans mes bras le corps à l'agonie de Maurice Halbwachs. C'était la même décomposition, la même puanteur, le même naufrage viscéral, laissant à l'abandon une âme éplorée mais lucide jusqu'à la dernière seconde : petite flamme vacillante que le corps ne nourrissait plus de son oxygène vital.

Ô mort, vieux capitaine, il est temps levons l'ancre...

J'avais murmuré à Halbwachs, en guise de prière des agonisants, quelques vers de Baudelaire. Il m'avait entendu, il m'avait compris : son regard avait brillé d'une terrible fierté.

Mais que pouvais-je dire à Diego Morales ? Quels mots lui murmurer qui fussent une consolation ? Pouvais-je le consoler, d'ailleurs ? Ne vaudrait-il pas mieux parler de compassion ?

Je n'allais quand même pas lui réciter le *Manifeste* de Marx ! Non, je ne voyais qu'un seul texte à lui réciter. Un poème de César Vallejo. L'un des plus beaux de la langue espagnole. L'un des poèmes de son livre sur la guerre civile, *España, aparta de mi este cáliz*.

201

Al fin de la batalla,
y muerto el combatiente, vino hacia él un hombre
y le dijo: « No mueras, te amo tanto! »
Pero el cadáver ¡ ay! siguió muriendo...

Je n'ai pas le temps de murmurer le début de ce poème déchirant. Un soubresaut convulsif agite Morales, une sorte d'explosion pestilentielle. Il se vide, littéralement, souillant le drap qui l'enveloppe. Il s'agrippe à ma main, de toutes ses forces ramassées dans un ultime effort. Son regard exprime la détresse la plus abominable. Des larmes coulent sur son masque de guerrier.

– *Qué vergüenza*, dit-il dans un dernier souffle.

Est-ce que j'entends ce murmure ? Est-ce que je devine sur ses lèvres les mots qui disent sa honte ?

Ses yeux se révulsent : il est mort.

No mueras, te amo tanto, ai-je envie de crier, comme dans le poème de Vallejo. « Ne meurs pas, je t'aime tant ! Mais le cadavre, hélas ! continua de mourir. »

Il continue de mourir, il continue de pénétrer dans l'éternité de la mort. C'est alors que je me souviens de Ludwig Wittgenstein. « La mort n'est pas un événement de la vie. La mort ne peut être vécue », avait écrit ce con de Wittgenstein. J'avais vécu la mort de Morales, pourtant, j'étais en train de la vivre. Comme j'avais, un an auparavant, vécu la mort de Halbwachs. Et n'avais-je pas vécu de même la mort du jeune soldat allemand qui chantait *La Paloma* ? La mort que je lui avais donnée ? N'avais-je pas vécu l'horreur, la compassion, de toutes ces morts ? De toute la mort ? La fraternité aussi qu'elle mettait en jeu ?

Je ferme les yeux de Morales.

C'est un geste que je n'ai jamais vu faire, que personne ne m'a appris. Un geste naturel, comme le sont les gestes de l'amour. Des gestes, dans l'un et l'autre cas, qui vous viennent naturellement, du fond de la plus ancienne sagesse. Du plus lointain savoir.

Je me lève, je me retourne. Les copains sont là : Nieto, Lucas, Lacalle, Palomares... Eux aussi ont vécu la mort de Morales.

« On n'a pas marqué assez souvent, il me semble, toute la *terreur* qu'il y a dans Keats, dans le début d'*Hypérion* par exemple :

> *There was a listening fear in her regard*
> *As if calamity had but begun...* »

Claude-Edmonde Magny avait repris la lecture de sa *Lettre sur le pouvoir d'écrire*.

« Keats a vu le ver au cœur de chaque fruit, la faille au cœur de toute existence, il sait qu'il n'y a pas pour l'homme de salut dans le monde et il est terrifié. Mais cette terreur est maintenant cosmique, et non plus psychologique. Elle réussit à être la transposition sereine d'une expérience qui fut atroce, certes, mais qui est maintenant dépassée... »

Elle s'interrompt, elle me regarde.

Mais je n'ai pas envie de parler. Je suis épuisé, vidé de toute parole possible.

Deux ans après cette matinée d'août rue Schœlcher, j'avais reçu un exemplaire de la *Lettre sur le pouvoir d'écrire*. L'édition originale, chez Seghers, en comptait trois cents, sur vélin Lafuma : le mien portait le numéro 130.

En 1947, à la date de cette publication, je ne rencontrais plus Claude-Edmonde Magny avec la régularité d'autrefois. Je crois même que je ne la rencontrais plus que par hasard, à l'occasion, très rare, d'un vernissage, d'une soirée théâtrale.

N'importe quoi de ce genre. N'importe quoi d'aussi aléatoire, d'aussi futile.

Je suis certain, en tout cas, de ne plus jamais être revenu chez elle, dans l'atelier de la rue Schœlcher. Ni à six heures du matin ni à n'importe quelle heure plus convenable. Je veux dire : plus habituelle. La dernière fois que j'aurai sonné à sa porte fut cette fois-là, à l'aube d'une journée d'août 1945, la veille d'Hiroshima.

Il est vrai qu'en 1947 j'avais abandonné le projet d'écrire. J'étais devenu un autre, pour rester en vie.

À Ascona, dans le Tessin, un jour d'hiver ensoleillé, en décembre 1945, j'avais été mis en demeure de choisir entre l'écriture ou la vie. C'est moi qui m'étais mis en demeure de faire ce choix, certes. C'est moi qui avais à choisir, moi seul.

Tel un cancer lumineux, le récit que je m'arrachais de la mémoire, bribe par bribe, phrase après phrase, dévorait ma vie. Mon goût de vivre, du moins, mon envie de persévérer dans cette joie misérable. J'avais la certitude d'en arriver à un point ultime, où il me faudrait prendre acte de mon échec. Non pas parce que je ne parvenais pas à écrire : parce que je ne parvenais pas à survivre à l'écriture, plutôt. Seul un suicide pourrait signer, mettre fin volontairement à ce travail de deuil inachevé : interminable. Ou alors l'inachèvement même y mettrait fin, arbitrairement, par l'abandon du livre en cours.

Une jeune femme, sans le savoir, sans l'avoir prémédité, m'a retenu dans la vie. Elle se prénommait Lorène, elle se fera connaître le moment venu, bientôt : son heure arrive. Elle m'a sauvé – ou perdu : ce n'est pas à moi d'en juger ; je récuse d'avance tout jugement à ce propos –, elle m'a gardé dans la vie, quoi qu'il en soit.

Je vivais à Solduno, cet hiver-là, aux environs de Locarno. Ma sœur Maribel avait loué une maison dans la vallée de la Maggia, au soleil du Tessin, pour que je m'y repose. Pour que j'écrive aussi. J'y avais passé l'automne de mon retour, puis l'hiver, avec elle et un neveu de trois ans. Jean-Marie Soutou, mon beau-frère, inaugurait à Belgrade l'ambassade de France, avec Jean Payart. Parfois, un autre frère venait nous retrouver, Gonzalo, qui vivait à Genève. C'était paisible, plein de rires, de récits, de souvenirs : une joie tissée de complicités. On était aux petits soins pour le revenant que j'étais. Je me laissais aimer et j'essayais d'écrire. Plutôt : j'essayais de survivre à l'écriture qui me rongeait l'âme.

Je retrouvais Lorène à Ascona, un village voisin, sur la rive du lac. Lorène ne savait rien de moi, rien d'essentiel : d'où j'arrivais, qui j'étais vraiment. À peine ce que je faisais là. Elle n'avait nulle autre raison de s'intéresser à moi que moi-même : c'est ça qui était bouleversant. Moi-même dans le présent, dans l'apparente insouciance d'un hiver à Ascona, où nous nous reposions tous les deux. Elle, d'une aventure conjugale sinistrement ratée. Moi, je ne sais plus de quoi. J'avais inventé une raison de me trouver là, en famille, j'ai oublié laquelle.

Grâce à Lorène, qui n'en savait rien, qui n'en a jamais rien su, j'étais revenu dans la vie. C'est-à-dire dans l'oubli : la vie était à ce prix. Oubli délibéré, systématique, de l'expérience du camp. Oubli de l'écriture, également. Il n'était pas question, en effet, d'écrire quoi que ce fût d'autre. Il aurait été dérisoire, peut-être même ignoble, d'écrire n'importe quoi en contournant cette expérience.

Il me fallait choisir entre l'écriture et la vie, j'avais choisi celle-ci. J'avais choisi une longue cure d'aphasie, d'amnésie délibérée, pour survivre. Et c'était dans ce travail de retour à la vie, de deuil de l'écriture, que je m'étais éloigné de Claude-Edmonde Magny, c'est facile à comprendre. Sa *Lettre sur le pouvoir d'écrire* qui m'accompagnait partout, depuis 1947, même dans mes voyages clandestins, était le seul lien, énigmatique, fragile, avec celui que j'aurais voulu être, un écrivain. Avec moi-même, en somme, la part de moi la plus authentique bien que frustrée.

Mais je n'en savais encore rien, ce matin-là, avec le ciel du mois d'août sur le cimetière Montparnasse, sur la tombe de César Vallejo.

– Quels poètes avons-nous lus ensemble ? a demandé Claude-Edmonde Magny. Keats, bien sûr... Et Coleridge, Rainer Maria Rilke, je me souviens...

Elle vient de refaire du café, nous en sert une nouvelle tasse.

– César Vallejo, lui dis-je. Je vous en avais traduit certains poèmes...

– Vallejo, mais oui ! dit-elle d'une voix assourdie. J'ai fleuri sa tombe régulièrement pendant que vous étiez parti !

Suis-je vraiment revenu ?

7

LE PARAPLUIE
DE BAKOUNINE

Le temps avait passé, c'était le mois de décembre, Lorène m'attendait devant un cinéma de Locarno.

J'y avais été en matinée pour voir un film américain tiré d'une pièce d'Eugene O'Neil. Une histoire de marins au long cours, plutôt rude.

– Vous voulez que je vous montre le parapluie de Mikhaïl Alexandrovitch Bakounine? s'écria-t-elle.

Lorène était au volant d'un cabriolet Mercedes décapotable, d'un modèle assez ancien mais somptueux. Elle était garée devant le cinéma, au soleil. Malgré la traditionnelle discrétion helvétique – peut-être moins répandue au Tessin, au voisinage de l'Italie –, des regards jaloux se posèrent sur moi.

Mon sang avait aussitôt battu plus vite.

Ce n'était pas Bakounine qui provoquait ce trouble, pas vraiment. Ni lui ni son parapluie. Elle aurait pu me dire n'importe quoi d'autre, ça aurait eu le même effet sur moi. C'est sa présence qui était troublante, le fait qu'elle fût là, à m'attendre.

Je m'étais rapproché, j'étais debout à côté d'elle, les deux mains appuyées sur le rebord de la portière. Elle levait son regard vers moi, je le voyais briller d'une lumière allègre et mordorée.

– Oui, lui avais-je dit, montrez-moi ce fameux parapluie!

Tous les prétextes étaient bons pour rester avec elle, pour me réfugier dans la tendresse probable de ses bras.

J'avais vu le film d'O'Neil – je veux dire : adapté d'une pièce d'O'Neil – dans un état d'hébétude, quasiment. Les images se succédaient, hachées, sans grande cohésion entre elles, malgré leur force indiscutable. Sans que je fusse toujours capable de les insérer dans la continuité d'un récit, le flux d'un déroulement temporel. Parfois, elles m'échappaient, leur signification s'estompait : n'en restait qu'une agressive beauté formelle.

J'étais comme frappé de stupeur, dans un état second. Dépourvu d'inquiétude, pourtant : plongé dans la sérénité du désespoir le plus suave, cotonneux.

Ce n'était pas le film lui-même – est-ce John Ford qui l'avait mis en scène ? – qui avait provoqué cette hébétude, bien sûr. C'était avant, la bande d'actualités qui avait précédé sa projection.

Soudain, après le compte rendu d'une compétition sportive et de quelque réunion internationale à New York, j'avais dû fermer les yeux, aveuglé pendant une seconde. Je les avais rouverts, je n'avais pas rêvé, les images étaient toujours là, sur l'écran, inévitables.

J'ai oublié quel en était le prétexte ou l'occasion, mais les actualités projetées ce jour-là dans le cinéma de Locarno revenaient sur la découverte des camps de concentration nazis par les armées alliées, quelques mois auparavant.

L'œil de la caméra explorait l'intérieur d'un baraquement : des déportés à bout de forces, affalés dans les châlits, amaigris à en mourir, fixaient d'un regard exorbité les intrus qui leur apportaient – trop tard pour beaucoup d'entre eux – la liberté. L'œil de la caméra captait le mouvement des bulldozers de l'armée américaine poussant des centaines de cadavres décharnés dans les fosses communes. L'œil de la caméra saisissait le geste de trois jeunes déportés aux cheveux ras, en tenue rayée, qui faisaient circuler entre eux un mégot partagé, à l'entrée d'une baraque... L'œil de la caméra suivait le lent cheminement d'un groupe de déportés clopinant sur l'esplanade d'une place d'appel, au soleil, vers une distribution de nourriture...

Les images avaient été filmées dans différents camps libérés par l'avance alliée, quelques mois plus tôt. À Bergen-Belsen, à Mauthausen, à Dachau. Il y en avait aussi de Buchenwald, que je reconnaissais.

Ou plutôt : dont je savais de façon certaine qu'elles provenaient de Buchenwald, sans être certain de les reconnaître. Ou plutôt : sans avoir la certitude de les avoir vues moi-même. Je les avais vues, pourtant. Ou plutôt : je les avais vécues. C'était la différence entre le vu et le vécu qui était troublante.

Car c'était la première fois que je voyais des images de cette sorte. Jusqu'à ce jour d'hiver, un peu par hasard, beaucoup par stratégie spontanée d'autodéfense, j'étais parvenu à éviter les images cinématographiques des camps nazis. J'avais celles de ma mémoire, qui surgissaient parfois, brutalement. Que je pouvais aussi convoquer délibérément, leur donnant même une forme plus ou moins structurée, les organisant dans un parcours d'anamnèse, dans une sorte de récit ou d'exorcisme intime. C'étaient des images intimes, précisément. Des souvenirs qui m'étaient aussi consubstantiels, aussi naturels – malgré leur part d'intolérable – que ceux de l'enfance. Ou que ceux du bonheur adolescent des initiations de toute sorte : à la fraternité, à la lecture, à la beauté des femmes.

Soudain, cependant, dans le silence de cette salle de cinéma de Locarno – où s'éteignaient les chuchotements et les murmures, où se figeait un silence d'horreur et de compassion : silence scandalisé, aussi, probablement – ces images de mon intimité me devenaient étrangères, en s'objectivant sur l'écran. Elles échappaient ainsi aux procédures de mémorisation et de censure qui m'étaient personnelles. Elles cessaient d'être mon bien et mon tourment : richesses mortifères de ma vie. Elles n'étaient plus, ou n'étaient enfin, que la réalité radicale, extériorisée, du Mal : son reflet glacial et néanmoins brûlant.

Les images grises, parfois floues, filmées dans le sautillement d'une caméra tenue à la main, acquéraient une dimension de réalité démesurée, bouleversante, à laquelle mes souvenirs euxmêmes n'atteignaient pas.

En voyant apparaître sur l'écran du cinéma, sous un soleil d'avril si proche et si lointain, la place d'appel de Buchenwald où erraient des cohortes de déportés dans le désarroi de la liberté retrouvée, je me voyais ramené à la réalité, réinstallé dans la véracité d'une expérience indiscutable. Tout avait été vrai, donc, tout continuait de l'être : rien n'avait été un rêve.

En devenant, grâce aux opérateurs des services cinématographiques des armées alliées, spectateur de ma propre vie, voyeur de mon propre vécu, il me semblait échapper aux incertitudes déchirantes de la mémoire. Comme si, paradoxalement à première vue, la dimension d'irréel, le contenu de fiction inhérents à toute image cinématographique, même la plus documentaire, lestaient d'un poids de réalité incontestable mes souvenirs les plus intimes. D'un côté, certes, je m'en voyais dépossédé ; de l'autre, je voyais confirmée leur réalité : je n'avais pas rêvé Buchenwald.

Ma vie, donc, n'était pas qu'un rêve.

Cependant, si les images des actualités confirmaient la vérité de l'expérience vécue – qui m'était parfois difficile à saisir et à fixer dans mes souvenirs – elles accentuaient en même temps, jusqu'à l'exaspération, la difficulté éprouvée à la transmettre, à la rendre sinon transparente du moins communicable.

Les images, en effet, tout en montrant l'horreur nue, la déchéance physique, le travail de la mort, étaient muettes. Pas seulement parce que tournées, selon les moyens de l'époque, sans prise de son directe. Muettes surtout parce qu'elles ne disaient rien de précis sur la réalité montrée, parce qu'elles n'en laissaient entendre que des bribes, des messages confus. Il aurait fallu travailler le film au corps, dans sa matière filmique même, en arrêter parfois le défilement : fixer l'image pour en agrandir certains détails ; reprendre la projection au ralenti, dans certains cas, en accélérer le rythme, à d'autres moments. Il aurait surtout fallu commenter les images, pour les déchiffrer, les inscrire non seulement dans un contexte historique mais dans une continuité de sentiments et d'émotions. Et ce commentaire, pour s'approcher le plus près possible de la vérité vécue, aurait dû être prononcé par les survivants eux-mêmes : les revenants de cette longue absence, les Lazares de cette longue mort.

Il aurait fallu, en somme, traiter la réalité documentaire comme une matière de fiction.

La séquence d'actualités avait duré trois ou quatre minutes, tout au plus. Cela avait suffi pour me plonger dans un tourbillon de pensées et d'émotions. J'en avais été troublé au point de n'avoir pu prêter au film qui leur succéda qu'une attention sporadique, entrecoupée de rêveries angoissées.

Mais il y avait Lorène, à la sortie du cinéma. Elle m'avait vu y entrer, par hasard semblait-il, s'était renseignée sur la durée de la séance, était revenue m'attendre.

Une sorte de reconnaissance éperdue me porta vers elle.

— Locarno ! m'étais-je écrié, deux jours plus tôt. Vous devez connaître Bakounine, alors !

Je voulais la déconcerter, bien sûr. Provoquer sa curiosité, son attention. Son étonnement charmé, pour finir, quand elle m'aurait vu briller d'un savoir désinvolte et narquois à propos de Bakounine à Locarno.

C'était raté. Lorène avait hoché la tête, imperturbable.

— En effet, répondit-elle, comme si ça allait de soi. Nous avons même son parapluie à la maison !

J'en étais resté tout bête.

Nous en étions à la fin d'un repas qui avait été plaisant, malgré mes craintes initiales. Le wagon-restaurant était aux trois quarts vide, mais elle s'était assise en face de moi, délibérément. Elle avait besoin de compagnie, envie de bavarder, m'avait-elle dit ensuite.

J'aurais préféré rester seul à ma table.

J'avais décidé de faire un déjeuner copieux, substantiel, de le déguster calmement. J'avais l'intention de boire et de manger à satiété, avec le respect et la délectation que méritaient les nourritures helvétiques.

Avant, il y avait toujours eu une fin à la nourriture. On avait beau mâcher le plus lentement possible la tranche de pain noir, découpée en tout petits morceaux, il arrivait toujours un moment où c'était fini. C'était presque comme si rien n'avait eu lieu : plus de pain noir, la bouche vide, l'estomac creux. Rien d'autre que la faim aussitôt revenue. Dans le wagon-restaurant des Chemins de fer helvétiques, ce serait différent : il n'y avait pas de limite imaginable à la nourriture offerte. Il n'y avait de limite qu'à la faim. Le mot était incongru, d'ailleurs, peu convenable : la faim était devenue banal appétit.

Ce jour-là, pourtant, la hantise ancienne avait réapparu. Sur le mode moral plutôt que physique, d'ailleurs. C'était l'idée de la faim, son souvenir épuisant, qui me travaillait soudain. Dans un contexte tout différent : je savais que je pouvais la rassasier. La faim redevenait appétissante.

J'avais donc commandé un gin-fizz en guise d'apéritif, avec la ferme intention de boire ensuite une bouteille de pontet-canet 1929, d'organiser mon repas autour de ce vin admirable.

J'avais découvert l'existence du pontet-canet lors de mon premier voyage entre Locarno et Berne – aller-retour dans la journée – dans le wagon-restaurant des Chemins de fer helvétiques. Une fois par mois, en effet – c'était la troisième, en décembre, le jour où Lorène est apparue –, j'étais obligé de faire viser mon permis de séjour à Berne, dans un service de police fédéral. Il avait été impossible d'obtenir de ladite police que mon permis de séjour en Suisse fût contrôlé à Locarno, la ville la plus proche de ma résidence hivernale. Je ne sais quelle obscure et obtuse raison bureaucratique m'obligeait à me déplacer jusqu'à Berne. Ainsi, au lieu de prendre tout simplement le tramway qui menait de Solduno à Locarno, je prenais dans cette ville un train rapide – « léger », dans la terminologie romande des C.F.H. – et je faisais l'aller-retour dans la journée.

Cette fois-là, donc, pour mon troisième et dernier voyage – mon permis de séjour expirait en janvier 1946 –, je me faisais une fête du repas solitaire : la bouteille de pontet-canet, un menu composé autour des arômes de ce vin somptueux.

Dans ces circonstances, on peut comprendre que la proximité inopinée de cette jeune femme me dérangeait plutôt. Il y faudrait un minimum de conversation. Et puis, surtout, on ne mange pas de la même façon devant un regard étranger. Avec le même laisser-aller, la même liberté. On se retient, devant un regard étranger, féminin de surcroît. On se maîtrise, on se mesure et on se maintient. Mais j'avais justement envie de me laisser aller, d'être s'il le fallait avide et glouton, de déguster goulûment les plats choisis.

Elle me dérangeait, certes, mais elle était éblouissante. À l'aise dans une peau lustrée, bronzée, suave au regard. À l'aise dans ses vêtements d'une qualité discrète mais ancestrale. C'est ceci qui était le plus frappant : la tradition qui se manifestait derrière tant d'aisance, de léger paraître. Le poids des patrimoines, la longue lignée des ascendances derrière tant d'évidente désinvolture. Elle était visiblement le produit quasiment parfait de plusieurs générations de Palmolive, de cachemires et de leçons de piano.

Cette apparence ne fut pas trompeuse. Il s'avéra que Lorène était l'héritière d'une famille patricienne, au nom aussi célèbre dans l'industrie chimique suisse que dans le mécénat artistique.

— Vous fêtez quoi ? avait-elle dit en s'asseyant à ma table et en voyant la bouteille de vin que le sommelier venait de déboucher et de me faire goûter avec des gestes pleins d'onction.

— Rien ! avais-je répondu. La vie !

Elle commandait un repas léger, de l'eau minérale.

— Et vous faites quoi dans la vie ? ajoutait-elle.

— Rien encore... Vivre !

Mon laconisme ne l'avait pas désarçonnée, encore moins découragée. Elle poursuivit son enquête, sans grand succès. La plupart des renseignements qu'elle réussit à m'extorquer étaient faux, à commencer par mon prénom : Manuel, lui avais-je dit. De question lasse, elle me parla d'elle-même. C'était pathétique, mais banal. D'ailleurs, chaque fois que des inconnus racontent leur vie dans les trains, c'est pathétiquement banal. Lorène sortait à peine d'une expérience matrimoniale désastreuse. Six mois de cauchemar, selon elle. Un divorce coûteux venait de mettre fin à l'enfer conjugal.

Je l'écoutais distraitement, mais la regardais avec délices. Ses gestes étaient gracieux, sa voix harmonieuse, sa tenue à table parfaite, sans mièvrerie. Un régal pour les yeux pendant que je me délectais de nourritures subtiles ou consistantes.

À un moment donné, je ne sais plus pourquoi, elle parla de la maison familiale à Locarno.

— Vous devez connaître Bakounine, alors ! lui avais-je dit.

Sa réponse me sidéra.

— En effet, nous avons même son parapluie à la maison !

Il s'avérait qu'une cousine de Teresa Pedrazzini, la logeuse du révolutionnaire russe, avait travaillé chez les arrière-grands-parents de Lorène, dans la résidence que sa famille possédait à Locarno, de toute éternité patricienne, celle des patrimoines, des majorats et des contrats de mariage préservateurs des biens-fonds. Un jour de pluie, dans les années soixante-dix du siècle dernier, cette domestique – qui se prénommait également Teresa, comme sa cousine Pedrazzini, ce qui compliquait singulièrement les récits des descendants, ancillaires mais prolixes, disait Lorène –, la Teresa de ses arrière-grands-parents, donc, revenant d'une course chez sa cousine, avait emprunté pour se protéger de l'averse un grand parapluie noir, notable par la poignée ouvragée de son manche, dont elle ignorait qu'il appartînt à Mikhaïl Alexandrovitch, ce Russe barbu et polyglotte réfugié en Suisse italienne et qui louait chez la Pedrazzini un appartement meublé. Oublié dans le vestibule des ancêtres de Lorène, le parapluie conserva son anonymat pendant un certain temps. C'était un parapluie oublié, sans plus. Il se trouvait là sans provoquer ni l'intérêt ni la discorde. Jusqu'au jour où Bakounine en personne se présenta pour le réclamer. La légende familiale prêtait à cet événement un relief particulier : tous les détails, sans doute agrémentés d'ornements, rajouts, fioritures et exagérations au long des décennies de transmission orale d'une génération à l'autre, en avaient été conservés, codifiés. Quelles qu'en fussent les variantes, la chute du récit était toujours identique : l'arrière-grand-père de Lorène aurait refusé de rendre le parapluie à Mikhaïl Alexandrovitch, sous le prétexte, moralement futile bien que juridiquement impeccable, que ce dernier ne pouvait démontrer en être le propriétaire. De surcroît, comment un adversaire aussi résolu de la propriété privée, anarchiste et hors-la-loi bien connu, osait-il invoquer ce droit sacré dans une affaire personnelle aussi douteuse que médiocre ? Il semblait que ce dernier argument avait suscité chez Bakounine un éclat de rire tonitruant. À la suite de quoi il quitta la résidence des arrière-grands-parents de Lorène, abandonnant son parapluie à l'ennemi, comme un drapeau sur le champ de bataille.

L'histoire du parapluie de Bakounine, les rires qu'elle suscita, nous avaient rapprochés. Une sorte d'intimité complice semblait prendre forme. La possibilité d'une nouvelle rencontre avait flotté dans nos paroles, sans autre précision. Mais nous avions fini par être courtoisement chassés du wagon-restaurant, où notre conversation s'éternisait. Il fallait qu'on dressât les tables pour le dîner d'un rapide de nuit Lugano-Genève, nous avait-on expliqué.

Lorène levait son regard sur moi, devant le cinéma de Locarno.

— D'accord, lui avais-je dit. Allons voir le parapluie de Bakounine!

Mais je ne pensais pas à Mikhaïl Alexandrovitch, je n'en avais que faire.

Je pensais à Paul-Louis Landsberg. À la femme de P.-L. Landsberg, plutôt. Je venais de découvrir à qui Lorène ressemblait. L'avant-veille déjà, dans le wagon-restaurant, en la contemplant avec un intérêt admiratif, Lorène m'avait rappelé quelqu'un : une femme d'ailleurs, d'avant. Je ne savais pas qui elle me rappelait, mais j'étais certain de cette ressemblance. J'étais certain aussi que c'était une femme d'avant : de mon adolescence. Mais j'avais eu beau essayer d'évoquer, de convoquer dans ma mémoire les images des femmes de mon adolescence, je ne trouvais pas. Le rappel, la ressemblance, l'évocation étaient restés énigmatiques, à la fois évidents et indéchiffrables.

D'un seul coup, ça venait de s'éclaircir. C'était le cabriolet décapotable qui avait permis le déchiffrage de cette obscure ressemblance, qui en avait fait une évidence lumineuse.

C'est à la jeune femme de P.-L. Landsberg que Lorène ressemblait.

Au printemps 1939, au moment du congrès d'*Esprit* dont je crois avoir déjà parlé, la femme de Landsberg nous avait parfois véhiculés Jean-Marie Soutou et moi. Elle possédait un cabriolet décapotable et je voyageais dans le spider, le vent me fouettait le visage. Une fois, du côté de Ville-d'Avray, j'avais

216

tenu la portière ouverte pour qu'elle descendît de voiture. Il y avait des rais de soleil mouvant dans l'ombre des feuillages d'une avenue. Elle avait déplacé son corps d'un mouvement brusque qui avait découvert ses jambes au moment où elle posait les pieds par terre. Ses jambes découvertes jusqu'à la jarretière et la peau laiteuse de la cuisse. Le trouble ressenti se voyait redoublé par le souvenir d'une lecture récente : c'était comme dans *La conspiration* de Nizan. Le genou de Catherine Rosenthal, découvert dans une circonstance analogue : la force de l'image romanesque approfondissait mon émoi.

Le parapluie de Bakounine, quant à lui, était exposé dans une vitrine sur mesure, dans la vaste antichambre de la maison familiale de Lorène, à Locarno.

Je l'avais contemplé avec une sorte de béatitude. C'est à ce moment, en contemplant avec un amusement attendri le grand parapluie noir de Bakounine, que j'avais pris la décision qui allait changer ma vie.

Ma mort aussi, d'ailleurs.

Ou plutôt, c'est là que j'avais commencé à la prendre. Mieux encore : qu'elle avait commencé à être prise, à se prendre, sans que j'eusse à intervenir pour infléchir le cours des choses. À prendre, donc, comme on dit de la glace qu'elle prend ; à cristalliser, comme on dit d'un sentiment qu'il cristallise.

Lorène était appuyée sur mon épaule, mais je ne lui en avais rien dit. Je ne pouvais rien lui dire, de toute façon, sauf à réveiller les douleurs que ma décision se proposait précisément de m'éviter.

C'est au moment de quitter la maison familiale où une vieille servante – j'avais oublié de demander si c'était la descendante de Teresa, la cousine de l'autre, la Pedrazzini, qui fut la logeuse de Bakounine! – nous avait apporté du thé aromatique, avant d'opportunément disparaître, que Lorène m'avait montré la vitrine spécialement conçue pour conserver la dépouille triomphale qu'était le parapluie noir et rural de Bakounine.

Nous venions de traverser la bibliothèque, pour regagner l'antichambre. C'était une pièce immense, remplie de livres, haute de plafond – une galerie courait le long des murs, qui permettait d'accéder aux rayons supérieurs. Je ne garde pas le souvenir de beaucoup de bibliothèques privées aussi belles que celle-là. Peut-être était-ce même la plus belle de toutes celles que j'ai connues. La seule, sans doute plus modeste, qui pourrait lui être cependant comparée serait celle des Banfi, à Milan, via Bigli, que j'ai découverte bien plus tard. Peut-être, en effet, serait-ce la seule à dégager la même paix lumineuse, la même aura de recueillement vivace. C'est là, via Bigli, toute une vie plus tard, que Rossana Rossanda m'a donné à lire les premiers livres de Primo Levi.

Probablement n'aurais-je pas été capable de m'arracher à la contemplation et à l'exploration de la bibliothèque de la maison de Locarno, de ses trésors prévisibles, si l'on avait commencé par là la visite de la maison. Dans ce cas, il aurait été impossible d'obtenir de moi quoi que ce fût. Mais Lorène, guidée par un pressentiment, ou tout simplement par son impatience, m'avait conduit directement dans sa chambre à coucher.

Je regardais le parapluie de Bakounine, après, dans un état de béatitude. Je sentais le poids de Lorène sur mon épaule. Soudain, dans la proximité à la fois aiguisée et engourdie de nos deux corps, de nos sentiments et de nos sens, une violente illusion commençait à poindre.

La vie était encore vivable. Il suffisait d'oublier, de le décider avec détermination, brutalement. Le choix était simple : l'écriture ou la vie. Aurais-je le courage – la cruauté envers moi-même – de payer ce prix ?

– Attention, c'est ma mauvaise oreille ! disais-je à Lorène quinze jours plus tard.

Elle s'écartait de moi.

– T'as une oreille bonne et une mauvaise?
Elle avait l'air de penser que je la faisais marcher. Je
hochais la tête, affirmatif.
– Fais voir, disait-elle.
Elle se penchait vers moi, écartant les cheveux que j'avais
trop longs, désormais, découvrait la cicatrice bleuâtre qui
contournait la partie supérieure de mon oreille droite, le long
de l'attache avec le crâne.
– Mais c'est vrai, s'écriait-elle.
– Pour les petites choses, je ne mens jamais!
Nous allumions des cigarettes.
– C'est quoi? demandait Lorène.
– J'avais décidé de me couper l'oreille droite pour l'offrir à
une dame, mais je n'ai pas eu le courage d'aller jusqu'au bout...
Elle riait, me caressait de nouveau l'intérieur de l'oreille, les
cheveux, la nuque. Je n'appréciais pas, je regardais le paysage
du lac Majeur.
J'étais tombé d'un train, en réalité.
D'un train de banlieue, même, assez poussif : ça n'avait rien
de bien aventureux, rien d'exaltant. Mais étais-je tombé de ce
train banlieusard, bondé, banal, ou bien m'étais-je volontairement jeté sur la voie? Les avis divergeaient, moi-même je n'en
avais pas de définitif. Une jeune femme, après l'accident, avait
prétendu, que je m'étais jeté par la portière ouverte. Le train
était bondé, j'étais sur le bord de la plate-forme, entre les deux
compartiments d'un wagon. Il faisait très chaud à la fin de cette
journée du mois d'août, la veille d'Hiroshima. La portière était
restée ouverte, il y avait même quelques voyageurs sur le mar-
chepied. C'était fréquent, sinon habituel, à cette époque de
transports insuffisants. La jeune femme, quoi qu'il en soit, était
respectueuse, peut-être à l'excès, de la liberté d'autrui. De la
mienne, dans ce cas. Elle avait pensé que je voulais me suicider,
a-t-elle déclaré ensuite, elle s'est écartée pour me faciliter la
tâche. Elle m'a vu me précipiter dans le vide.

Je n'avais pas d'avis définitif sur la question.

Je me souvenais de ma fatigue, après la nuit blanche. Je me souvenais de ma fébrilité, après la conversation avec Claude-Edmonde Magny, toutes ces tasses de café bues ensemble. La journée avec Laurence, ensuite. Je me souvenais du vertige, sur le bord de la plate-forme, serré parmi des voyageurs acariâtres.

Mais peut-être la mort volontaire est-elle une sorte de vertige, rien d'autre. Je ne saurais dire avec précision ce qui m'était arrivé. Plus tard, au sortir de quelques minutes délicieuses de néant, j'avais choisi l'hypothèse de l'évanouissement. Il n'y a rien de plus bête qu'un suicide raté. Un évanouissement n'est pas bien glorieux, certes, mais c'est moins encombrant à gérer.

J'étais donc tombé sur la voie, d'une façon ou d'une autre, et le câble de transmission, en acier coupant, qui court le long du ballast m'avait proprement tranché l'oreille droite. À moitié, du moins. Il avait fallu recoudre. Mais il n'y a apparemment rien de plus facile que de recoudre une oreille à moitié arrachée.

C'était au mois d'août, nous sommes en décembre, sous le soleil de l'hiver, à Ascona, à une terrasse de café, face au paysage du lac Majeur.

— Manu, dit Lorène.

— Non, dis-je.

— Quoi non ?

— J'ai horreur des diminutifs attendris, trop familiers, ai-je précisé le plus sèchement possible.

Elle relève ses lunettes de soleil, me regarde.

— Aujourd'hui tu me détestes, dit-elle.

Ce n'était pas vrai, c'était plutôt tout le contraire. De toute façon, il ne s'agissait pas de cela. J'avais envie d'être seul, c'est tout. J'en avais besoin.

— Manuel n'est pas mon vrai prénom... « Manu », donc, ça ne rime à rien !

Elle hausse les épaules.

– Je sais... J'ai fait ma petite enquête à Solduno, figure-toi!
Quelle importance?

Aucune, en effet.

– Pourquoi tu me détestes, aujourd'hui?

Je ne réponds pas, je regarde le paysage. Je ne pense pas au paysage, bien sûr, je pense à tout autre chose. Il n'y a rien à penser de ce paysage, d'ailleurs. C'est un très beau paysage, il suffit de le regarder, de se réjouir de sa beauté en le contemplant. Une beauté évidente ne suscite pas la pensée mais le bonheur : une sorte de béatitude, c'est tout. Je suis béat devant ce paysage d'Ascona au soleil de décembre et je pense à tout autre chose.

Sur la route de Brissago, le pare-brise d'une voiture en pleine course accroche un rayon de soleil et le renvoie, éblouissant. Je ferme les yeux : des paillettes blanches, brillantes, tournoient derrière mes paupières closes. Comme souvent, à n'importe quelle occasion.

– La neige, ai-je murmuré en rouvrant les yeux.

La neige nocturne dans le faisceau lumineux des projecteurs.

Je ris, je ne peux m'empêcher de rire. Car c'est un signe d'adieu, je le devine. Adieu aux neiges d'antan!

Elle s'est complètement tournée vers moi, accoudée à la table. Pas encore inquiète, mais intriguée.

– Quelle neige?

La voiture a dépassé, là-bas, le point précis de la route de Brissago, au sortir d'un tournant, où le soleil l'a prise sous ses rayons, réverbérés dans le pare-brise. Tout est rentré dans l'ordre transparent de l'après-midi : le lac, le ciel, les arbres, les montagnes alentour.

Elle ne s'avoue pas vaincue par mon silence.

– Pourquoi la neige? Quelle neige?

Mais elle est la seule personne à qui je ne peux pas, ne dois pas expliquer. C'est son ignorance qui peut me sauver, son innocence qui me remet dans les chemins de la vie. Pas un mot

221

sur la neige d'antan, donc, à aucun prix. Alors, je me retourne vers elle, je l'éloigne de moi d'un geste déterminé, d'un regard vidé de toute tendresse, de toute curiosité, même. Ça prend du temps, elle finit par capituler. Elle porte la main à son visage, abattue.

— Je te laisse ? demande Lorène.

D'un doigt, je caresse l'arcade sourcilière, la haute pommette, la commissure des lèvres.

— C'est ça, lui dis-je.

Elle se lève.

De ma main droite étendue, je frôle le mouvement de son corps qui se déploie. Le sein charmant, la minceur plate du ventre, la douce courbure de la hanche. Ma main reste serrée autour d'un genou rond.

Elle est debout, tout contre moi. Je regarde le paysage.

Ma main remonte légèrement le long de sa cuisse, avec un grésillement ténu de l'ongle sur la soie, jusqu'à la fraîcheur de la peau nue, au-dessus de la jarretière.

— Tu triches, dit-elle.

Elle s'écarte, ramasse ses affaires sur la table : les lunettes de soleil, les cigarettes, un briquet en or, son foulard, une lettre qu'elle n'avait pas ouverte, dont elle avait seulement regardé le nom de l'expéditeur. Elle met tout ça dans son sac.

Elle semble hésiter, hoche la tête, s'en va.

Je la vois s'éloigner.

— Lorène !

Elle se retourne à demi.

— Je te rejoins, lui dis-je.

Elle trébuche, sourit, reprend sa marche.

Le 5 août 1945, la veille du jour où Hiroshima avait disparu sous le feu atomique, j'étais tombé d'un train de banlieue. Au sortir de mon évanouissement il y avait des objets sur des étagères : c'est tout ce que j'aurais pu en dire. Mais je n'aurais même pas pu le dire, je ne savais pas que la parole existait. Je savais seulement qu'il y avait des objets et que je voyais ces objets. Bien que, à y mieux réfléchir, il m'eût été difficile de dire « je », car il n'y avait aucune conscience de soi dans cette situation. Aucune conscience de moi-même comme identité séparée. Il y avait des objets, c'est tout, un monde d'objets visibles dont la vision faisait partie, et je ne savais pas encore qu'on pouvait nommer ces objets, pour les distinguer. C'étaient des choses qui étaient là et c'est ainsi que tout a commencé.

Je n'avais pas la sensation qu'on éprouve au sortir du sommeil, les choses se remettant en place, dans le temps et l'espace. Très vite, si c'est dans une chambre habituelle que l'on s'est réveillé. Après un instant d'accommodement à la réalité, si c'est dans un lieu inconnu.

Dans l'un ou l'autre cas, cependant, le premier regard du réveil s'ouvre sur un monde où les objets ont une utilité, une signification déchiffrable. Un monde où s'inscrivent aussitôt des traces d'un passé qui renvoient à l'existence d'avant le sommeil ; où se dessine en filigrane une certaine figure de l'avenir, par la conscience spontanément revenue de tout ce qu'on aura à faire, ou bien, tout au contraire, par la disponibilité pressentie qui, à ce moment-là, peut sembler totale, pleine de joies possibles, si c'est dimanche par exemple, ou si ce sont les vacances et qu'il y a la mer : on peut même se rendormir avec une certitude de sable et de soleil, plus tard.

Mais je ne sortais pas du sommeil, je sortais du néant.

Ainsi, soudain, il y a eu des objets. Il n'y avait jamais rien eu avant. Il n'y aurait peut-être rien après : la question ne se posait pas, de toute façon. Il y avait simplement des objets non identifiés, non encore nommés, peut-être innommables. Dont le sens, la fonction n'étaient même pas obscurs, même pas opaques, tout simplement inexistants. Dont toute la réalité tenait dans leur forme et leur couleur, aisément différenciables.

Il n'y avait aucune possibilité de dire « je », à ce moment-là, originaire en quelque sorte. Je n'existais pas : il, ce « je », ce sujet qui aurait regardé, n'existait pas encore. Il y avait le monde, un fragment infime de monde qui se faisait visible, c'était tout. Mon regard n'a surgi qu'ensuite. C'est la visibilité du monde qui m'a rendu voyant. Voyeur aussi, certes.

– Ça va mieux ? m'avait-on demandé.

Un bonheur physique m'a envahi, un bonheur inouï, à entendre ce bruit de voix, à découvrir que cette voix avait un sens, que je comprenais parfaitement de quoi il s'agissait. Les raisons réelles de cette question étaient obscures, c'était une question qui flottait sur un brouillard d'ignorance. Mais elle avait un sens précis, qu'on pouvait saisir avec précision.

– Vous vous sentez tout à fait bien ? insistait-on.

Une seconde, j'avais craint que les premières paroles n'eussent été, en quelque sorte, qu'un éclair brusque dans une nuit de silence. Quelques mots et puis plus rien : un sombre océan d'objets muets. Mais non, d'autres paroles avaient suivi, qui avaient également un sens. De nouvelles paroles, tout aussi aisément compréhensibles. Ce n'était donc pas par hasard que j'avais compris les premières. Il n'y avait pas de raison qu'il y eût des bornes au langage. Peut-être pouvait-on tout dire.

– Ça va, ai-je dit.

C'était venu tout seul, sans effort. Je n'avais pas cherché les mots.

J'avais essayé de me redresser mais la tête me faisait mal. Une douleur vive, lancinante, sur le côté droit de mon crâne.

– Ne bougez pas, avait-on dit. Vous êtes blessé !

Je me redressais pourtant, douloureusement. Je voyais un homme, vêtu d'une blouse blanche, qui m'observait attentivement.

C'est à cet instant précis que j'avais commencé à exister. Que j'avais recommencé à savoir que c'était mon regard qui contemplait le monde, alentour : ce minuscule fragment d'univers où il y avait des objets colorés et un personnage à blouse blanche. Je suis redevenu « moi » à cet instant précis, sous le regard attentif de cet homme. Avant, il y avait des objets visibles : ils l'étaient pour ma vision, désormais, pour moi. L'univers m'était visible, dans les minimes fragments qui m'environnaient. Le monde et mon regard se faisaient face, ils coexistaient. Mieux encore, ils n'étaient rien l'un sans l'autre. C'était le monde qui prêtait à mon regard sa consistance, c'était mon regard qui lui donnait son éclat.

Malgré la joie de cette découverte, une sourde irritation me gagnait. Un sentiment de malaise, d'inconfort, à entendre que j'étais blessé. Je venais de comprendre que j'existais, d'apprendre à m'identifier – du moins comme un autre que le monde, si ce n'était comme moi-même : je savais que j'étais, sans savoir qui – et il me fallait en plus assumer cette affirmation péremptoire selon laquelle je serais blessé. C'était irritant, ça envahissait tout mon corps, l'inconfort, comme un symptôme de la blessure dont je ne savais encore rien de précis.

Mais un remous se produisait, un courant d'air, des bouffées de bruits nouveaux me parvenaient aux oreilles. Une musique, d'abord, par-dessus toutes les autres rumeurs. Une musique grêle, acide, celle d'un orgue de Barbarie, sans doute. Ou bien celle qui accompagne le tournoiement des petits manèges de chevaux de bois, primitifs, qu'on fait tourner à la main, parfois, sur les places des villages. Et à l'intérieur de l'édifice aérien de cette musique, toute une gamme de bruits divers : des voix, certaines enfantines et rieuses ; des coups de marteau ; un timbre de bicyclette ; et, vrillant cette masse sonore, dense et poreuse à la fois, un sifflet de locomotive, tout proche, et le hoquet d'un train à vapeur qui démarre.

J'essayais d'oublier l'irritation qu'avait produite l'annonce d'une blessure, pour me laisser couler dans la bouffée rafraîchissante de rumeurs, musiques, sifflets de train : bruits du monde au-delà d'une porte qui avait dû s'ouvrir. J'essayais de me concentrer sur ce pressentiment d'un univers animé, vivant, avec des enfants sur des bicyclettes et des hommes travaillant des matières solides, du bois, du métal, à coups de marteau, et des trains qui partaient, qui s'éloignaient dans un espace qui devait s'étendre quelque part, derrière une porte qui s'était ouverte : un monde aussi inconnu que l'être que j'étais pour moi-même, surgi de nulle part, mais existant.

Les rumeurs s'estompaient subitement – on avait dû fermer la porte sur l'extérieur – et une nouvelle voix se faisait entendre.

– L'ambulance est là !

L'inquiétude se ravivait. Il fallait vraiment en savoir davantage.

– Dites-moi...

Mais l'énormité de ce que je devais demander m'a fait hésiter. « Qui suis-je ? » aurais-je dû demander. J'ai poursuivi, pourtant, contournant cette énormité :

– Ne vous étonnez pas de ma question... Quel jour sommes-nous ?

L'homme à la blouse blanche m'observait, intéressé mais visiblement inquiet.

– Comment ? s'écriait-il. Quel jour, dites-vous ?

J'ai eu envie de rire, soudain. J'aurais souri si je n'avais pas eu tellement mal, dans tout le corps, devenu présent dans la douleur, m'encombrant de cette présence. J'aurais souri car je venais de trouver le mot pour nommer cet homme vêtu d'une blouse blanche. Du même coup, le mot aussi pour nommer l'endroit où je me trouvais : ces étagères, ces boîtes, ces flacons multicolores.

Le pharmacien, donc, me regardait.

– Nous sommes lundi, disait-il.

Je trouvais merveilleux que ce fût lundi, mais ce n'était pas du tout ce que je voulais savoir.

– Non, quel jour du mois, je veux dire... Et quelle année...

Les yeux du pharmacien ont eu une lueur amicale, mais apitoyée. Il comprenait que je ne savais plus où j'étais, qui j'étais, qu'est-ce que c'était.

Il parlait lentement, détachant chaque syllabe.

– Nous sommes lundi, cinq août, mille neuf cent quarante-cinq...

Ce n'était pas cette précision qui m'avait frappé, d'abord. Elle n'avait rien suscité dans mon esprit. Rien d'éclairant, du moins, sur moi-même. Ce qui m'avait frappé, touché au cœur, c'était ce mot mince, aigu, le mot « août », qui avait éclaté en moi et qui, aussitôt, s'était dédoublé, était devenu le mot *agosto*.

J'ai répété ce mot dans mon silence intime : *agosto*. L'eau me venait à la bouche, de tourner ce mot sous ma langue. Il y avait peut-être deux mots pour chacune des réalités de ce monde. J'ai essayé, dans une sorte de fièvre. Il y avait en effet « août » et *agosto*, « blessure » et *herida*, « lundi » et *lunes*. Je m'étais enhardi, j'avais cherché des mots plus éloignés de l'expérience immédiate : ça marchait toujours. Il y avait toujours deux mots pour chaque objet, chaque couleur, chaque sentiment. Un autre mot pour « ciel », pour « nuage », pour « tristesse » : *cielo, nube, tristeza*.

Les mots surgissaient accouplés, à l'infini.

– Et nous sommes dans la pharmacie de Gros-Noyer-Saint-Prix, à côté de la gare, disait le pharmacien.

C'était une information qui aurait dû être rassurante, par sa précision. Par son aspect anodin, aussi, sa banalité. Une pharmacie, une gare, un nom de village aussi traditionnel, tout cela aurait dû être rassurant.

Mais une inquiétude nouvelle m'envahissait.

Les mots continuaient de surgir dans mon esprit, en double rafale éclairante. La même joie continuait de m'habiter : le bonheur de vivre. Le plus pur, le plus accablant bonheur de vivre. Car il n'était pas fondé sur le souvenir d'anciens bonheurs, ni sur la prémonition, encore moins la certitude, des bonheurs à venir. Il n'était fondé sur rien. Sur rien d'autre que le fait même d'exister, de me savoir vivant, même sans mémoire, sans projet, sans avenir prévisible. À cause de cette absence de mémoire et d'avenir, peut-être. Un bonheur fou, en quelque sorte, non fondé en raison : gratuit, sauvage, inépuisable dans sa vacuité.

Mais dans cette extrême, radicale joie de vivre, toute nue, irraisonnée, avait commencé à poindre, pourtant, à sourdre sourdement, une inquiétude nouvelle. Qui était charriée par le flot de mots arrivant en rafales dédoublées.

Soudain, en effet, le mot *nieve* était apparu. Non pas d'abord, cette fois-ci, le mot « neige », qui se serait ensuite dédoublé, pour prendre la forme *nieve*. Non, cette dernière forme d'abord, dont je savais le sens : neige, précisément. Dont je soupçonnais aussi qu'il était originaire, qu'il n'était pas seulement le traduction du mot « neige », mais son sens le plus ancien. Le plus primitif, peut-être. Était-ce pour cette raison que le mot *nieve* était inquiétant ? Parce qu'il était originaire ?

Je l'ignorais, mais l'inquiétude que ce mot a provoquée a commencé à brouiller confusément la clarté irraisonnée de mon bonheur de vivre sans autre attache ou fondement que la vie même.

– Vous avez eu un accident, poursuivait le pharmacien. Vous êtes tombé du train de Paris juste au moment où il entrait en gare... Vous êtes blessé !

La mémoire m'est revenue d'un seul coup.

J'ai su brutalement qui j'étais, où j'étais, et pourquoi.

J'étais dans un train qui venait de s'arrêter. Il y avait eu une secousse, dans le bruit grinçant des freins bloqués. Il y avait eu des cris, certains d'épouvante, d'autres de colère. J'étais pris dans une gangue de corps entassés, qui basculaient, serrés les uns contre les autres. Je voyais un visage tourné vers moi, bouche ouverte, cherchant à respirer. Le jeune homme au visage souffrant, tourné vers moi, m'implorait : « Ne me laisse pas, Gérard, ne me laisse pas ! » La porte coulissante du wagon s'ouvrait, on entendait distinctement des aboiements rageurs de chiens. On était dans la lumière crue des projecteurs qui éclairaient un quai de gare. On était face à un paysage nocturne, enneigé. Il y avait des cris, des ordres brefs, gutturaux. Et les chiens, toujours : un horizon nocturne de chiens hurlants devant un rideau d'arbres sous la neige. On sautait sur le quai, entremêlés, malhabiles. On courait pieds nus sur la neige. Des casques, des uniformes, des coups de crosse de fusil. Et les chiens, toujours, rauques, bavant de rage meurtrière. On sortait de la gare, en rang par cinq, au pas de course. On était sur une large avenue éclairée par de hauts lampadaires. Des colonnes étaient surmontées à intervalles réguliers d'aigles hitlériennes.

C'était ainsi, dans l'éclat de ce souvenir brutalement resurgi, que j'avais su qui j'étais, d'où je venais, où j'allais réellement. C'était à ce souvenir que se ressourçait ma vie retrouvée, au sortir du néant. Au sortir de l'amnésie provisoire mais absolue qu'avait provoquée ma chute sur le ballast de la voie ferrée. C'était ainsi, par le retour de ce souvenir, du malheur de vivre, que j'avais été chassé du bonheur fou de l'oubli. Que j'étais passé du délicieux néant à l'angoisse de la vie.

– Quelqu'un dans le train vous a reconnu, concluait le pharmacien. Vous avez de la famille, dans le haut de Saint-Prix. On va vous y conduire en ambulance.

– Oui, quarante-sept rue Auguste-Rey ! disais-je, pour montrer que j'étais vraiment revenu à moi.

Je faisais semblant, en tout cas, pour ne pas le préoccuper davantage, ce brave homme de pharmacien. Car je n'étais pas seulement tombé sur la tête, en gare de Gros-Noyer-Saint-Prix, dans la banlieue nord de Paris. Ce n'était pas l'essentiel, du moins. L'essentiel, c'était que j'avais sauté dans un vacarme de chiens et de hurlements des S.S., sur le quai de la gare de Buchenwald.

C'est là que tout avait commencé. Que tout recommençait toujours.

– Tu me quittes, n'est-ce pas ? disait Lorène.

Elle venait de découvrir le lit, d'un geste brusque, dans la chambre qu'elle louait à Ascona, pour faciliter nos rencontres. La blancheur des draps se détachait à présent dans la pénombre, rideaux tirés sur un soleil déclinant.

– Je quitte la Suisse, ai-je répondu, c'est pas pareil... Mais tu savais !

Lorène hochait la tête, elle savait, sans doute. Elle avait toujours su.

Elle me tendait la main, m'attirait vers elle.

– De quelle neige parlais-tu ? a-t-elle murmuré à mon oreille, plus tard.

C'était une jeune Suissesse obstinée. Tendre, abandonnée à sa fougue, inventive, mais obstinée. Impossible d'éviter les questions précises, la quête du détail. J'avais évoqué la neige – quelle neige ? – tout à l'heure. Elle voulait savoir.

Il n'était pas question que je lui dise la vérité, pourtant.

– Les Glières, lui ai-je répondu.

Elle n'a pas compris, moi non plus. C'est-à-dire : elle n'a pas compris de quoi je lui parlais. Et je n'ai pas compris pourquoi je lui en parlais. Tant pis, j'ai continué. Je lui ai raconté la bataille du plateau des Glières, comme si j'y avais été. Ce n'est pas moi, on le sait, c'est Morales. Je lui ai raconté la bataille des Glières telle qu'elle s'était inscrite dans la mémoire de Morales. La neige, la fuite à travers la neige profonde, dans le froid glacial de l'hiver, sous le feu croisé des mitrailleuses.

Le soir est tombé sur mon récit, à Ascona. Sur le récit de Morales, à vrai dire. Lorène m'écoutait, fascinée. Elle écoutait le récit d'un mort inconnu, avec l'impression qu'elle apprenait, enfin, quelque chose de moi. Quelque chose qui m'appartînt vraiment, qui me fût essentiel.

La neige, donc, à Ascona, la neige de l'épopée des Glières dans la mémoire transie de Morales. La neige d'antan, en cadeau d'adieu à Lorène, inoubliable maîtresse de l'oubli.

Troisième partie

8

LE JOUR DE LA MORT
DE PRIMO LEVI

Des années plus tard – toute une vie, plusieurs vies plus tard – un samedi d'avril 1987, vers le milieu de l'après-midi (à dix-sept heures quinze, très précisément), il m'apparut que je ne garderais pas les pages écrites ce jour-là. Que je ne les garderais pas dans le roman en cours, du moins.

Elles avaient pourtant été écrites avec un bonheur déconcertant – je veux dire : j'avais éprouvé un déconcertant bonheur à les écrire, quel que fût celui de l'écriture –, ainsi qu'il advenait chaque fois qu'il était question de ce passé. Comme si la mémoire, paradoxalement, redevenait vivace, vivifiante, l'écriture fluide (quitte à en payer le prix ensuite, très lourd, exorbitant peut-être), les mots davantage aisés et ajustés, dès que cette mort ancienne reprenait ses droits imprescriptibles, envahissant le plus banal des présents, à n'importe quelle occasion.

Dans le brouillon du livre en cours – dont le titre provisoire était *Un homme perdu*, et qui a fini par porter celui de *Netchaïev est de retour* –, dans l'articulation narrative déjà élaborée, il ne devait pas être longuement question de Buchenwald. Trois ou quatre pages devaient suffire, m'avait-il semblé, pour évoquer le voyage de Roger Marroux à travers l'Allemagne défaite, en avril 1945, à la recherche de Michel Laurençon, son camarade de Résistance déporté.

Ça s'écrivait ainsi, pour commencer :

233

« Le matin du 12 avril 1945, Marroux descendait de voiture devant les bureaux de la *Politische Abteilung*, la section de la Gestapo du camp de Buchenwald. La porte d'entrée monumentale, avec sa grille de fer forgé, se trouvait à quelques dizaines de mètres, au bout de la longue avenue bordée de colonnes surmontées d'aigles hitlériennes qui reliait la gare de Buchenwald au camp proprement dit. »

Je relus la phrase, elle ne me disait rien.

Elle ne contenait que des informations, sans doute nécessaires. Mais les informations, même les plus nécessaires à la transparence d'un récit, ne m'ont jamais passionné.

Ça ne me passionnait pas, la façon dont je faisais parvenir Roger Marroux, personnage romanesque, à ce territoire de la réalité.

Un bref malaise indistinct et sourd, habituel par ailleurs, me plongea dans une méditation désabusée. On ne peut pas écrire vraiment sans connaître de semblables moments de désarroi. La distance, parfois teintée de dégoût, d'insatisfaction du moins, que l'on prend alors avec sa propre écriture, reproduit en quelque sorte celle, infranchissable, qui sépare l'imaginaire de sa réalisation narrative.

Le temps passa : une minute, une heure, une éternité, dans une solitude vulnérable mais orgueilleuse. Ça commençait à bouger dans la mémoire. La mienne, s'entend, pas seulement celle de Roger Marroux.

J'écrivais à Paris, un samedi, tôt le matin, au premier étage d'une maison du début du siècle, dans le 7ᵉ arrondissement, en face d'un vaste jardin privé. Ou ministériel, peut-être. Fermé au public, en tous les cas.

Soudain, relisant la phrase en question pour essayer d'en détourner ou contourner la platitude informative, je remarquai la date que j'avais inscrite : 12 avril 1945. Je ne l'avais pas choisie, bien évidemment. Je l'avais écrite sans y penser, imposée qu'elle était par la vérité historique. L'arrivée de Roger

Marroux, personnage de roman, à l'entrée réelle du camp de concentration de Buchenwald, ne pouvait avoir eu lieu qu'à cette date, ou à partir de cette date, après la libération par les troupes américaines de la IIIe armée de Patton.

Une stratégie de l'inconscient, pourtant, suave et sournoise dans ses formes, brutale dans son exigence, m'avait conduit à décrire cette arrivée pour l'anniversaire même de l'événement, quarante-deux ans plus tard, jour pour jour.

Nous étions le samedi 11 avril 1987, en effet.

Une sombre allégresse me souleva.

Une nouvelle fois, sans l'avoir prémédité, du moins apparemment, j'étais fidèle au rendez-vous du mois d'avril. Ou plutôt, une part de moi, âpre et profonde, était fidèle, contre moi-même, au rendez-vous de la mémoire et de la mort.

À Ascona, sous le soleil de l'hiver tessinois, à la fin de ces mois du retour dont j'ai fait ici un récit plutôt elliptique, j'avais pris la décision d'abandonner le livre que j'essayais en vain d'écrire. *En vain* ne veut pas dire que je n'y parvenais pas : ça veut dire que je n'y parvenais qu'à un prix exagéré. Au prix de ma propre survie, en quelque sorte, l'écriture me ramenant sans cesse dans l'aridité d'une expérience mortifère.

J'avais présumé de mes forces. J'avais pensé que je pourrais revenir dans la vie, oublier dans le quotidien de la vie les années de Buchenwald, n'en plus tenir compte dans mes conversations, mes amitiés, et mener à bien, cependant, le projet d'écriture qui me tenait à cœur. J'avais été assez orgueilleux pour penser que je pourrais gérer cette schizophrénie concertée. Mais il s'avérait qu'écrire, d'une certaine façon, c'était refuser de vivre.

À Ascona, donc, sous le soleil de l'hiver, j'ai décidé de choisir le silence bruissant de la vie contre le langage meurtrier de l'écriture. J'en ai fait le choix radical, c'était la seule façon de procéder. J'ai choisi l'oubli, j'ai mis en place, sans trop de complaisance pour ma propre identité, fondée essentiellement sur l'horreur – et sans doute le courage – de l'expérience du camp, tous les stratagèmes, la stratégie de l'amnésie volontaire, cruellement systématique.

Je suis devenu un autre, pour pouvoir rester moi-même.

Dès lors, dès le printemps 1946, revenu volontairement dans l'anonymat collectif d'un après-guerre chatoyant, ouvert à toutes sortes de possibilités d'avenir, j'ai vécu plus de quinze ans, l'espace historique d'une génération, dans la béatitude obnubilée de l'oubli. Rares auront été les fois où le soudain souvenir de Buchenwald aura perturbé ma tranquillité d'esprit, rudement conquise : maîtrise provisoire, sans cesse renouvelée, de la part de ténèbre qui m'était échue en partage.

Mais à partir de la publication de mon premier livre, *Le grand voyage*, tout est devenu différent. L'angoisse d'autrefois est revenue m'habiter, particulièrement au mois d'avril. Y concourent une série de circonstances qui le rendent difficile à parcourir indemne : le renouveau troublant de la nature, l'anniversaire de la libération de Buchenwald, la commémoration de la Journée de la déportation.

Ainsi, si j'avais réussi, en 1961, à écrire le livre abandonné seize ans plus tôt – à écrire, du moins, l'un des récits possibles de l'expérience d'autrefois, inépuisable par essence –, je payais cette réussite, qui allait changer ma vie, par le retour en force des anciennes angoisses.

Rien, en tout cas, dans le roman en cours en avril 1987 ne laissait prévoir une dérive vers l'ombre mortelle où s'enracine, quoi que j'y fasse, quelque ruse ou raison que j'y consacre pour m'en détourner, mon désir de vivre. Et mon incapacité permanente à y réussir pleinement.

Le sujet de *Netchaïev est de retour*, en effet, concernait un tout autre domaine : le passage d'une action militante à sa perversion militariste, terroriste. Ces thèmes étaient déjà en germe dans une scène de *La guerre est finie*, un film écrit en 1965. Alors, dans un studio du boulevard Edgar-Quinet, avec vue imprenable sur le cimetière Montparnasse, un groupe de jeunes léninistes, sur le point de virer vers la lutte armée, s'en prenait à Diego, militant communiste espagnol dont Yves Montand jouait le rôle, et qui défendait une stratégie de lutte de masse, pacifique.

Sur le même boulevard Edgar-Quinet, devant le lieu de la fiction cinématographique, plus tard, les tueurs d'Action directe devaient assassiner Georges Besse, patron de la Régie Renault, et s'en glorifier publiquement, ignoblement, comme d'un acte révolutionnaire, dans le délire verbal d'une arrogance théorique autiste et sanguinaire.

En écrivant *Netchaïev est de retour*, j'étais pleinement conscient de ses origines lointaines. Je savais comment la scène du film, après avoir longuement dérivé à travers la nébuleuse de mes projets, avait fini par attirer à elle d'autres thèmes, d'autres bribes et brins de rêve ou de réalité, pour cristalliser finalement le noyau d'un nouveau livre.

J'en étais tellement conscient que j'avais repris dans ce roman les paysages urbains du scénario de *La guerre est finie* dans le quartier de Montparnasse. Paysages qui avaient été, par ailleurs, des lieux privilégiés de mon adolescence.

J'ai levé la tête, j'ai contemplé le jardin qui me faisait face, désert à cette heure matinale, sous un ciel d'avril pommelé.

Désormais, j'avais percé à jour les manigances de l'inconscient littéraire. J'avais deviné qui Roger Marroux allait rencontrer à l'entrée de Buchenwald : moi-même. Le souvenir réel des trois officiers d'une mission alliée qui se dévoilait derrière la fiction a commencé à prendre forme et contour, comme les images qui émergent dans le flou originaire d'une photographie Polaroïd.

Je me remis à écrire avec une certaine excitation :

« Un type jeune – mais il était difficile d'évaluer son âge exact : une vingtaine d'années, calcula-t-il – montait la garde à la porte de la baraque de la Gestapo. Il portait des bottes russes, en cuir souple, une défroque disparate. Il avait des cheveux ras. Mais une mitraillette allemande pendait sur sa poitrine, signe évident d'autorité. Les officiers de liaison américains leur avaient dit, à l'aube, que la résistance antifasciste de Buchenwald avait réussi à armer quelques dizaines d'hommes qui avaient participé à la phase finale de la libération du camp, après la percée des avant-gardes motorisées de Patton. Il en faisait sans doute partie, ce jeune type. Qui les regardait sortir de la jeep, s'étirer au soleil du printemps, dans le silence épais, étrange, de la forêt de hêtres qui bordait l'enceinte barbelée du camp. Marroux se sentit pris dans la froideur dévastée de ce regard, brillant dans un visage osseux, émacié. Il eut l'impression d'être observé, jaugé, par des yeux d'au-delà ou d'en deçà de la vie. Comme si le rayon neutre, plat, de ce regard lui parvenait d'une étoile morte, d'une existence disparue. Comme si ce regard avait voyagé jusqu'à lui à travers les steppes d'un paysage morne, minéral, pour lui parvenir imprégné de froideur barbare. De solitude irrémédiable... »

Ainsi, le 11 avril 1987, jour anniversaire de la libération de Buchenwald, j'avais fini par me rencontrer à nouveau. Par retrouver une part essentielle de moi, de ma mémoire, que j'avais été, que j'étais toujours obligé de refouler, de tenir en lisière, pour pouvoir continuer à vivre. Pour tout simplement pouvoir respirer. Subrepticement, au détour d'une page de fiction qui n'avait pas semblé tout d'abord exiger ma présence, j'apparaissais dans le récit romanesque, avec l'ombre dévastée de cette mémoire pour tout bagage.

J'envahissais le récit, même.

À partir de ce moment, en effet, l'écriture avait tourné vers la première personne du singulier. Vers l'extrême singularité d'une expérience difficile à partager. J'écrivis longtemps, avec impatience. Dans l'aisance des mots justes qui affluaient, me semblait-il. Dans la douleur tonique d'une mémoire inépuisable, dont chaque nouvelle ligne écrite me dévoilait des richesses enfouies, oblitérées.

Au milieu de l'après-midi, cependant, à dix-sept heures quinze très précisément, je compris que je ne garderais pas les pages écrites ce jour-là à partir de mon apparition soudaine, insidieusement concertée, dans un récit qui n'en avait cure, qui aurait pu se passer de cette présence, qui devait s'en passer.

Je mis ces pages de côté. Je m'expulsai du récit. Je repris l'ordre qui était prévu, l'articulation narrative dont j'avais précédemment établi la progression. Je revins à la troisième personne de l'universel : au « il » du dieu des romans et des mythologies.

Ainsi :

« Le jeune type avait remarqué l'écusson tricolore, surmonté du mot *France*, sur le blouson militaire de Marroux. Il lui parla en français.

« – Vous avez l'air sidéré... C'est quoi ? Le silence du lieu ? Il n'y a jamais d'oiseaux dans cette forêt... La fumée du crématoire les en a chassés, semble-t-il...

« Il avait eu un rire bref.

« – Mais le crématoire s'est arrêté hier... Il n'y aura plus jamais de fumée... Plus jamais l'odeur de chair brûlée sur le paysage...

« Il avait ri de nouveau. »

Je riais aussi, tant d'années plus tard.

Malgré les détours, les ruses de l'inconscient, les censures délibérées ou involontaires, la stratégie de l'oubli ; malgré les fuites en avant et le brouillage du souvenir ; malgré tant de pages déjà écrites pour exorciser cette expérience, la rendre au moins partiellement habitable ; malgré tout cela, le passé conservait son éclat de neige et de fumée, comme au premier jour.

Je riais sans joie, mais de bon cœur, avec une sorte d'orgueil insensé.

Personne ne peut se mettre à ta place, pensais-je, ni même imaginer ta place, ton enracinement dans le néant, ton linceul dans le ciel, ta singularité mortifère. Personne ne peut imaginer à quel point cette singularité gouverne sourdement ta vie : ta fatigue de la vie, ton avidité de vivre ; ta surprise infiniment renouvelée devant la gratuité de l'existence ; ta joie violente d'être revenu de la mort pour respirer l'air iodé de certains matins océaniques, pour feuilleter des livres, pour effleurer la hanche des femmes, leurs paupières endormies, pour découvrir l'immensité de l'avenir.

Il y avait de quoi rire, vraiment. Je riais donc, replongé dans l'orgueil ténébreux de ma solitude.

J'avais mis de côté les pages écrites ce jour-là. J'en relus les premières lignes :

« Ils sont en face de moi, l'œil rond, et je me vois soudain dans ce regard d'effroi : leur épouvante.

« Depuis deux ans, je vivais sans visage. Nul miroir, à Buchenwald. Je voyais mon corps, sa maigreur croissante, une fois par semaine, aux douches. Pas de visage, sur ce corps dérisoire. De la main, parfois, je frôlais une arcade sourcilière, des pommettes saillantes, le creux d'une joue... »

Un autre livre venait de naître, je le savais. De commencer à naître, du moins. Peut-être prendrait-il encore des années pour mûrir, ça s'était déjà vu. J'avais déjà vu, je veux dire, des livres mettre des années à mûrir. Jamais jusqu'à leur terme, d'ailleurs. Leur publication, déterminée par des circonstances extérieures, objectives, m'avait toujours paru prématurée. Je parle des livres qui concernent immédiatement l'expérience des camps, bien entendu. Les autres, même s'il y est fait allusion, parce que cette expérience fait partie de la biographie d'un personnage romanesque, ne mûrissent pas avec tant de lenteur : de douloureuse lenteur. Depuis *Le grand voyage*, écrit d'une traite, en quelques semaines, dans les circonstances que je dirai le moment venu, les autres livres concernant l'expérience des camps vaguent et divaguent longuement dans mon imaginaire. Dans mon travail concret d'écriture. Je m'obstine à les abandonner, à les réécrire. Ils s'obstinent à revenir à moi, pour être écrits jusqu'au bout de la souffrance qu'ils imposent.

Tel avait été le cas pour *Quel beau dimanche!* Tel serait le cas de nouveau, je le pressentais.

Quoi qu'il en advînt, je mis ces pages de côté, dans une chemise cartonnée d'un bleu pâle, délavé. J'y écrivis aussitôt le titre du nouveau livre. Pourtant, ce n'était pas mon habitude. Habituellement, mes livres tardent à trouver un titre satisfaisant. Celui-ci l'eut d'emblée. Je l'écrivis au feutre gras : L'ÉCRITURE OU LA MORT... À la quinzaine de feuillets écrits ce samedi 11 avril 1987, agrafés ensemble, qui allaient attendre dans ce dossier un temps indéterminé que je les reprenne, j'ajoutai une note. Un prénom, plutôt. Un seul prénom en lettres capitales, souligné plusieurs fois : LAURENCE, écrit sur une fiche blanche.

Laurence?

Je l'avais oubliée, pourtant. Ce matin-là, lorsque j'avais commencé à décrire l'arrivée de Roger Marroux à l'entrée de Buchenwald, dans un roman qui a fini par s'appeler *Netchaïev est de retour*, je n'avais pas pensé à Laurence. Je savais – plutôt obscurément : je ne faisais en écrivant aucun effort pour élucider ce souvenir, le mettre en pleine clarté, je n'en éprouvais nullement le besoin – que l'arrivée de Marroux à l'entrée de Buchenwald, au bout de l'avenue des Aigles, avait son origine dans ma propre mémoire.

J'avais déjà fait allusion, dans *Quel beau dimanche!* à ma rencontre avec les officiers en uniforme britannique, quelques heures après la libération du camp. Allusion fugace, d'où j'avais exclu l'essentiel, parce que cela ne faisait pas partie de mon propos d'alors. J'en avais exclu l'officier français et le livre de poèmes de René Char, *Seuls demeurent.*

Pourtant, le matin du 11 avril 1987, en décrivant l'arrivée de Roger Marroux à l'entrée de Buchenwald, sa rencontre avec un jeune déporté espagnol, j'avais inconsciemment retrouvé les mots de l'officier français – son prénom était Marc – pour me décrire. Les mots qu'il avait employés dans la longue lettre envoyée à Laurence le lendemain de cette rencontre. Les mêmes mots, un par un, mot pour mot.

J'avais écrit :

« Marroux se sentit pris dans la froideur dévastée de ce regard, brillant dans un visage osseux, émacié. Il eut l'impression d'être observé, jaugé, par des yeux d'au-delà ou d'en deçà de la vie. Comme si le rayon neutre, plat, de ce regard lui parvenait d'une étoile morte, d'une existence disparue... »

C'étaient les mots que l'officier français avait employés dans sa longue lettre à Laurence. Il y décrivait notre rencontre, parlait de la conversation à propos de Char, lui racontait la visite du camp.

Laurence m'avait lu cette lettre le 8 mai 1945, lorsque je m'étais présenté rue de Varenne pour rendre à l'officier français l'exemplaire de *Seuls demeurent.*

Beauté, je me porte à ta rencontre, m'étais-je dit en la voyant apparaître à la porte. Elle m'avait arraché le volume de René Char que je tenais à la main.

Laurence avait été d'humeur changeante, au cours de cette première entrevue. Parfois distante, presque hostile, comme si elle me reprochait d'être vivant, alors que Marc était mort.

– Vous n'avez pas le regard que disait Marc, pas du tout, il s'est trompé, me disait-elle, cinglante. Un regard plein d'appétit de vivre, plutôt!

Je lui faisais observer que ce n'était pas contradictoire. Mais elle insistait.

– Un regard concupiscent, disait-elle.

J'éclatais de rire, je me moquais d'elle.

– Ne soyez pas prétentieuse!

Elle se fâchait, rougissait de colère.

– De toute façon, ajoutais-je, vous avez raison, c'est très laid, la concupiscence, si j'en crois saint Augustin.

Elle ouvrait de grands yeux.

– Vous avez lu saint Augustin?

– J'ai presque tout lu, lui disais-je, prenant un air condescendant. D'ailleurs, je ne saurais trop vous conseiller de lire son traité *De bono conjugali*. C'est idéal, pour une jeune fille de votre condition. On y apprend que la procréation est le fondement du mariage, sa seule raison. Mais on y apprend aussi toutes les façons d'assouvir sa concupiscence sans risquer la procréation. Bien sûr, c'est en latin... Mais à voir l'appartement que vous habitez, votre famille a sans doute eu les moyens de vous offrir de bonnes études classiques!

Elle en restait bouche bée, hésitant entre la rage froide et le rire fou.

Et puis, à d'autres moments, elle avait été abandonnée, tendre, elle s'était réfugiée dans mes bras. Mais ce premier jour, elle m'avait renvoyé, en larmes, avec colère.

Il avait fallu d'autres rencontres, des rires, des livres lus ensemble, des poèmes murmurés dans la chaleur du Luxembourg, dans la fraîcheur des nuits sur les quais de la Seine, des musiques partagées – Mozart et Armstrong, je lui avais imposé mes goûts, cet été-là – pour qu'un après-midi ensoleillé elle fermât les volets de sa chambre. Elle s'était donnée comme on se jette à l'eau, les yeux fermés, avec des gestes d'une précision décidée, qui n'était pas due au savoir-faire, ni à la rouerie, mais à une hâte désespérée de constater une nouvelle fois son inaptitude au plaisir, parfois frôlé, jamais vraiment épanoui.

Malgré cela, malgré l'aspect frustrant de nos relations, épisodiques, suite discontinue d'élans chaleureux et de ruptures, d'entente spirituelle et de contrastes aigus, c'est avec Laurence et avec elle seulement que j'aurai réussi cet été du retour à parler de mes années à Buchenwald. À cause de Marc, sans doute, l'officier français. À cause de la longue lettre qu'il lui avait écrite au sujet de notre rencontre. Les mots d'un mort nous avaient réunis dans la vie, Laurence et moi, fugitivement.

La soirée du samedi 11 avril 1987 fut comme sont les soirées lorsque ces souvenirs s'imposent, prolifèrent, dévorant le réel par une procédure de métastases fulgurantes. Comme elles le sont, du moins, depuis que l'écriture m'a rendu de nouveau vulnérable aux affres de la mémoire. Elle fut partagée entre un bonheur de surface – je dînais ce soir-là avec des amis chers – et l'angoisse profonde qui m'emmurait. Ce fut un espace partagé en deux territoires, brutalement. Deux univers, deux vies. Et je n'aurais su dire, sur le moment, laquelle était la vraie, laquelle un rêve.

Sans doute ai-je bu ce soir-là plus que d'habitude. Peut-être même plus que de raison. Sans résultat appréciable : l'alcool ne guérit pas les douleurs de la mort.

De telles angoisses n'ont rien de singulier. Sous l'une ou l'autre forme, nous les avons tous exprimées. Tous les récits d'anciens déportés les décrivent, qu'ils aient été composés dans l'urgence du témoignage immédiat, qui s'essouffle et parfois s'épuise dans la reconstruction minutieuse d'un passé peu crédible, positivement inimaginable, ou bien plus tard, dans le recul des temps, dans la tentative interminable de rendre compte d'une expérience qui s'éloigne dans le passé, dont certains contours deviennent cependant de plus en plus nets, certains territoires s'éclairant d'une lumière nouvelle entre les brumes de l'oubli.

« *È un sogno entro un altro sogno, vario nei particolari, unico nella sostanza...* »

Sans doute : un rêve, toujours le même.

Un rêve à l'intérieur d'un autre rêve, qui varie dans ses détails mais dont la substance est identique. Un rêve qui peut vous réveiller n'importe où : dans le calme d'une verte campagne, à table avec des amis. Pourquoi pas avec une femme aimée, ajouterai-je ? Parfois avec une femme aimée, au moment même de l'amour. N'importe où, en somme, avec n'importe qui, soudain, une angoisse diffuse et profonde, la certitude angoissée de la fin du monde, de son irréalité en tout cas.

Primo Levi en parle à la dernière page de *La trêve*. Il en parle sans élever la voix, avec concision, avec la sécheresse des énoncés de vérité.

Rien ne peut arrêter, dit Levi, le cours de ce rêve, rien ne peut distraire de l'angoisse qu'il fait sourdre, sourdement. Même si on se tourne vers toi, même si on te tend une main amie. Ou aimante. « Que t'arrive-t-il ? À quoi penses-tu ? » Même si on a deviné ce qui t'arrive, te submerge, t'anéantit. Rien, jamais, ne détournera le cours de ce rêve, le flot de ce fleuve Styx.

« *Tutto è ora volto in caos : sono solo al centro di un nulla grigio e torbido, ed ecco, io so che cosa questo significa, ed anche di averlo sempre saputo : sono di nuovo in Lager, e nulla era vero all'infuori del lager. Il resto era breve vacanza, o inganno dei sensi, sogno : la famiglia, la natura in fiore, la casa...* »

On ne saurait mieux le dire que Primo Levi.

C'est vrai que tout devient chaotique, quand cette angoisse réapparaît. On se retrouve au centre d'un tourbillon de néant, d'une nébuleuse de vide, grisâtre et trouble. On sait désormais ce que cela signifie. On sait qu'on l'a toujours su. Toujours, sous la surface chatoyante de la vie quotidienne, ce savoir terrible. À portée de la main, cette certitude : rien n'est vrai que le camp, tout le reste n'aura été qu'un rêve, depuis lors. Rien n'est vrai que la fumée du crématoire de Buchenwald, l'odeur de chair brûlée, la faim, les appels sous la neige, les bastonnades, la mort de Maurice Halbwachs et de Diego Morales, la puanteur fraternelle des latrines du Petit Camp.

C'est en 1963 que j'ai lu *La trêve* de Primo Levi.

Je ne savais rien de lui jusqu'alors. Je n'avais pas lu son premier livre, *Si c'est un homme*. Il est vrai que j'avais délibérément évité la lecture des témoignages sur les camps nazis. Cela faisait partie d'une stratégie de la survie.

J'ai lu *La tregua* de Primo Levi à Milan, via Bigli, dans la bibliothèque des Banfi. Les fenêtres s'ouvraient sur un jardin intérieur où les oiseaux chantaient, où le feuillage d'un arbre centenaire commençait à revêtir les couleurs de l'automne.

C'est Rossana Rossanda qui m'a donné à lire le livre de Primo Levi, paru quelque temps auparavant. Je l'ai lu d'une traite, comme on boit de l'eau fraîche, l'été. Mais c'est qu'en 1963, à l'automne, le temps du silence et de l'oubli était passé. Le temps de la surdité à moi-même aussi : à la plus sombre mais la plus vraie part de moi-même.

Quelques mois plus tôt, j'avais publié *Le grand voyage*.

Il avait neigé cette nuit-là sur mon sommeil.

Je vivais rue Concepción-Bahamonde, à Madrid, non loin des arènes de Ventas : la périphérie de la ville, en ce temps-là. Le soir, à l'heure de regagner ce domicile clandestin, je descendais au métro Goya. Ce n'était pas la station la plus proche, certes, mais je prenais mon temps, surveillais mes arrières. Je flânais, m'arrêtant devant des vitrines, changeant soudain de trottoir, traversant quelque supermarché, m'accoudant à des comptoirs de bistrot, pour un café serré ou une bière pression fraîche, selon les saisons. En tout cas, en arrivant à l'entrée de ma rue, j'étais sûr de ne pas avoir été suivi.

Mais il y avait eu de la neige, cette nuit-là, dans mon sommeil.

Une bourrasque de neige, brusque. C'était sur une place, des avenues y convergeaient. Un lieu non immédiatement identifié, mais familier. La certitude en tout cas prédominait, brumeuse, que le rêveur pourrait identifier ce paysage du rêve. Il aurait suffi peut-être de le vouloir. Une place, des avenues, la foule, un défilé. La neige tourbillonnait dans les rayons d'un soleil déclinant, bientôt obscurci. Ensuite, ailleurs, sans transition apparente, dans un autre rêve pourtant, il y eut une neige profonde, feutrant le bruit des pas parmi les hêtres de la forêt.

De la neige sur mon sommeil, après tant d'années.

Ces jours-là, je n'avais pas quitté mon domicile de la rue Concepción-Bahamonde. Il y avait eu des arrestations, assez nombreuses. Des pans entiers de l'organisation clandestine semblaient s'écrouler. J'étais le responsable de l'organisation communiste de Madrid, j'avais donné des instructions aux cadres illégaux : couper tous les contacts avec les secteurs atteints par la vague d'arrestations, bouger le moins possible, changer les boîtes aux lettres, les mots de passe, les lieux de rendez-vous. Faire le mort pendant quelque temps, en somme. Ensuite, renouer les fils un par un, avec une extrême prudence. Ne pas s'aventurer sur un terrain qui n'aurait pas été déminé des possibles pièges à retardement de la police franquiste.

Je ne quittais pratiquement pas la rue Concepción-Bahamonde, ces jours-là, en attendant d'y voir plus clair.

C'est ainsi que je me suis retrouvé à partager les repas de Manuel et Maria A. C'était un couple de militants, ils avaient acheté l'appartement pour le compte du parti. Ils étaient inconnus de la police franquiste, leur seul travail était de tenir cet appartement. Manuel était chauffeur de maître, Maria s'occupait de son intérieur. Deux des pièces de l'appartement m'étaient réservées. Plutôt, elles étaient réservées aux dirigeants de l'appareil clandestin, quels qu'ils fussent. Pour couvrir les apparences vis-à-vis des voisins, Manuel et Maria faisaient semblant d'avoir un locataire : ils mettaient une annonce dans le journal, le tour était joué. Pendant plusieurs années, j'ai utilisé cet appartement de la rue Concepción-Bahamonde, lors de mes séjours clandestins à Madrid. À partir de 1962, lorsque j'ai été écarté du travail en Espagne, avant d'être exclu, c'est Julián Grimau qui a occupé cet appartement. Il vivait encore avec Manuel et Maria A., l'année suivante, quand il a été arrêté et fusillé.

Je partageais donc leurs repas, tous les jours, à cette période-là. À midi, c'était vite expédié, Manuel n'avait pas beaucoup de temps pour déjeuner. Le soir, ça pouvait traîner davantage : une conversation s'engageait. C'est beaucoup dire, sans doute. C'était surtout un monologue de Manuel A., pendant que Maria desservait la table et faisait la vaisselle. Nous fumions, buvions ensemble un verre d'alcool. Manuel racontait sa vie, je l'écoutais. Je gardais le silence, je l'écoutais. D'abord, j'ai toujours bien aimé écouter les militants qui racontent leur vie. Et puis, je ne pouvais pas raconter la mienne, en échange de bons procédés. Moins ils en sauraient, Maria et lui, mieux ça vaudrait. Ils ne savaient pratiquement rien, en vérité. Ils connaissaient le nom que je portais sur ma fausse carte d'identité : c'était nécessaire, puisque j'étais en principe leur locataire. Ils savaient que j'étais un dirigeant, bien sûr. Mais ils ne savaient pas mon rôle exact dans l'organisation clandestine, ils ne connaissaient même pas mon pseudonyme, Federico Sanchez.

Après le dîner, donc, à l'heure du petit cigare des Canaries et du verre de gnôle, j'écoutais Manuel A. me raconter sa vie. Or il se trouvait qu'il avait été déporté à Mauthausen, un camp nazi d'Autriche, extrêmement dur. L'un des plus durs du système concentrationnaire, exception faite des camps du complexe d'Auschwitz-Birkenau, spécialisés dans l'extermination massive du peuple juif.

Jeune soldat de l'armée républicaine, Manuel A. avait connu après la défaite les camps de réfugiés du Roussillon. En 1940, comme des milliers d'autres Espagnols, il avait été incorporé dans une compagnie de travail, sous la férule de l'armée française. Après l'armistice de Pétain, Manuel s'était retrouvé dans un stalag allemand, mêlé – avec tous ses compatriotes se trouvant dans le même cas – aux prisonniers de guerre français. Plus tard, lorsque l'état-major allemand procéda à un classement plus approfondi de la masse de prisonniers en son pouvoir, les quelques milliers d'Espagnols des compagnies de travail furent renvoyés des stalags et transférés à Mauthausen, en tant que déportés politiques.

Manuel A. était un survivant de ce camp. Un revenant, comme moi. Il me racontait sa vie à Mauthausen, le soir, après le dîner, à l'heure du petit verre d'alcool et du cigare des Canaries.

Mais je ne reconnaissais rien, je ne m'y retrouvais pas.

Certes, entre Buchenwald et Mauthausen il y avait eu des différences : dans chacun des camps nazis l'existence des déportés a été soumise à des circonstances spécifiques. L'essentiel du système, pourtant, était identique. L'organisation des journées, le rythme de travail, la faim, le manque de sommeil, les brimades perpétuelles, le sadisme des S.S., la folie des vieux détenus, les batailles au couteau pour contrôler des parcelles du pouvoir interne : l'essentiel était identique. Je ne m'y retrouvais pourtant pas, dans les récits de Manuel A.

C'était désordonné, confus, trop prolixe, ça s'embourbait dans les détails, il n'y avait aucune vision d'ensemble, tout était placé sous le même éclairage. C'était un témoignage à l'état brut, en somme : des images en vrac. Un déballage de faits, d'impressions, de commentaires oiseux.

Je rongeais mon frein, ne pouvant intervenir pour lui poser des questions, l'obliger à mettre de l'ordre et du sens dans le non-sens désordonné de son flot de paroles. Sa sincérité indiscutable n'était plus que de la rhétorique, sa véracité n'était même plus vraisemblable. Mais je ne pouvais rien lui dire, je ne pouvais pas l'aider à mettre en forme ses souvenirs, puisqu'il n'était pas censé savoir que j'avais moi aussi été déporté. Puisqu'il n'était pas question que je lui fasse partager ce secret.

Une nuit, soudain, après une longue semaine de récits de cette sorte, la neige était tombée sur mon sommeil.

La neige d'antan : neige profonde sur la forêt de hêtres autour du camp, étincelante dans la lumière des projecteurs. Bourrasque de neige sur les drapeaux du 1er Mai, au retour, troublant rappel de l'horreur et du courage. La neige de la mémoire, pour la première fois depuis quinze ans. À Ascona, sur la rive du lac Majeur, un jour d'hiver limpide, en décembre 1945, j'avais fermé les yeux, ébloui par la réverbération d'un rayon de soleil sur le pare-brise d'une voiture arrivant par la route de Brissago. J'avais fermé les yeux, des flocons de neige ténue, tenace, avaient scintillé dans ma mémoire. J'avais rouvert les yeux, une jeune femme était là, Lorène. Les neiges d'antan, à Ascona, pour la dernière fois. J'avais abandonné le projet d'écrire, Lorène m'avait aidé, sans le savoir, à rester dans la vie.

Depuis quinze ans, jamais la neige n'était plus tombée sur mon sommeil. Je l'avais oubliée, refoulée, censurée. Je maîtrisais mes rêves, j'en avais chassé la neige et la fumée sur l'Ettersberg. Parfois, certes, une douleur aiguë, brève, m'avait traversé le cœur. Un instant de souffrance mêlée de nostalgie. D'étrange bonheur, qui sait ? Comment dire cette absurdité, le bonheur insolite de ce souvenir ? Parfois, une douleur aiguë comme une pointe de stylet m'avait frappé au cœur. En entendant un solo d'Armstrong, peut-être. En mordant à pleines dents dans un morceau de pain noir, à l'occasion. En fumant jusqu'à me brûler les lèvres un mégot de Gitane. Quelqu'un s'étonnait de me voir fumer ainsi, jusqu'au bout, ma cigarette. Je n'avais pas d'explication à cette habitude : c'était comme ça, disais-je. Mais parfois, brutalement, délicieusement, le souvenir surgissait : le mégot de *machorka* partagé avec des copains, circulant de main en main, de bouche en bouche, drogue douce de la fraternité.

Mais la neige avait disparu de mon sommeil.

Je me suis réveillé en sursaut, après une semaine de récits sur Mauthausen de Manuel A. C'était à Madrid, rue Concepción-Bahamonde, en 1961. Mais le mot « sursaut » ne convient pas, réflexion faite. Car je m'étais réveillé d'un seul coup, certes, j'avais aussitôt été en éveil, lucide, dispos. Mais ce n'était pas l'angoisse qui me réveillait, l'inquiétude. J'étais étrangement calme, serein. Tout me semblait clair, désormais. Je savais comment écrire le livre que j'avais dû abandonner quinze ans auparavant. Plutôt : je savais que je pouvais l'écrire, désormais. Car j'avais toujours su comment l'écrire : c'est le courage qui m'avait manqué. Le courage d'affronter la mort à travers l'écriture. Mais je n'avais plus besoin de ce courage.

Le jour se levait, un soleil oblique effleurait les vitres de la petite chambre aux murs chaulés de la rue Concepcíon-Bahamonde. J'allais commencer tout de suite, profitant des circonstances qui m'obligeaient à rester chez moi, à éviter les dangers de la rue.

J'allais écrire pour moi-même, bien sûr, pour moi seul. Il n'était pas question de publier quoi que ce fût, en effet. Il était impensable de publier un livre tant que je serais un dirigeant clandestin du P.C.E.

À l'aube d'une journée de printemps, rue Concepcíon-Bahamonde, je me suis assis à ma table, devant ma machine à écrire. C'était une Olivetti portative, au clavier espagnol : tant pis, je me passerais des accents graves et circonflexes.

« Il y a cet entassement des corps dans le wagon, cette lancinante douleur dans le genou droit. Les jours, les nuits. Je fais un effort et j'essaie de compter les jours, de compter les nuits... »

À la dernière page du récit de Primo Levi, *La trêve*, tellement familier – mais son expérience avait été bien plus terrible que la mienne –, tellement fraternel – comme le regard de Maurice Halbwachs, agonisant sur le châlit du bloc 56 de Buchenwald –, j'ai fermé les yeux.

« *È un sogno entro un altro sogno, vario nei particolari, unico nella sostanza...* »

Un rêve à l'intérieur d'un autre rêve, sans doute. Le rêve de la mort à l'intérieur du rêve de la vie. Ou plutôt : le rêve de la mort, seule réalité d'une vie qui n'est elle-même qu'un rêve. Primo Levi formulait cette angoisse qui nous était commune avec une concision inégalable. Rien n'était vrai que le camp, voilà. Le reste, la famille, la nature en fleurs, le foyer, n'était que brève vacance, illusion des sens.

Ce soir-là, le 11 avril 1987, je me suis souvenu de Primo Levi. Et de Rossana Rossanda, qui m'avait fait connaître ses livres. Je me suis également souvenu de Juan Larrea, qui les avait lus, lui aussi. À l'aube, Larrea avait marché vers la Seine, du côté de Freneuse. L'eau du fleuve était sombre. Il était resté immobile, rassemblant pour en finir les dernières forces de sa vie.

Sur la pente de la pelouse qui descendait en doux vallonnements jusqu'à la rive, Juan Larrea venait de s'arrêter un instant. Le marronnier rose allait fleurir, un jour prochain. Il avait contemplé l'arbre isolé, dans la lumière encore incertaine, à peine tiédie par un premier rayon de soleil. Il avait souri tristement : il ne verrait pas cette année les fleurs minimes et roses du marronnier de Franca Castellani. Sa mort, l'absence de son regard n'empêcheraient pas Franca de contempler les fleurs du marronnier. L'arbre fleurirait malgré son absence mortelle. Le monde continuerait d'exister, sous le regard de Franca Castellani.

Ensuite, il avait poursuivi sa route vers l'eau du fleuve, sombre : la fin.

La veille, 24 avril 1982 – il n'est pas impossible de dater précisément les événements dont il est question dans le roman –, la veille, il s'était rappelé l'odeur du four crématoire sur l'Ettersberg.

En février 1986, à l'occasion de la parution de *La montagne blanche*, on m'avait parfois posé des questions stupides. Ou bien oiseuses. En quoi Juan Larrea me ressemblait-il ? M'étais-je identifié à ce personnage ?

Il est déjà assez difficile de s'identifier à soi-même, avais-je dit en guise de réponse, d'esquive plutôt, pour qu'une identification à ses propres personnages romanesques soit plausible. Convenable, même. Non, pas d'identification à Juan Larrea, malgré des signes d'identité comparables : Espagnol, écrivain, ancien déporté. Un peu de jalousie de ma part, en revanche. Ainsi, j'aurais bien aimé connaître Franca Castellani. Ou écrire les pièces que Larrea avait fait jouer, si l'on en croyait le roman. J'aurais bien aimé écrire *Le tribunal de l'Askanischer Hof*, en particulier.

Dans la première scène, Franz Kafka se tiendrait très droit sur son siège, en effet. Il ne dirait rien, respirant de façon saccadée, la bouche entrouverte. C'est Grete Bloch qui aurait parlé, avec la véhémence du désespoir. Il ferait chaud, c'était en juillet. Une grande guerre allait bientôt éclater. Ensuite, un serveur en veste blanche arriverait de la gauche avec des rafraîchissements.

Il serait absurde que je me propose de réécrire *Le tribunal de l'Askanischer Hof*. Il m'arriverait la même mésaventure qu'à Pierre Ménard réécrivant *Don Quichotte* : je parviendrais au même texte que Larrea, mot pour mot.

Mais celui-ci avait laissé une pièce inachevée, à laquelle il travaillait la veille encore de son suicide et dont on avait retrouvé des notes, des brouillons, toute une documentation, dans la chambre qu'il avait occupée à Freneuse. C'était une pièce de théâtre qui n'avait pas encore de titre, du moins dans les papiers retrouvés, mais qui portait sur la vie de Lord Curzon, personnage britannique et fascinant de l'histoire de ce siècle. Du début de ce siècle et de la fin de l'ancien monde.

En tout cas, j'avais eu le loisir – c'était bien la moindre des choses ! – de lire les brouillons de Larrea, et la monumentale biographie de George Nathaniel Curzon, premier marquis Curzon de Kedleston, écrite par Ronaldshay, sur laquelle il avait travaillé. J'avais pu rêver à la machine dramatique qu'on aurait pu mettre en marche à partir de tous ces éléments.

Ainsi, les goûts littéraires de Juan Larrea, les projets que je lui avais attribués – déduits de sa propre constitution psychologique, des circonstances concrètes de sa vie imaginaire – ces goûts et ces projets me revenaient comme quelque chose de personnel : un avenir où j'aurais pu investir pour mon compte, le nourrissant de mes désirs et de mes incertitudes.

La veille de son suicide, le samedi 24 avril 1982, Juan Larrea s'était souvenu, soudainement. Il avait cru, pourtant, qu'il parviendrait à prendre sur soi, cette fois encore. Il avait décidé de ne rien dire, du moins. Garder pour soi l'angoisse nauséeuse, lorsque la fumée de la centrale de Porcheville, dans la vallée de la Seine, lui avait rappelé celle du crématoire de l'Ettersberg, jadis. Garder, enfouir, refouler, oublier. Laisser cette fumée s'évanouir en fumée, ne rien dire à personne, n'en pas parler. Continuer à faire semblant d'exister, comme il l'avait fait tout au long de toutes ces longues années : bouger, faire des gestes, boire de l'alcool, tenir des propos tranchants ou nuancés, aimer les jeunes femmes, écrire aussi, comme s'il était vivant.

Ou bien tout le contraire : comme s'il était mort trente-sept ans plus tôt, parti en fumée. Comme si sa vie, dès lors, n'avait été qu'un rêve où il aurait rêvé tout le réel : les arbres, les livres, les femmes, ses personnages. À moins que ceux-ci ne l'eussent rêvé lui-même.

Précisément : à moins que Juan Larrea ne m'eût rêvé moi-

254

même. À moins que Juan Larrea ne fût un survivant de Buchenwald racontant une partie de ma vie dans un livre signé d'un pseudonyme : mon propre nom. Ne lui avais-je pas, pour ma part, donné le nom de Larrea parce que tel avait été, autrefois, l'un de mes pseudonymes de clandestinité en Espagne ?

« Comment veux-tu t'appeler cette fois-ci ? » m'avait demandé le copain qui fabriquait nos faux papiers d'identité. Gentil copain, par ailleurs, génial faussaire. Ça se passait dans un atelier de peintre, du côté de Montparnasse, où il avait installé l'une de ses officines. Je m'étais souvenu ce jour-là de Juan Larrea, écrivain secret et raffiné, l'un des hommes de la génération flamboyante des années trente qui aura fait du xxᵉ un nouveau siècle d'or de la littérature espagnole. Bilingue, de surcroît, ce Juan Larrea, comme l'a été son ami, le Chilien Vicente Huidobro. « Larrea, avais-je dit au copain faussaire, fais-moi des papiers au nom de Larrea ! »

Quelques mois plus tard, à la suite d'une rafle policière dans les milieux universitaires de Madrid, quelqu'un n'avait pas su tenir sa langue. Il avait livré à la police franquiste ce pseudo que j'avais utilisé pour certains contacts. Le ministère de l'Intérieur fit alors paraître dans les journaux un avis de recherches. Un certain Larrea, dont on donnait une description physique tout à fait ressemblante, et qui aurait déclaré être originaire de la province de Santander, y était enjoint de se présenter aux autorités compétentes.

Trop compétentes, sans doute.

Mais Juan Larrea avait échappé à la police franquiste. Il s'était suicidé, mort à ma place, quelques années plus tard, dans les pages de *La montagne blanche*. La boucle des vies et des morts, vraies ou supposées, semblait donc se boucler ainsi.

C'est à Milan, via Bigli, dans la bibliothèque des Banfi, que j'avais lu *La trêve* de Primo Levi. Dans le jardin intérieur, la couleur du ciel, de la lumière, des feuilles d'arbre était celle de l'automne.

J'avais fermé les yeux, à la dernière page du livre. Je m'étais souvenu de Lorène, à Locarno, de ma décision d'abandonner le manuscrit en cours, en 1945.

C'est Rossana Rossanda qui m'avait donné à lire le récit de Levi, ainsi que son premier livre, *Se questo è un uomo*. Elle me proposa de faire sa connaissance, elle pouvait organiser cette rencontre.

Mais je n'éprouvais pas le besoin de rencontrer Primo Levi. Je veux dire : de le rencontrer *dehors*, dans la réalité extérieure de ce rêve qu'était la vie, depuis notre retour. Il me semblait qu'entre nous tout était déjà dit. Ou impossible à dire, désormais. Je ne trouvais pas nécessaire, peut-être même pas convenable, que nous eussions une conversation de rescapés, un dialogue de survivants.

D'ailleurs, avions-nous vraiment survécu ?

Le 11 avril 1987, en tout cas, ce samedi où, au détour d'une phrase, à l'improviste, le fantôme du jeune déporté que j'avais été surgissait dans un roman où il n'était pas prévu, pas attendu, pour y porter le trouble, y jeter un regard comblé d'incertitude, Primo Levi choisissait de mourir en se jetant dans la cage d'escalier de sa maison de Turin.

C'est la première nouvelle que j'entendis à la radio, le lendemain dimanche.

Il était sept heures, une voix anonyme égrenait les nouvelles de la matinée. Il a été question de Primo Levi, soudain. La voix a annoncé son suicide, la veille, à Turin. Je me suis souvenu d'une longue promenade sous les arcades du centre de cette ville, un jour ensoleillé, avec Italo Calvino, peu après la publication du *Grand voyage*. Nous avions parlé de Primo Levi. La voix anonyme de la radio a rappelé les titres de ses livres, qui avaient été récemment célébrés en France, avec le retard habituel à toute découverte hexagonale.

La voix a dit l'âge de Primo Levi.

Alors, avec un tremblement de toute mon âme, je me suis dit qu'il me restait encore cinq ans à vivre. Primo Levi était, en effet, de cinq ans mon aîné. Je savais que c'était absurde, bien sûr. Je savais que cette certitude qui me foudroyait était déraisonnable : il n'y avait aucune fatalité qui m'obligeât à mourir au même âge que Primo Levi. Je pouvais tout aussi bien mourir plus jeune que lui. Ou plus vieux. Ou à n'importe quel moment. Mais j'ai aussitôt déchiffré le sens de cette prémonition insensée, la signification de cette absurde certitude.

J'ai compris que la mort était de nouveau dans mon avenir, à l'horizon du futur.

Depuis que j'étais revenu de Buchenwald – et plus précisément encore : depuis que j'avais abandonné le projet d'écrire, à Ascona –, j'avais vécu en m'éloignant de la mort. Celle-ci était dans mon passé, plus lointaine chaque jour qui passait : comme l'enfance, les premières amours, les premières lectures. La mort était une expérience vécue dont le souvenir s'estompait.

Je vivais dans l'immortalité désinvolte du revenant.

Ce sentiment s'est modifié plus tard, lorsque j'ai publié *Le grand voyage*. La mort était dès lors toujours dans le passé, mais celui-ci avait cessé de s'éloigner, de s'évanouir. Il redevenait présent, tout au contraire. Je commençais à remonter le cours de ma vie vers cette source, ce néant originaire.

Soudain, l'annonce de la mort de Primo Levi, la nouvelle de son suicide, renversait radicalement la perspective. Je redevenais mortel. Je n'avais peut-être pas seulement cinq ans à vivre, ceux qui me manquaient pour atteindre l'âge de Primo Levi, mais la mort était de nouveau inscrite dans mon avenir. Je me suis demandé si j'allais encore avoir des souvenirs de la mort. Ou bien que des pressentiments, désormais.

Quoi qu'il en soit, le 11 avril 1987 la mort avait rattrapé Primo Levi.

Dès octobre 1945, pourtant, après la longue odyssée de son

retour d'Auschwitz qu'il raconte dans *La trêve*, il avait commencé à écrire son premier livre, *Se questo è un uomo*. Il l'avait fait dans la hâte, la fièvre, une sorte d'allégresse. « Les choses que j'avais vécues, souffertes, me brûlaient de l'intérieur, a-t-il écrit plus tard. Je me sentais plus proche des morts que des vivants, je me sentais coupable d'être un homme, parce que les hommes avaient construit Auschwitz et qu'Auschwitz avait englouti des millions d'êtres humains, nombre d'amis personnels et une femme qui était près de mon cœur. Il me semblait que je me purifierais en racontant, je me sentais semblable au vieux marin de Coleridge... »

C'est, en effet, une citation du poème de Coleridge qui se trouve en exergue du dernier livre de Levi, *I sommersi e i salvati*, dont le titre (*Les naufragés et les rescapés*) reprend celui d'un chapitre de *Si c'est un homme* :

> Since then, at an uncertain hour,
> That agony returns :
> And till my ghastly tale is told
> This heart within me burns.

« J'écrivais, poursuivait Levi, des poèmes concis et sanguinolents, je racontais avec une sorte de vertige, de vive voix ou par écrit, tant et si bien que peu à peu un livre en est né : en écrivant je retrouvais des bribes de paix et je redevenais un homme, un parmi les autres, ni martyr ni infâme ni saint, l'un de ces hommes qui fondent une famille et qui regardent vers l'avenir autant que vers le passé. »

Primo Levi a parlé à plusieurs reprises de ses sentiments de cette époque, des joies sévères de l'écriture. Il s'est alors senti revenir à la vie, littéralement, grâce à elle.

Le livre terminé – chef-d'œuvre de retenue, de nudité fabuleuse dans le témoignage, de lucidité et de compassion –, le livre incomparable ne trouva cependant pas preneur. Toutes les bonnes maisons le refusèrent. Il fut finalement publié par un petit éditeur et passa totalement inaperçu. Primo Levi abandonna dès lors toute velléité d'écriture et se consacra à son métier d'ingénieur chimiste.

Ainsi semblait s'accomplir un rêve qu'il rapporte, un cauchemar de déporté : on est rentré à la maison, on raconte avec passion et force détails dans le cercle familial l'expérience vécue, les souffrances passées. Mais personne ne vous croit. Vos récits finissent par créer une sorte de gêne, provoquant un silence qui s'épaissit. Votre entourage – la femme aimée, même, dans les variantes les plus angoissées du cauchemar – finit par se lever, vous tournant le dos, quittant la pièce.

L'histoire, donc, semblait lui donner raison : son rêve était devenu réalité. Ce n'est que de longues années plus tard que son livre, *Si c'est un homme*, obtint soudain une audience, conquit un vaste public, commença à être traduit partout dans le monde.

C'est ce succès tardif qui le poussa à écrire un nouveau récit, *La trêve*.

Mon expérience avait été différente.

Si l'écriture arrachait Primo Levi au passé, si elle apaisait sa mémoire (« Paradoxalement, a-t-il écrit, mon bagage de souvenirs atroces devenait une richesse, une semence : il me semblait, en écrivant, croître comme une plante »), elle me replongeait moi-même dans la mort, m'y submergeait. J'étouffais dans l'air irrespirable de mes brouillons, chaque ligne écrite m'enfonçait la tête sous l'eau, comme si j'étais à nouveau dans la baignoire de la villa de la Gestapo, à Auxerre. Je me débattais pour survivre. J'échouais dans ma tentative de dire la mort pour la réduire au silence : si j'avais poursuivi, c'est la mort, vraisemblablement, qui m'aurait rendu muet.

Malgré la radicale différence du parcours biographique, des expériences vécues, une coïncidence n'en demeure pas moins, troublante. L'espace de temps historique, en effet, entre le premier livre de Levi – magistrale réussite sur le plan de l'écriture; échec complet sur le plan de la lecture, de l'écoute du public – et son deuxième récit, *La trêve*, est le même qui sépare mon incapacité d'écrire en 1945 et *Le grand voyage*. Ces deux derniers livres ont été écrits à la même époque, publiés presque simultanément : en avril 1963 celui de Levi, en mai le mien. Comme si, au-delà de toute circonstance biographique, une capacité d'écoute avait mûri objectivement, dans l'opacité quasiment indéchiffrable des cheminements historiques. Mûrissement d'autant plus remarquable et passionnant qu'il coïncide avec les premiers témoignages sur le Goulag soviétique qui sont parvenus à surmonter la traditionnelle barrière de méfiance et de méconnaissance occidentale : le récit d'Alexandre Soljenitsyne, *Une journée d'Ivan Denissovitch*, est paru au cours du même printemps de 1963.

Quoi qu'il en soit, le 11 avril 1987 la mort avait rattrapé Primo Levi.

Pourquoi, quarante ans après, ses souvenirs avaient-ils cessé d'être une richesse ? Pourquoi avait-il perdu la paix que l'écriture semblait lui avoir rendue ? Qu'était-il advenu dans sa mémoire, quel cataclysme, ce samedi-là ? Pourquoi lui était-il soudain devenu impossible d'assumer l'atrocité de ses souvenirs ?

Une ultime fois, sans recours ni remède, l'angoisse s'était imposée, tout simplement. Sans esquive ni espoir possibles. L'angoisse dont il décrivait les symptômes dans les dernières lignes de *La trêve*.

« *Nulla era vero all'infuori del Lager. Il resto era breve vacanza o inganno dei sensi, sogno...* »

Rien n'était vrai en dehors du camp, tout simplement. Le reste n'aura été que brève vacance, illusion des sens, songe incertain : voilà.

9

Ô SAISONS,
Ô CHÂTEAUX...

Pourquoi cette jeune femme m'avait-elle fait penser à Milena ?

Aujourd'hui, lorsqu'il m'arrive de regarder l'une des photos prises à Salzbourg cette année-là, lointaine – 1964 –, la ressemblance ne me paraît pas frappante, c'est le moins qu'on puisse dire.

La jeune femme est de profil, à une table du dîner de gala. Vêtue de noir, une mèche sur le front, la main droite posée sur la nappe, repliée, frêle, son poignet orné de dentelle. La main gauche dressée, tenant une cigarette.

Un sourire aux lèvres, mince, à peine esquissé.

Nous sommes plusieurs autour de la table, sur cette image photographique. C'est la fin du repas, visiblement. Nous en sommes au café, au cigare des messieurs. Il y a cette jeune femme, d'autres jeunes femmes, deux messieurs, plus moi-même. L'un des messieurs me demeure inconnu, son visage ne me rappelle rien. Le deuxième, c'est George Weidenfeld.

Mais peut-être était-il déjà Lord Weidenfeld, en 1964. Je ne saurais le préciser.

La jeune femme qui m'avait fait penser à Milena faisait partie, me semble-t-il, de la suite de Weidenfeld, qu'il fût lord ou pas. Sur cette ancienne photographie, l'éditeur londonien la contemple avec un sourire d'indulgente béatitude. Ou de complicité, peut-être.

Nous sourions tous, par ailleurs.

Le photographe a capté un instant de légèreté, de connivence détendue, conviviale. Faisons-nous seulement semblant, pour les besoins de la photographie ? Comment savoir ? Le semblant serait la vérité de cette image, dans ce cas. Le faux semblant ou la vraie semblance. C'est la fin du dîner officiel, juste avant la remise du prix Formentor. Ça se passe bien. Les éditeurs qui constituent le jury du prix ne vont pas tarder à se lever, l'un après l'autre, pour me remettre chacun un exemplaire de la traduction dans leur langue du *Grand voyage*.

Mais ce n'est pas à ce moment que la jeune femme anonyme m'a fait penser à Milena Jesenskà. Elle était assise, apparemment impassible, alors. Ni son visage ni son immobilité souriante, placide, ne pouvaient la faire, même fallacieusement, ressembler à Milena.

Avant le dîner, cependant, alors que je ne savais pas que je la retrouverais à ma table, elle avait traversé l'un des salons du château de Salzbourg où se déroulait la cérémonie de remise du prix Formentor. Sa démarche, quelque chose dans sa silhouette, son port de tête, m'avait fait penser à Milena Jesenskà.

Ou plutôt, pour être tout à fait précis : à une phrase de Kafka concernant cette dernière. En fin de compte, je n'avais pas vraiment pensé à Milena : celle-ci n'avait surgi qu'au détour d'une phrase de Kafka.

« *Es fällt mir ein, dass ich mich an Ihr Gesicht eigentlich in keiner bestimmten Einzelheit erinnern kann...* »

« Je m'aperçois soudain que je ne puis me rappeler en réalité aucun détail particulier de votre visage. Seulement votre silhouette, vos vêtements, au moment où vous êtes partie entre les tables du café : cela, oui, je le vois encore. »

Par ces mots se termine la deuxième lettre que Franz Kafka

a écrite à Milena, en avril 1920, alors qu'il fait une cure à Merano.

Il nous est à tous arrivé de remarquer d'abord la grâce d'une démarche, la fierté d'une allure, la souplesse ondoyante des vêtements d'une femme dont on ne distingue pas le visage et qui se déplace entre les tables d'un café. Ou dans un foyer de théâtre. Même dans un wagon de métro.

En 1942, au « Café de Flore », c'est la silhouette et la démarche de Simone Kaminker que j'avais remarquées. Elle se déplaçait entre les tables, elle aussi, et je ne pouvais pas distinguer son visage, ce jour-là. Je n'ai vraiment vu son visage que trois années plus tard, en 1945, l'été de mon retour, à la terrasse de ce même café. La petite Kaminker avait changé de nom, mais son regard correspondait bien à la démarche altière, dansante, qui créait autour de sa silhouette des espaces mobiles de lumière et de silence, et que j'avais remarquée la première fois.

La notation de Kafka est donc raisonnable. Banale, à la limite. Il se souvient du mouvement de Milena, de sa démarche, parmi les tables d'un café de Prague. Il lui rappelle ce souvenir, dans l'une des premières lettres qu'il lui a écrites. Ce qui est insensé, c'est la suite. Ce qui est insensé c'est que, sans attendre de voir le visage, de regarder le regard de Milena, sans même en éprouver le désir ni le besoin, Kafka soit parvenu, délibérément, avec une ténacité désespérée, avec l'obstination d'une fabuleuse agressivité morale, sous son apparent désarroi, son jeu de déréliction complaisante, à faire naître et cristalliser un amour exigeant, exclusif – misérable, cependant, par son incapacité de tenir ses enjeux, encore moins ses promesses, d'y faire face, de payer le prix charnel qu'elles impliquaient – sur ce seul indice, ce signe nébuleux d'une silhouette se déplaçant parmi les tables d'un café.

« *Nur wie Sie dann zwischen den Kaffeehaustischen weggingen, Ihre Gestalt, Ihr Kleid, das sehe ich noch...* »

263

Un amour à mort se déploie, nourri de sa seule substance désincarnée, de sa violence autiste, où le visage de l'Aimée (son expression, son regard, ses battements de cils, le pli soudain de sa bouche, l'ombre légère d'un chagrin, la lumière d'un plaisir qui affleure) ne joue aucun rôle, ne compte pour rien. Un amour dont la violence stérile se fonde sur le seul souvenir d'un corps en mouvement, image sans doute obscurément travaillée par l'interdit de représentation de la loi hébraïque, transcendée par l'arrogance d'une volonté abstraite de séduction, de possession spirituelle.

Si je n'étais pas assis à la table d'un dîner de gala, à Salzbourg, en 1964, juste avant la remise du prix Formentor, si mon propos n'était pas d'élucider les rapports entre la mémoire de la mort et l'écriture (et la parution du *Grand voyage* est l'occasion idéale pour continuer de le faire), j'emprunterais bien volontiers le chemin buissonnier d'une digression sur Kafka et les femmes : son amour des femmes ou, plutôt, son amour de soi, qui proclamait pourtant ne pas s'aimer, à travers son amour de l'amour des femmes. Une digression sur Kafka et la séduction, en somme. Qui séduit, qui est séduit ? Ou bien, qui soudoie ? Qui salit ?

Mais je suis à Salzbourg, le dîner officiel se termine.

Ledig Rowohlt, avec sa faconde physique de personnage d'une pièce juvénile de Brecht – d'avant la glaciation pédagogique du communisme –, vient de se lever. Il est le premier des douze éditeurs qui vont me remettre un exemplaire du *Grand voyage*, sa traduction allemande, dans ce cas.

La jeune femme dont j'ignorerai le nom, dont je sais seulement qu'elle est Tchèque d'origine, qu'elle fait partie de la suite de Weidenfeld ; dont la démarche, un peu plus tôt, m'a fait penser à une phrase de Kafka ; la jeune femme que je surnommerai Milena, pour faire court et lisible, regarde Ledig Rowohlt s'avancer vers moi après avoir dit quelques mots aimables à propos de mon livre.

Je me souviens des *Lettres à Milena*.

Le volume s'exposait au milieu de la vitrine d'une librairie de la Bahnhofstrasse, à Zurich, quelques années plus tôt. Pour passer le temps, le faire passer plutôt, je parcourais cette rue centrale, commerçante, dans les deux sens : de la gare vers le lac et vice versa. J'en étais à ma promenade de retour, marchant vers la gare, sur le trottoir de gauche de la Bahnhofstrasse, quand on tourne le dos au lac.

En été, au printemps, j'aurais sans doute fait passer le temps en me promenant autour du lac de Zurich sur l'un des blancs bateaux d'excursion. À l'embarcadère de Wädenswil, je me serais souvenu de Parvus, fabuleux personnage romanesque. Compagnon de Trotski au soviet de Saint-Pétersbourg en 1905, organisateur en 1917 du voyage de Lénine dans le wagon plombé allemand qui le ramena en Russie, Parvus était venu mourir ici, dans ce village suisse aussi paisible que peut l'être un village suisse, lacustre.

Mais ce n'était pas le printemps. Pas l'été non plus. C'était le mois de janvier de l'année 1956. Un froid sec, un air limpide et coupant où semblaient tourbillonner les cristaux impalpables du gel régnaient sur la ville.

En provenance de Paris le matin même, j'avais changé d'identité dans les toilettes d'un café de la Paradeplatz, que bornent les façades sévères mais cossues des banques suisses. J'avais placé mon passeport uruguayen dans le double fond d'une trousse de voyage après en avoir extrait des papiers français. De quoi brouiller les pistes, effacer les traces aux différents contrôles de police des aéroports.

J'étais arrivé de Paris, je prenais l'avion pour Prague quelques heures après. Je faisais passer le temps et surveillais mes arrières, entre l'atterrissage de l'avion de Paris et l'envol de l'avion pour Prague. Entre mon identité de fils de famille uruguayen et celle de cadre commercial français.

Une sorte de malaise un peu dégoûté me saisit aujourd'hui à évoquer ce passé. Les voyages clandestins, l'illusion d'un avenir, l'engagement politique, la vraie fraternité des militants communistes, la fausse monnaie de notre discours idéologique : tout cela, qui fut ma vie, qui aura été aussi l'horizon tragique de ce siècle, tout cela semble aujourd'hui poussiéreux : vétuste et dérisoire.

Pourtant, il me faut évoquer ce passé, fût-ce brièvement, pour la lisibilité de ce récit, pour sa clarté morale. Pas de meilleur moment pour l'évoquer, d'ailleurs.

Car je me trouve à voyager dans ma mémoire entre le mois de mai 1964, à Salzbourg, et le mois de janvier 1956, à Zurich : le lien étant l'image de Milena Jesenskà, son évocation dans les lettres que Kafka lui adressa. Aussitôt après ce mois de janvier 1956, à l'occasion du XXe congrès du parti communiste russe, l'histoire va basculer. Elle va, du moins, commencer à lentement basculer. En Espagne, aussi. C'est en février, au retour de mon voyage à Prague et à Bucarest dont je dirai deux mots, que les organisations illégales d'étudiants communistes que j'avais contribué – sans doute décisivement – à faire exister depuis deux ans, vont réussir à faire bouger l'université de Madrid, la rue ensuite, provoquant la première crise grave du régime franquiste.

Excellent moment, on en conviendra, pour évoquer cette préhistoire politique, cette dernière période d'apparente immobilité de la guerre froide : banquise de glace figée sur l'impétuosité d'un courant déjà gonflé par le dégel.

D'un autre côté, le moment même de l'écriture, le présent immédiat où s'inscrivent les mots, les phrases, les ratures, les redites et les ratés du texte, ne tombe pas mal non plus. Ce livre, né impromptu dans un vertige de la mémoire, le 11 avril 1987 – quelques heures avant d'entendre à la radio la nouvelle du suicide de Primo Levi –, je suis en train d'en corriger une ultime version sept ans plus tard, presque jour pour jour : dans l'inquiétude que réveille de nouveau en moi le passage du mois d'avril.

Le ciel est orageux sur les plaines et les forêts du Gâtinais. Par ma fenêtre, je vois la surface miroitante d'une mare. Des branches d'arbre bougent dans le vent qui se lève. Un vent de nord-ouest, aujourd'hui. Le vent qui s'est levé enfin sur l'empire disloqué du communisme. La durée d'une seule vie humaine aura permis d'assister à la montée, à l'apogée et au déclin de l'empire du communisme.

Même Goethe, dont la longévité lui aura permis de vivre la fin de l'Ancien Régime, le foisonnement contradictoire de l'Europe post-révolutionnaire, la montée et la débâcle de l'Empire napoléonien ne pourrait se vanter d'avoir connu une expérience semblable. Quel que soit le charme de sa conversation, en effet, on ne va pas le laisser nous en conter : l'Empire de Napoléon n'est pas comparable à l'Empire soviétique.

L'histoire de ce siècle aura donc été marquée à feu et à sang par l'illusion meurtrière de l'aventure communiste, qui aura suscité les sentiments les plus purs, les engagements les plus désintéressés, les élans les plus fraternels, pour aboutir au plus sanglant échec, à l'injustice sociale la plus abjecte et opaque de l'Histoire.

Mais j'étais à Zurich, à la fin du mois de janvier 1956, porteur d'un message urgent.

Dans le noyau dirigeant du parti communiste d'Espagne, dont je faisais à l'époque partie, une assez âpre discussion venait d'éclater, sur une question de stratégie politique. Je n'en dirai pas les termes dans le détail. Vus d'ici, aujourd'hui, ils sembleraient de toute façon futiles, ou indéchiffrables : palimpsestes d'une écriture oubliée. Pour futiles qu'ils fussent, l'enjeu en était grave : il s'agissait du pouvoir au sein des instances dirigeantes.

Mais il s'agit toujours du pouvoir, on aura fini par s'en rendre compte.

En un mot comme en cent : le groupe de dirigeants travaillant à Paris autour de Santiago Carrillo – qui contrôlait les organisations clandestines en Espagne même, où se trouvait mon domaine principal d'activité – s'opposait sur un problème d'analyse stratégique à la vieille garde du parti, groupée à Prague et à Bucarest autour de Dolorès Ibarruri, « la Pasionaria ». Carrillo m'envoyait à l'Est pour exposer aux vétérans nos désaccords, pour essayer d'obtenir d'eux la convocation d'une réunion élargie afin d'en discuter de façon plus approfondie.

À Zurich, pour l'instant, sur le trottoir de la Bahnhofstrasse, je ne pense pas à cette délicate mission. Je sais que Carrillo m'a peut-être envoyé au casse-pipe, qu'il sacrifie peut-être dans cette mission un chevau-léger, nouveau venu dans l'appareil dirigeant, quelqu'un qui ne fait point partie du sérail. Je sais aussi que cette singularité me fournit et fourbit des atouts : je suis désintéressé, désinvesti, dans le jeu obscur du pouvoir entre les diverses générations communistes. Je ne m'intéresse qu'aux idées et serai donc plus convaincant, parce que plus convaincu, qu'un vieil apparatchik. Carrillo n'a pas bêtement choisi son émissaire.

Mais je n'y pense pas du tout pour l'instant.

Je suis devant la vitrine d'une librairie de la Bahnhofstrasse et je contemple, éberlué, ravi, la couverture blanche d'un livre de Franz Kafka, *Briefe an Milena*.

J'en ai le cœur qui bat, les mains qui tremblent.

Je pousse la porte de la librairie. La dame qui s'occupe de moi a un sourire charmant, un visage lisse auréolé de cheveux gris. Elle est visiblement étonnée par la ferveur de mes remerciements, quand je m'empare du livre qu'elle me tend. « Non, pas de paquet, merci, je le prends comme ça, merci encore ! » Elle me sourit quand je m'écarte de la caisse, après avoir payé.

Sur le trottoir de la Bahnhofstrasse, je me demande fugitivement quelle tête va faire le responsable aux comptes quand il verra sur ma note de frais de voyage le prix de ce volume de

Franz Kafka. Quand il verra le nom de l'auteur plutôt que le prix, d'ailleurs, qui est négligeable. Probablement ne vais-je pas mentionner le nom de Kafka, sans doute vais-je prétendre que ces quelques francs suisses ont été consacrés à l'achat d'un volume de Marx.

Sans doute est-ce plus simple.

Quoi qu'il en soit, c'est à Zurich que j'ai rencontré Milena Jesenskà, en janvier 1956. Elle m'a tenu compagnie pendant tout le voyage.

Mais Ledig Rowohlt vient de se lever.

Le silence s'est fait dans la salle où se déroule le dîner de gala du prix Formentor. Rowohlt prononce quelques mots aimables à mon égard, puis il vient vers moi pour me remettre un exemplaire de la traduction allemande du *Grand voyage*.

Je devrais être ému, c'est un instant historique. Je veux dire : pour moi, dans mon histoire à moi, c'est un instant privilégié. Mais je suis distrait, je pense à des tas d'autres choses, de multiples visages surgissent dans ma mémoire, ça se bouscule un peu, je n'arrive pas à me concentrer sur ce moment historique. Pourtant, après Ledig Rowohlt, ce sera au tour de Claude Gallimard. Et puis de Giulio Einaudi. Et de Barney Rossett. Et de George Weidenfeld. Douze parmi les plus grands éditeurs du monde vont tour à tour s'approcher de moi et me remettre un exemplaire du *Grand voyage* dans leur langue respective.

Je n'arrive quand même pas à me concentrer sur cet instant historique. Je sens que je vais le rater, qu'il va passer, s'évanouir, avant que je n'en aie pris conscience. Que je n'en aie dégusté les sucs substantifiques et succulents. Je ne dois pas être doué pour les instants historiques.

À tout hasard, pour que la tête ne me tourne pas, pour ne pas me laisser griser par les paroles flatteuses, les applaudissements, les sourires radieux des amis qui se trouvent dans la salle, je me récite à voix basse le texte de la note de lecture que Jean Paulhan a rédigée pour le manuscrit de mon roman.

Ça ne me prend pas beaucoup de temps, d'ailleurs. C'est une très brève note de lecture. Tellement brève que je m'en souviens parfaitement, que je la connais par cœur. Tellement succincte que Paulhan n'a pas eu besoin d'un feuillet tout entier pour la rédiger. Économe de son temps, de ses mots et de son papier, Paulhan a découpé en quatre morceaux un feuillet de format habituel et a écrit sa note de lecture du *Grand voyage* sur l'un de ces quarts. Il est facile de constater qu'il a été découpé aux ciseaux, avec soin, certes, mais avec les inévitables irrégularités de ce genre de découpage.

Sur la partie supérieure de ce quart de feuillet, Jean Paulhan a écrit mon nom, le titre du manuscrit : *Le grand voyage*. Il a souligné ces informations, puis, de son écriture soignée, tout en rondes, parfaitement lisible, il a formulé son opinion sur le livre :

« C'est le voyage qui conduit en Allemagne les déportés, empilés, écrasés les uns contre les autres. Les conversations de l'auteur avec son voisin, le " gas de Semur " sont excellentes. Malheureusement, le gas de Semur meurt avant l'arrivée, et la fin du récit est plus terne. Rien de très remarquable. Rien de détestable non plus, dans cet honnête récit. »

Cette note se voit ponctuée à la fin par un chiffre, un 2 assez gros, qui correspond sans doute à un code d'édition dont la signification m'est inconnue. Ce 2 veut-il dire qu'il conviendrait de publier ce manuscrit ? Ou ni oui ni non ? Veut-il signifier qu'on peut parfaitement s'en passer ?

Je l'ignore. Mais je me répète dans le silence de mon for intérieur, au milieu du brouhaha de la cérémonie, les mots de Jean Paulhan. Juste pour que la tête ne me tourne pas, pour garder les pieds sur terre. Cet exercice de modestie ne m'empêchera pourtant pas de faire remarquer que les conversations de l'auteur avec le gas de Semur sont excellentes, Paulhan *dixit*.

De souligner que le gas de Semur ne meurt qu'à la fin du livre, et qu'ainsi le regret de Paulhan (« malheureusement le gas de Semur meurt avant l'arrivée et la fin du récit est plus terne ») porte seulement sur quelques pages.

Les compliments paulhaniens sont d'autant plus réconfortants que le gas de Semur est un personnage romanesque. J'ai inventé le gas de Semur pour me tenir compagnie, quand j'ai refait ce voyage dans la réalité rêvée de l'écriture. Sans doute pour m'éviter la solitude qui avait été la mienne, pendant le voyage réel de Compiègne à Buchenwald. J'ai inventé le gas de Semur, j'ai inventé nos conversations : la réalité a souvent besoin d'invention, pour devenir vraie. C'est-à-dire vraisemblable. Pour emporter la conviction, l'émotion du lecteur.

L'acteur qui avait joué le rôle du gas de Semur dans le film de télévision que Jean Prat avait tiré du *Grand voyage* aurait préféré que son personnage fût réel. Il était déconcerté, triste quasiment, qu'il ne le fût pas. « J'aurais aimé vous avoir vraiment tenu compagnie, pendant le voyage », me disait Jean Le Mouël, mélangeant la fiction et le réel. Mais la fraternité n'est pas seulement une donnée du réel. Elle est aussi, surtout peut-être, un besoin de l'âme : un continent à découvrir, à inventer. Une fiction pertinente et chaleureuse.

Ce n'est quand même pas Jean Paulhan qui me distrait de cet instant historique où l'on va me remettre les douze éditions du *Grand voyage* : il ne manquerait plus que ça!

Ce qui m'en distrait, et la faute en incombe indirectement à une jeune femme d'origine tchèque qui accompagne George Weidenfeld, c'est le souvenir d'un voyage avec Milena, en janvier 1956. Ou plutôt, avec les *Lettres à Milena* de Franz Kafka.

À Prague, cette année-là, j'avais exposé à Vicente Uribe et Enrique Lister, deux chefs historiques, deux dinosaures du communisme espagnol, nos différends avec la vieille garde.

Éberlués de voir que le groupe de Paris désapprouvait un texte politique qu'ils avaient, eux, élaboré avec « la Pasionaria », décontenancés par mon insistance, qu'ils devaient trouver bien arrogante, ils avaient décidé de s'en remettre à l'autorité incontestable de celle-là : c'est elle qui déciderait en dernière instance de la suite à donner à cette divergence.

Or il se trouvait que Dolorès Ibarruri, revenant de je ne sais quel congrès à Berlin-Est dans le train spécial de la délégation roumaine – cette année-là, Dolorès avait pris ses quartiers d'hiver à Bucarest –, allait passer en gare de Prague le lendemain même. Il fut donc décidé que je prendrais aussi ce train officiel, si les Roumains en étaient d'accord, pour accompagner « la Pasionaria » à Bucarest, lui exposer en cours de route les critiques du groupe de Carrillo, et attendre sa décision ou son verdict, que je communiquerais au retour au noyau parisien du bureau politique du P.C.E.

Ce qui fut fait.

Si je n'étais pas à Salzbourg, le 1ᵉʳ mai 1964, à la fin du dîner de gala du prix Formentor ; si je ne voyais pas en ce moment, après Ledig Rowohlt et Claude Gallimard, Giulio Einaudi venir vers moi pour me remettre un exemplaire de l'édition italienne du *Grand voyage*, sans doute profiterais-je de l'occasion qui m'est offerte d'une digression à propos du voyage de Prague à Bucarest. Mais je ne ferai pas cette digression, pour brillante qu'elle eût pu être, pas plus que je n'ai fait un *excursus* à propos de Kafka, il n'y a guère.

Il faut savoir se retenir, parfois, laisser le lecteur sur sa faim.

Je dirai simplement que le voyage fut interminable, la moyenne horaire du train spécial ne dépassant pas les soixante kilomètres. Je dirai simplement que le voyage fut passionnant. C'est-à-dire, il fut d'un certain point de vue d'un ennui mortel, mais j'y appris des choses passionnantes quant au fonctionnement de la Nomenklatura communiste.

Dans la luxueuse cabine individuelle du train spécial roumain qui m'avait été attribuée, j'eus le temps de lire à loisir les lettres de Franz Kafka à Milena Jesenskà.

Plus tard, quand il m'est arrivé d'analyser les raisons qui m'ont empêché de succomber à l'imbécillité communiste – d'y succomber totalement, du moins –, il m'est toujours apparu que la lecture de Kafka en était une, et non des moindres. Pas seulement la lecture de Kafka, certes. La lecture en général. Certaines mauvaises lectures en particulier. Dont celle de Franz Kafka.

Ce n'est pas par hasard ni par caprice despotique que la lecture de Kafka a été interdite, du moins rendue suspecte, ou pratiquement impossible par manque d'éditions de ses œuvres, pendant toute la période stalinienne en Tchécoslovaquie. Ce n'est par un hasard non plus si les premiers signes avant-coureurs, encore timides, de l'éphémère printemps de Prague se sont rendus visibles lors du colloque international sur Kafka organisé dans cette ville en 1963, après tant d'années d'ostracisme.

Car l'écriture de Kafka, par les chemins de l'imaginaire le moins emphatique qui soit, le plus impénétrable à force de transparence accumulée, ramène sans cesse dans le territoire de la réalité historique ou sociale, la décapant, la dévoilant avec une sérénité implacable.

Né en 1883, l'année de la mort de Karl Marx, mort en 1924, année de la disparition de Lénine, Kafka n'aura jamais explicitement tenu compte des réalités historiques de l'époque. Son *Journal* est à cet égard d'une vacuité vertigineuse : nul écho du bruit ni de la fureur du monde ne semble s'y répercuter. Toutes ses œuvres, cependant, écrites le dos tourné aux problèmes et aux urgences de l'environnement historique, arrachées douloureusement par bribes et par fragments à un bloc glacial de cohérence irréelle, du moins dans son essence et quelle que soit la forme trompeusement naturaliste de son apparence; tous ses textes, de fait, ramènent à l'épais-

273

seur, à l'opacité, à l'incertitude, à la cruauté du siècle, qu'ils éclairent de façon décisive. Et non pas, ou pas seulement parce que Kafka atteint, dans la modestie déroutante de son entreprise narrative, au noyau même, métaphysique, de la condition humaine, à sa vérité intemporelle.

L'œuvre de Kafka n'est pas intemporelle dans le sens où elle flotterait au-dessus de la mêlée des temps ; elle a valeur et visée d'éternité, ce qui est tout autre chose. Mais elle est bien de ce temps, impensable hors de ce temps, qu'elle transcende cependant sans cesse et de tous côtés.

Dans le registre qui lui est propre, qui est celui de la littérature et non point de l'analyse sociologique, l'œuvre de Kafka est de toute évidence contemporaine de celle de Max Weber ou de Roberto Michels, pour ne parler que de deux auteurs qui se sont attachés à élucider les mystères de la vie sociale bureaucratisée.

Ainsi, pendant toute cette période, les fictions de Franz Kafka me ramenaient à la réalité du monde, alors que le réel constamment invoqué dans le discours théorique ou politique du communisme n'était qu'une fiction, contraignante sans doute, asphyxiante parfois, mais de plus en plus délestée de tout ancrage concret, de toute vérité quotidienne.

Quoi qu'il en soit, durant l'interminable voyage du train spécial de Prague à Bucarest, j'ai passé une bonne partie de mon temps avec Kafka et Milena, en ce mois de janvier 1956, quelques semaines avant que le XXᵉ congrès du parti communiste russe ne commençât à dévoiler, partiellement encore, avec une extrême prudence dialectique, la réalité kafkaïenne de l'univers stalinien.

Je quittais ma cabine plusieurs fois par jour. Aux heures des repas, c'était pour aller retrouver dans le luxueux wagon-restaurant « la Pasionaria » et ses amphitryons roumains, dont le plus élevé en rang et pouvoir était un certain Chivu Stoica, quasiment chauve et d'allure bonhomme – rustique, plutôt –, entouré pourtant d'un cercle de visqueuse flagornerie. Tous les Roumains qui l'accompagnaient à table riaient bruyamment à chacune des anecdotes tristement banales qu'il racontait, s'extasiaient au récit de ses souvenirs de militant ouvrier.

Je dois dire que « la Pasionaria » observait tout cela d'un air désabusé, avec une impatience que des gestes répétés pour arranger sa coiffure rendaient perceptible. Mais ce n'était probablement pas le rituel courtisan de ces repas qui n'en finissaient pas, dans la succession des plats raffinés et des boissons fortes, qui la chagrinait tellement. C'était sans doute qu'elle ne considérait pas que Chivu Stoica méritât tant de tapage et de louange. Dès que l'attention, en effet, se portait sur elle, et c'était souvent le cas, dès qu'elle pouvait à son tour évoquer des souvenirs de la guerre civile espagnole – son époque de célébrité universelle – « la Pasionaria » retrouvait sourire, entrain et faconde, pour nous abreuver d'anecdotes tantôt pittoresques, tantôt héroïques, où elle avait le beau rôle, bien entendu.

Mais je ne puis continuer à raconter cette traversée de l'Europe centrale dans le train spécial d'une délégation communiste roumaine, en janvier 1956.

Dans la salle à manger du château de Salzbourg, Carlos Barral vient de se lever pour m'apporter un exemplaire de l'édition espagnole du *Grand voyage*. Je profite du fait que Barral est assis à une table éloignée de la mienne, qu'il va donc mettre quelques secondes à traverser la vaste salle à manger, pour en conclure provisoirement.

Pour dire que la chose la plus importante de ce voyage, la seule vraiment importante, tout compte fait, aura été la découverte de Milena. Ou plutôt, plus précisément, la découverte de Milena à travers la folie de Kafka à son sujet.

« Es fällt mir ein, dass ich mich an Ihr Gesicht eigentlich in keiner bestimmten Einzelheit erinnern kann... »

275

« Je m'aperçois soudain que je ne puis me rappeler en réalité aucun détail particulier de votre visage. Seulement votre silhouette, vos vêtements, au moment où vous êtes partie entre les tables du café : cela, oui, je le vois encore... »

Sur cette apparition fugitive, indistincte, d'une silhouette en mouvement dans le brouhaha d'un café de Prague, Franz Kafka a construit l'édifice littéraire, aérien, superbe et poignant, d'un amour stérile, destructeur, se nourrissant exclusivement de l'absence, de la distance, du manque; se défaisant tristement, misérablement, à chaque rencontre réelle, à chaque instant de présence physique. Édifice littéraire tellement superbe et poignant que des générations de lecteurs – de lectrices surtout, les femmes de qualité ayant trop souvent la funeste habitude de dévaloriser le plaisir charnel, de le considérer comme subalterne, sinon grossier, pour exalter en revanche le plaisir spirituel d'une relation intense mais douloureuse, transcendée par la trouble béatitude de l'échec et de l'incomplétude – et une longue cohorte de scoliastes transis ont accepté de prendre pour amour comptant cet exercice ou exorcisme littéraire, donnant en exemple sublime cette passion désincarnée, follement narcissique, brutalement indifférente à l'autre : au regard, au visage, au plaisir, à la vie même de l'autre...

Mais Carlos Barral est parvenu jusqu'à ma table. Il me tend un exemplaire de l'édition espagnole de mon livre, *El largo viaje.*

Je reviens dans la réalité plaisante du dîner de gala, à Salzbourg, le 1er mai 1964, lors de la remise du prix Formentor. J'oublie pour un instant Milena Jesenskà. Je me lève pour accueillir Carlos Barral, le prendre dans mes bras et prendre ensuite de ses mains un exemplaire de mon livre.

Je ne suis pas joyeux, cependant.

C'est-à-dire, sous la joie évidente de cet instant, une profonde tristesse m'envahit. « Tristesse » n'est peut-être pas le mot, d'ailleurs. Je sais qu'à cet instant ma vie change : que je change de vie. Ce n'est pas une proposition théorique, la conclusion d'une introspection psychologique. C'est une impression physique, une certitude charnelle. Comme si au cours d'une longue promenade je sortais soudain de l'ombre d'une forêt dans le soleil d'un jour d'été. Ou le contraire. En somme, je change de vie comme on passe de l'ombre au soleil, ou du soleil à l'ombre, en un instant précis, qui instaure une différence physique, à fleur de peau, une différence ténue mais radicale entre l'avant et l'après, entre le passé et l'avenir.

Au moment où Barral m'aura remis l'exemplaire espagnol du *Grand voyage*, au moment où je tiendrai le volume dans ma main, ma vie aura changé. Et on ne change pas de vie impunément, surtout si le changement se fait dans la clarté, dans la conscience aiguë de l'événement, de l'avènement d'un avenir autre, en rupture radicale avec le passé, quelle que soit la suite qu'il vous réserve.

Quelques semaines avant cette cérémonie du prix Formentor, en effet, dans un autre château, qui n'avait pas appartenu aux Hohenlohe, comme celui de Salzbourg, mais aux anciens rois de Bohême, s'était tenue une longue réunion de la direction du parti communiste espagnol, à la fin de laquelle j'avais été exclu du comité exécutif. Une procédure, dont l'issue ne faisait aucun doute, avait été engagée pour mon exclusion définitive du parti.

Mais je ne vais pas évoquer cet épisode.

Ce n'est pas par manque de temps que je ne vais pas l'évoquer, même si Carlos Barral est déjà parvenu à ma table et qu'il me tend un exemplaire de mon roman. Car c'est moi qui écris, je suis le Dieu tout-puissant de la narration. Si tel était mon bon plaisir, je pourrais figer Carlos Barral dans son atti-

277

tude présente, je pourrais l'immobiliser dans un présent aussi prolongé qu'il me plairait. Barral resterait là, sans bouger, avec un sourire sur le visage que cette immobilité finirait par rendre niais, à attendre mon bon vouloir de narrateur. À attendre que j'aie fini de raconter cette réunion du comité exécutif du parti communiste espagnol dans un ancien château des rois de Bohême.

Mais je n'en ferai rien. Je ne raconterai pas cet épisode de ma vie qui a changé ma vie. Qui m'a, d'une certaine façon, rendu à la vie. Tout d'abord, je l'ai déjà fait : il suffit de se rapporter au livre qui s'y consacre, *Autobiographie de Federico Sanchez*. Et puis, surtout, ça n'intéresse plus personne. Moi le premier, je me désintéresse de cet épisode. Le fait d'avoir eu raison en 1964, comme l'Histoire l'a largement prouvé, n'a plus aucun intérêt : c'est une raison historiquement improductive. Même si ma raison avait alors triomphé dans nos discussions, si elle avait eu gain de cause, même si la majorité du comité exécutif – hypothèse tout à fait absurde – nous avait donné raison à Fernando Claudín et à moi, cela n'aurait servi à rien. À rien d'autre que d'avoir eu raison, de pouvoir nous consoler ou nous satisfaire de ce fait. Mais l'Histoire n'aurait pas, pour autant, changé d'un iota. Par ailleurs, d'avoir été battu dans la discussion, en 1964, d'avoir été exclu, jeté dans les ténèbres extérieures m'a épargné des années d'illusion improductive, des années de combats stériles pour la rénovation et la réforme du communisme, qui est, par essence, par nature historique, incapable de se rénover, impossible à réformer.

Carlos Barral est devant moi. Il me tend un exemplaire de mon livre en espagnol, *El largo viaje*. Il me dit quelque chose que je ne comprends pas aussitôt. Que je ne saisis pas vraiment. Je suis encore immergé dans mes souvenirs de Prague, dans les images intimes de ma dernière promenade dans Prague, quelques semaines plus tôt.

À la fin de la discussion du comité exécutif du P.C.E., Dolorès Ibarruri, « la Pasionaria », avait prononcé le verdict. En quelques phrases elle nous avait proprement exécutés, Claudín et moi. Son dernier mot – et par là, prétendait-elle sans doute expliquer tous nos errements – avait été pour nous traiter d'« intellectuels à tête de linotte » *(intelectuales con cabeza de chorlito)*.

Ensuite, Carrillo suggéra que nous restions en Tchécoslovaquie ou dans un autre pays de l'Est, tous les deux. Ainsi, en attendant que le comité central examine les questions débattues et ratifie les sanctions prises à notre égard, nous pourrions consacrer notre temps à une réflexion autocritique, dans un environnement adéquat.

Nous refusâmes, bien entendu. D'abord, il était peu probable que nous fussions disposés à une réflexion autocritique, vu les termes de la divergence. Ensuite, nous ne considérions pas que l'environnement du socialisme réel fût le plus adéquat, d'aucune façon. J'ajoutai pour ma part qu'on m'attendait à Salzbourg, quelques semaines plus tard, pour me remettre le prix Formentor et que mon absence provoquerait quelques remous.

Notre refus fut enregistré dans un silence chagrin. Mais les temps avaient changé, il était impossible qu'on nous imposât une obéissance disciplinaire, *perinde ac cadaver*. Malgré l'involution du mouvement de réformes issu du XXᵉ congrès soviétique, certaines choses n'étaient plus possibles.

Ne pouvant empêcher mon départ, la vengeance des hommes de l'appareil fut mesquine : on me donna un billet d'avion pour Rome seulement et pas un centime de viatique. À moi de me débrouiller pour parvenir ensuite à Paris. Je me débrouillai très bien : j'avais assez d'amis dans les cercles dirigeants du parti communiste italien pour que la suite du voyage ne posât aucun problème.

À Prague, le dernier jour, j'avais parcouru, avec la crainte angoissée de ne jamais plus les revoir, les lieux privilégiés de ma mémoire de la ville.

Ainsi, j'étais allé sur la tombe de Franz Kafka, dans le nouveau cimetière juif de Strašnice. J'étais allé devant un tableau de Renoir, exposé à la Galerie nationale, dans l'enceinte du Château. J'avais souvent contemplé ce portrait de jeune femme rieuse et mordorée. J'avais été charmé par le mouvement de son cou, le pli d'un tissu sur son épaule, la blancheur de cette épaule devinée, la ferme rondeur du sein sous ce tissu.

Une fois, en 1960, au cours d'un de mes séjours à Prague, l'idée m'était soudain venue, devant cette toile de Renoir, que Milena Jesenskà avait sans doute dû la contempler. Ce souvenir de Milena était réapparu, quatre ans plus tard, lors de ma dernière promenade dans Prague. Je m'étais souvenu du tremblement qui m'avait gagné à l'idée que Milena avait sans doute dû se trouver plus d'une fois à cette même place, immobile, contemplant la toile de Renoir. Je m'étais souvenu d'un souvenir de neige scintillant à la lumière des projecteurs, souvenir poignant que venait de faire éclater comme un feu glacé le souvenir de Milena elle-même : Milena Jesenskà, morte dans le camp de concentration de Ravensbrück. Je m'étais souvenu de ce souvenir de neige tombant sur les cendres de Milena Jesenskà. Je m'étais souvenu de la beauté de Milena dispersée par le vent, avec la fumée du crématoire.

Et puis, pour finir le périple dans mes souvenirs de Prague, où je ne savais pas quand je reviendrais – si tant est qu'un retour fût possible de mon vivant –, j'étais allé revisiter le vieux cimetière juif de Pinkas et la synagogue attenante.

Là, parmi les pierres tombales enchevêtrées, dans le silence de ce lieu d'éternité, j'avais pensé à l'aube lointaine du mois d'août 1945, rue Schœlcher, chez Claude-Edmonde Magny. Près de vingt ans après, je m'étais rappelé notre conversation, la longue lettre qu'elle m'avait lue à propos du pouvoir d'écrire. J'avais pensé, parmi les pierres tombales de Pinkas, que j'allais recevoir à Salzbourg, quelques semaines plus tard, le prix Formentor donné au livre dont nous avions parlé, en ce jour lointain, et que j'avais tardé près de vingt ans à écrire.

Mais je ne vais pas faire attendre plus longtemps Carlos Barral.

Il est debout près de ma table, depuis un temps indéfini, l'exemplaire espagnol de mon roman à la main. Un sourire sur les lèvres, figé. Je vais redonner vie, couleurs, mouvement à Carlos Barral. Je vais même écouter les propos qu'il essaie, en vain jusqu'ici, de me faire entendre. C'est bien magnanime de ma part : un Dieu de la narration ne donne pas souvent la parole aux personnages secondaires de son récit, de crainte qu'ils n'en abusent, n'en fassent qu'à leur tête, se prenant pour des protagonistes, et perburbant ainsi le cours de la narration.

Carlos Barral m'explique la singularité du livre qu'il a à la main, qu'il va me remettre.

Il se trouve, en effet, que la censure franquiste a interdit la publication du *Grand voyage* en Espagne. Depuis que le prix Formentor m'a été attribué, il y a un an, les services de M. Fraga Iribarne, ministre de l'Information du général Franco, ont mené campagne contre moi ; ont attaqué les éditeurs qui composent le jury international – et tout particulièrement l'Italien Giulio Einaudi – pour avoir distingué un adversaire du régime, un membre de la « diaspora communiste ». Dès lors, Barral a été obligé de faire imprimer le livre au Mexique, par le biais d'une coédition avec Joaquin Mortiz. Cette édition n'étant pas encore prête, il n'y aura pas d'exemplaires disponibles avant plusieurs semaines.

Afin de pouvoir, malgré tout, accomplir le rite de remise d'un volume à l'auteur primé, Barral a fait fabriquer un exemplaire unique de mon roman. Le format, le cartonnage, le nombre de pages, la jaquette illustrée : tout est conforme au modèle de la future édition mexicaine. À un détail près : les pages de mon exemplaire d'aujourd'hui sont blanches, vierges de tout signe d'imprimerie.

Carlos Barral feuillette le livre devant moi, pour me faire voir sa blancheur immaculée.

L'émotion me gagne, enfin.

L'instant unique que je croyais avoir raté, dont je me croyais incapable de saisir le sens, qui avait glissé entre mes doigts comme de l'eau, du sable, de la fumée, retrouve son épaisseur, sa densité chatoyante.

Il redevient un instant unique, en vérité.

Le 1ᵉʳ mai 1945, une bourrasque de neige s'était abattue sur les drapeaux rouges du défilé traditionnel, au moment précis où une cohorte de déportés en tenue rayée parvenait place de la Nation. À cet instant, ce premier jour de la vie revenue, la neige tourbillonnante semblait me rappeler quelle serait, pour toujours, la présence de la mort.

Dix-neuf ans plus tard, le temps d'une génération, le 1ᵉʳ mai 1964, à Salzbourg, la neige d'antan était de nouveau tombée sur ma vie. Elle avait effacé les traces imprimées du livre écrit d'une traite, sans reprendre mon souffle, à Madrid, dans un appartement clandestin de la rue Concepción-Bahamonde. La neige d'antan recouvrait les pages de mon livre, les ensevelissait dans un linceul cotonneux. La neige effaçait mon livre, du moins dans sa version espagnole.

Le signe était aisé à interpréter, la leçon facile à tirer : rien ne m'était encore acquis. Ce livre que j'avais mis près de vingt ans à pouvoir écrire, s'évanouissait de nouveau, à peine terminé. Il me faudrait le recommencer : tâche interminable, sans doute, que la transcription de l'expérience de la mort.

De tous les exemplaires du *Grand voyage* que j'avais déjà reçus ce soir-là, que je recevrais encore, l'espagnol était le plus beau. Le plus significatif, à mes yeux, par sa vacuité vertigineuse, par la blancheur innocente et perverse de ses pages à réécrire.

Carlos Barral vient de s'écarter de ma table. C'est au tour de Barney Rossett, de Grove Press, de m'apporter un exemplaire de l'édition américaine du roman.

Je feuillette avec délices les pages blanches du volume espagnol, pendant que s'approche Barney Rossett.

La neige d'antan n'a pas recouvert n'importe quel texte, me dis-je. Elle n'a pas enseveli n'importe quelle langue, parmi toutes celles qui sont représentées ici. Ni l'anglais, ni l'allemand, ni le suédois, ni le finlandais, ni le portugais, que sais-je encore, jusqu'à la douzaine. Elle a effacé la langue originaire, enseveli la langue maternelle.

Certes, en annulant le texte de mon roman dans sa langue maternelle, la censure franquiste s'est bornée à redoubler un effet du réel. Car je n'avais pas écrit *Le grand voyage* dans ma langue maternelle.

Je ne l'avais pas écrit en espagnol, mais en français.

Je vivais à Madrid, pourtant, à cette époque, la plupart du temps. J'avais retrouvé avec la langue de mon enfance toute la complicité, la passion, la méfiance et le goût du défi qui fondent l'intimité d'une écriture. De surcroît, je savais déjà (alors que les petits poèmes qui charmaient tant Claude-Edmonde Magny n'étaient plus qu'un souvenir, à peine un souvenir : ils ne survivaient allusivement que dans le texte de sa *Lettre sur le pouvoir d'écrire* qui m'accompagnait dans mes voyages, que je relisais parfois; alors que la pièce de théâtre que j'avais écrite à la fin des années quarante, *Soledad*, n'avait été qu'un exercice intime, pour me prouver à moi-même que ce n'était pas par impuissance ou par paresse que je n'écrivais pas, mais de propos délibéré), je savais déjà que le jour où le pouvoir d'écrire me serait rendu – où j'en reprendrais possession – je pourrais choisir ma langue maternelle.

Autant que l'espagnol, en effet, le français était ma langue maternelle. Elle l'était devenue, du moins. Je n'avais pas choisi le lieu de ma naissance, le terreau matriciel de ma langue originaire. Cette chose – idée, réalité – pour laquelle on s'est tellement battu, pour laquelle tant de sang aura été versé, les origines, est celle qui vous appartient le moins, où la part de vous-même est la plus aléatoire, la plus hasardeuse : la plus bête, aussi. Bête de bêtise et de bestialité. Je n'avais donc pas choisi mes origines, ni ma langue maternelle. Ou plutôt, j'en avais choisi une, le français.

On me dira que j'y avais été contraint par les circonstances de l'exil, du déracinement. Ce n'est vrai qu'en partie, en toute petite partie. Combien d'Espagnols ont refusé la langue de l'exil ? Ont-ils conservé leur accent, leur étrangeté linguistique, dans l'espoir pathétique, irraisonné, de rester eux-mêmes ? C'est-à-dire autres ? Ont délibérément limité leur usage correct du français à des fins instrumentales ? Pour ma part, j'avais choisi le français, langue de l'exil, comme une autre langue maternelle, originaire. Je m'étais choisi de nouvelles origines. J'avais fait de l'exil une patrie.

En somme, je n'avais plus vraiment de langue maternelle. Ou alors en avais-je deux, ce qui est une situation délicate du point de vue des filiations, on en conviendra. Avoir deux mères, comme avoir deux patries, ça ne simplifie pas vraiment la vie. Mais sans doute n'ai-je pas d'inclination pour les choses trop simples.

Ce n'était en tout cas pas par facilité que j'avais choisi d'écrire en français *Le grand voyage*. Il m'aurait été tout aussi facile – si tant est qu'on puisse qualifier de cet adjectif frivole ce travail-là – ou tout aussi difficile, de l'écrire en espagnol. Je l'avais écrit en français parce que j'en avais fait ma langue maternelle.

Un jour, me suis-je dit dès cette soirée à Salzbourg, un jour je réécrirais ce livre sur les pages blanches de l'exemplaire unique. Je le réécrirais en espagnol, sans tenir compte de la traduction existante.

– Ce n'est pas une mauvaise idée, m'avait dit Carlos Fuentes, peu de temps après.

C'était à Paris, dans un café de Saint-Germain-des-Prés.

– D'ailleurs, ajoutait-il, tu aurais dû faire toi-même la version espagnole. Tu n'aurais pas simplement traduit, tu aurais pu te permettre de te trahir. De trahir ton texte originaire pour essayer d'aller plus loin. Du coup, un livre différent aurait surgi, dont tu aurais pu faire une nouvelle version française, un nouveau livre ! Tu le dis toi-même, cette expérience est inépuisable...

Sa conclusion nous avait fait rire, un jour d'averses parisiennes de printemps, comme dans un poème de César Vallejo.

– Ainsi, concluait en effet Carlos Fuentes, tu aurais réalisé le rêve de tout écrivain : passer sa vie à écrire un seul livre, sans cesse renouvelé !

Nous avions ri. La pluie d'averse battait les vitres du café où nous avions trouvé refuge.

Mais je n'ai pas réalisé ce projet. Les pages de l'exemplaire unique que Carlos Barral m'avait offert à Salzbourg, le 1er mai 1964, sont restées blanches, vierges de toute écriture. Encore disponibles, donc. J'en aime l'augure et le symbole : que ce livre soit encore à écrire, que cette tâche soit infinie, cette parole inépuisable.

Depuis peu de temps, pourtant, je sais ce que je vais en faire, avec quoi remplir ces pages. Je vais écrire sur ces pages blanches, pour Cécilia Landman, l'histoire de Jerzy Zweig, un petit enfant juif de Buchenwald.

Cécilia avait trois ans, je l'avais dans mes bras, je lui récitais des poèmes. C'était la meilleure façon de la calmer, le soir, d'apaiser ses inquiétudes nocturnes, son refus du sommeil néantisant.

Je lui récitais Ronsard, Apollinaire, Aragon. Je lui récitais aussi *Le voyage*, de Baudelaire, c'était son poème favori. Le temps passait, elle le savait par cœur, le récitait en même temps que moi. Mais je m'étais toujours arrêté avant la strophe qui commence par « Ô mort, vieux capitaine... ». Pas seulement pour éviter les questions que sa curiosité susciterait. Surtout parce que c'était cette strophe-là que j'avais murmurée à l'oreille de Maurice Halbwachs, agonisant dans le châlit du block 56 de Buchenwald.

J'avais la petite fille dans mes bras et elle me regardait d'un œil attentif, plein de confiance. Les vers de Baudelaire avaient été pour Halbwachs une sorte de prière des agonisants. Un sourire s'était ébauché sur ses lèvres quand il les avait entendus. Mais j'avais Cécilia dans les bras, je lui récitais Baudelaire et le souvenir s'estompait. Il se transformait, plutôt. La puanteur, l'injustice, l'horreur de la mort ancienne s'effaçaient, il restait la compassion, un sentiment aigu, bouleversant, de fraternité.

Je récitais à la petite fille les vers qui étaient une incitation au voyage de la vie et il me semblait que le visage de Halbwachs se détendait. Dans mon souvenir, une grande paix semblait illuminer son regard, ce dimanche d'autrefois. Je tenais dans mes bras Cécilia Landman, ma radieuse petite quarteronne juive, dans le cœur de laquelle battait du sang de Czernowitz, ville natale de Paul Celan, et les souvenirs atroces semblaient s'apaiser.

J'écrirai pour elle, dans les pages blanches du *Grand voyage*, l'histoire de Jerzy Zweig, l'enfant juif que nous avions sauvé, que j'ai retrouvé à Vienne, des années plus tard, dans une autre vie : la vie.

10

RETOUR À WEIMAR

– Non, il n'a pas écrit ça !

L'homme a parlé d'une voix ferme, catégorique même, mais sans stridence : voix presque basse. Comme si la vérité qu'il énonçait sous cette forme négative n'avait pas besoin d'une voix haussée, d'un ton tranchant, pour s'affirmer sans contestation possible.

Nous nous tournons tous vers lui.

L'homme a une quarantaine d'années, une barbe rousse, un regard attentif mais discret. Timide, quasiment. Il a été plutôt laconique jusqu'à présent.

Sous le feu croisé de nos regards surpris, il précise son information.

– Il n'a pas écrit « étudiant », mais tout autre chose !

L'homme a dit *Student*, il n'a pas dit « étudiant ». Car il parle en allemand, ça se passe en allemand, cette conversation. C'est normal, en fin de compte, puisque nous sommes en Allemagne.

L'homme esquisse un geste vers une poche intérieure de sa veste. Peut-être va-t-il en extraire la preuve de son information, ça en a tout l'air.

Nous le regardons, médusés.

C'était sur la place d'appel de Buchenwald, un dimanche du mois de mars. En 1992 : quarante-sept ans après mon dernier jour au camp.

Quelques semaines auparavant, un journaliste allemand, Peter Merseburger, m'avait appelé au téléphone. Il allait réaliser une émission de télévision à propos de Weimar, ville de culture et de camp de concentration. Il souhaitait que je fusse l'un des témoins principaux de cette exploration du passé. Du côté camp de concentration, bien sûr. Il me proposait d'enregistrer un entretien avec moi sur le site même de Buchenwald.

J'avais aussitôt refusé, sans prendre le temps de réfléchir.

Je n'étais jamais retourné à Weimar, jamais je n'en avais eu envie. J'avais toujours refusé, quand l'occasion s'en était présentée.

Mais la nuit suivante, j'avais de nouveau rêvé de Buchenwald. Une voix me réveillait dans la nuit. Plutôt, une voix éclatait dans mon sommeil. Je ne m'étais pas encore réveillé, je savais que je dormais, que je faisais le rêve habituel. Une voix sombre, masculine, irritée, allait dire comme d'habitude : *Krematorium, ausmachen !* Mais pas du tout. La voix que j'attendais, déjà tremblant, déjà transi, au moment de sortir d'un sommeil profond pour entrer dans ce rêve tourmenté, ne se faisait pas entendre. C'était une voix de femme, bien au contraire. Une belle voix de femme, un peu rauque, mordorée : la voix de Zarah Leander. Elle chantait une chanson d'amour. De toute façon, elle n'a jamais chanté que des chansons d'amour, la belle voix cuivrée de Zarah Leander. Du moins à Buchenwald, dans le circuit des haut-parleurs de Buchenwald, le dimanche.

> *So stelle ich mir die Liebe vor,*
> *ich bin nicht mehr allein...*

J'entendais dans mon rêve la voix de Zarah Leander au lieu de celle, attendue pourtant, habituelle, répétitive et lancinante, du *Sturmführer* S.S. demandant qu'on éteignît le four créma-toire. Je l'entendais poursuivre sa chanson d'amour, comme tant de dimanches d'autrefois à Buchenwald.

Schön war die Zeit da wir uns so geliebt...

Je me suis alors réveillé. J'avais compris le message que je m'envoyais à moi-même, dans ce rêve transparent. Dès la pre-mière heure, j'allais téléphoner à Peter Merseburger, à Berlin, lui dire que j'étais d'accord. Que je voulais bien retourner à Weimar, faire avec lui l'entretien qu'il souhaitait.

En somme, par ces voies détournées – un projet de télévision allemand qui n'était pas de mon fait ni de mon initiative; un rêve presque trop facile à déchiffrer –, je m'enjoignais de termi-ner le livre si longtemps, si souvent repoussé : *L'écriture ou la mort...*

Il était né d'une hallucination de ma mémoire, le 11 avril 1987, le jour anniversaire de la libération de Buchenwald. Le jour de la mort de Primo Levi : celui où la mort l'avait rattrapé. Un an plus tard, je l'avais abandonné joyeusement, lorsque Felipe González m'avait demandé de faire partie de son gou-vernement. Au retour de cette étape ministérielle, je l'avais abandonné une nouvelle fois, après un certain temps, pour écrire un livre sur mon expérience au ministère espagnol de la Culture, *Federico Sanchez vous salue bien.* Ce dernier n'était pas un livre prévu. Il n'était même pas prévisible : j'avais décidé en principe de n'écrire sur ce sujet que quelques années plus tard.

Mais la voix de Zarah Leander me rappelait à l'ordre, elle m'attirait à Buchenwald. C'était une voix intelligente, bien que d'outre-tombe. Car le seul moyen de me forcer à terminer le récit si longtemps refoulé était de m'attirer à Buchenwald, en effet.

À Roissy, le jour de mon départ pour Berlin, j'ai croisé Dany

Cohn-Bendit. Rencontre de bon augure, ai-je pensé. Dany est né en avril 1945, au moment même où je revenais de la mort. Sa vie a commencé lorsque la mienne a recommencé : les jours qui m'éloignaient de la mort, semaine après semaine, année après année, étaient des jours qui s'ajoutaient à sa vie. De surcroît, Dany Cohn-Bendit est né à Montauban, une ville où des étrangers ont trouvé refuge, pendant les années noires de Pétain, grâce à un maire de gauche. Une ville, Montauban, où Manuel Azaña est mort, le dernier président de la République, l'un des plus grands écrivains espagnols du XXe siècle. Il est évident que ça créait des liens entre nous, toute cette mort, toute cette vie.

De bon augure, donc, la rencontre.

Je faisais le voyage de Weimar avec Thomas et Mathieu Landman, mes petits-fils par les liens du cœur. Une filiation qui en vaut toute autre, qui peut même prendre le pas sur n'importe quelle autre. Mais je crois l'avoir déjà dit. Ai-je dit aussi pourquoi je les avais choisis pour m'accompagner ?

Avec eux, il était devenu possible d'évoquer l'expérience d'autrefois, le vécu de cette ancienne mort, sans avoir une impression d'indécence ou d'échec. Formule sans doute choquante en français : le « vécu » de la mort, ça sonne étrangement. En allemand, ce serait lumineux, quoi qu'en eût pensé Ludwig Wittgenstein : *das Erlebnis dieses Todes*. En espagnol aussi, d'ailleurs : *la vivencia de aquella antigua muerte*. Il n'y a que la langue française qui n'ait pas de substantif actif pour désigner les expériences de la vie. Il faudra en chercher les raisons, un jour.

Était-ce parce que Thomas et Mathieu avaient été bien élevés ? Je ne pense pas, j'espère qu'on l'aura compris, à la bonne éducation des bonnes manières : je pense à l'élévation de l'esprit, son ouverture, qu'enseignent l'exemple, la tendresse, et la longue impatience parentale. Bien élevés, donc, à l'écoute et l'inquiétude, à ne pas prendre la vie comme elle vient mais à bras-le-corps. Était-ce parce qu'ils avaient un quart – providentiel – de sang juif de Czernowitz dans leurs veines ? Suffisamment de sang juif pour être curieux du monde, de ses misères et de ses grandeurs dans le décours du siècle ? Ou était-ce, plus banalement, parce que leur âge et leur rapport avec moi – chargé de besoins et d'exigences mais délié de toute obligation – leur permettaient un questionnement qu'un fils n'aurait jamais eu l'idée de s'autoriser (ni même, bien naturellement, le désir) ? Le fait est que Thomas et Mathieu Landman, le temps adolescent des questions venu, chacun à son tour, puisqu'une dizaine d'années les séparent, ont eu besoin de savoir à quoi s'en tenir à mon égard. À l'égard de mon expérience ancienne des camps.

Ils m'accompagnaient, donc, ce mois de mars de 1992. Ce samedi de mars de 1992.

À l'aéroport de Berlin, une voiture nous attendait pour nous conduire à Weimar, où nous avions rendez-vous avec Peter Merseburger, sa femme Sabine et leur équipe de télévision.

Bientôt, le mauvais état de la chaussée et la multiplication des chantiers de réfection en cours nous firent comprendre que nous nous enfoncions dans le territoire de l'ancienne R.D.A.

Je regardais le paysage, les noms des villages et des villes indiqués sur les pancartes routières, à l'embranchement des bretelles de sortie de l'autoroute. À un certain moment, un sentiment de malaise ou d'inquiétude commença à sourdre. Je ne savais pourquoi, mais depuis quelque temps chaque nouveau nom de ville aperçu sur l'une de ces pancartes augmentait le malaise. Je compris soudain : dans chacune de ces villes il y avait eu, autrefois, un kommando extérieur ou camp secondaire dépendant de l'administration centrale de Buchenwald. Je travaillais à l'*Arbeitsstatistik*, au fichier central, et j'enregistrais les informations parvenant de tous ces camps extérieurs. Quarante-sept ans après, les noms me revenaient à la mémoire. Ces villes perdues dans la plaine ou enfouies dans la verdure avaient des noms d'anciens camps extérieurs de Buchenwald.

Nous approchions de Weimar, donc. Nous entrions dans le territoire de l'ancienne mort.

– Das hat er nicht eingeschrieben, Student.., Etwas ganz anderes hat er geschrieben...

L'homme a une quarantaine d'années, à première vue. Il a une barbe plutôt rousse, un regard attentif mais mélancolique. Il a rompu le silence auquel il nous avait habitués, depuis le commencement de la visite de Buchenwald, pour nous dire cela, d'une voix basse mais catégorique : « Il n'a pas écrit " étudiant ", mais tout autre chose ! »

Un dimanche de mars. Un beau dimanche de mars, frais et ensoleillé. Un dimanche à Buchenwald, de nouveau. Le vent souffle sur la colline de l'Ettersberg, comme les dimanches d'autrefois. Le vent de l'éternité sur la colline éternelle de l'Ettersberg.

La veille, la voiture nous avait déposés, Thomas, Mathieu et moi, sur la place du marché de Weimar, devant l'hôtel de l'Éléphant où nous attendait Peter Merseburger.

J'étais descendu sur le trottoir, j'avais fait quelques pas pour me dégourdir les jambes, j'avais regardé autour de moi. La place était d'un calme provincial, ses façades étaient pimpantes. C'était beau et étrangement familier : ça ressemblait à toutes sortes de places de marché de vieilles villes d'Europe centrale que j'aurais déjà vues.

Je continuais de contempler le paysage urbain, attentif aux détails, avec une impression de familiarité, de déjà-vu, troublée pourtant par un sourd mal-être, un brin de désarroi, lorsque mon sang s'est mis à battre follement.

Du déjà-vu, bien sûr !

J'étais venu ici, dans une vie antérieure, un jour d'avril de 1945, avec le lieutenant Rosenfeld. J'avais oublié l'escapade à Weimar avec Rosenfeld. À tel point l'avais-je oubliée que dans

292

la première version de ce récit je n'en avais pas dit un mot. Il me faudrait réintroduire le lieutenant Rosenfeld dans mon récit de ces journées d'autrefois. Il me fallait réinventer Rosenfeld, en quelque sorte : le faire renaître du néant confus de ma mémoire obnubilée, abolie.

J'ai observé la Marktplatz de Weimar d'un regard neuf. Je comprenais d'où me venait l'impression de familiarité et aussi le sentiment d'étrangeté, de désarroi. Près d'un demi-siècle après, la place était plus fraîche, plus neuve que sous le regard de mes vingt ans. En 1945, la place était en partie recouverte de poussière et de gravats, tout le côté nord détruit par les bombardements alliés.

Alors, j'ai convoqué le fantôme du lieutenant Rosenfeld à mes côtés. J'allais essayer de vivre ces journées avec lui. Avec le souvenir de mes vingt ans, en somme. Car je savais désormais à quoi ce retour à Weimar était obscurément destiné. Il devait me permettre de retrouver fugitivement la force de mes vingt ans, leur énergie, leur volonté de vivre. Ainsi, sans doute, peut-être, en me retrouvant, trouverais-je la force, l'énergie, la volonté d'aller jusqu'à la fin de cette écriture qui se dérobait sans cesse qui me fuyait. Ou plutôt : à laquelle je me dérobais sans cesse, que je fuyais à la moindre occasion.

Accompagné par Thomas et Mathieu Landman, et par le fantôme d'un jeune Juif allemand qui avait été le lieutenant Rosenfeld de l'armée américaine, j'ai franchi le seuil de l'hôtel de l'Éléphant.

Une fois installé dans ma chambre, et avant de rejoindre mes petits-fils pour déjeuner avec eux, j'ai placé sur la table les trois livres que j'avais emportés dans ce voyage.

Le premier était un roman de Thoman Mann, *Charlotte à Weimar*. C'était un volume de la collection blanche de la N.R.F., traduit de l'allemand par Louise Servicen. Publié à

Paris au début de l'année 1945, ce roman de Thomas Mann est le premier livre que j'ai acheté à mon retour de Buchenwald. J'étais entré dans une librairie du boulevard Saint-Michel, un jour quelconque du mois de mai. Je voulais vérifier si le paysage littéraire était bien celui que m'avait décrit Marc, l'officier français. S'il n'avait pas oublié ou négligé quelque auteur nouveau. C'était Laurence qui m'accompagnait, d'ailleurs. Ce qui situe ce jour quelconque du mois de mai où je suis entré dans une librairie du boulevard Saint-Michel après le 8, date à laquelle j'ai connu Laurence.

Il me faut avouer qu'à cette époque, c'était plutôt Laurence qui m'accompagnait dans les librairies, et Odile dans les chambres à coucher. Ce n'était pas un choix, ça se trouvait ainsi. Je ne suis pas certain que j'eusse préféré le contraire, je regrette simplement de ne pas avoir eu l'occasion d'aller parfois d'une librairie à la chambre à coucher, ou vice versa : mais la vie n'est pas parfaite, on le sait. Elle peut être un chemin de perfection, mais elle est loin d'être parfaite.

J'étais entré un jour quelconque du mois de mai – après le 8 – dans une librairie, avec Laurence, et j'avais acheté *Charlotte à Weimar*, de Thomas Mann. À cause de Thomas Mann, un peu. À cause de Weimar, surtout. Je savais que la Charlotte en question était celle de Goethe, du *Werther* de Johann Wolfgang von Goethe, et celui-ci avait été un personnage de ma vie à Buchenwald. À cause de ses promenades sur l'Ettersberg avec Eckermann et à cause de Léon Blum.

Mais je ne savais pas, en achetant le roman, que l'hôtel de Weimar où allait descendre Charlotte Kestner, née Buff, de Hanovre, la Lotte de *Werther*, était celui de l'Éléphant. Je ne le savais pas, mais le détail s'était gravé dans ma mémoire.

De sorte qu'en recevant de Merseburger le plan de travail de notre entretien filmé à Buchenwald et en apprenant que nous allions loger à l'Éléphant, j'avais aussitôt recherché dans ma bibliothèque le volume de Thomas Mann. Que j'ai trouvé, peut-être pas exactement où il aurait dû être, si ma bibliothèque avait été classée de façon rationnelle, mais trouvé quand même. En compagnie de certains autres livres qui n'avaient aucun rapport avec Thomas Mann, ni même avec Goethe, mais qui avaient un rapport avec Buchenwald, comme si une obscure prémonition m'avait porté à l'inclure dans ce contexte, qui s'avérait lisible, tant d'années plus tard.

J'avais donc fini par trouver *Charlotte à Weimar* à côté d'un récit de Serge Miller, mon camarade du block 62 du Petit Camp de quarantaine, *Le laminoir* (préfacé par François Mitterrand, soit dit en passant, car Serge avait fait partie du M.N.P.G.D.). À côté aussi de *L'enfer organisé*, d'Eugen Kogon, sans doute le rapport le plus objectif et le plus exhaustif – bien qu'il ait été écrit immédiatement après la libération du camp – sur les conditions de vie, de travail et de mort à Buchenwald.

L'exemplaire de Thomas Mann que j'avais retrouvé en si étrange mais significative compagnie n'était pas celui que j'avais acheté en 1945, au mois de mai (après le 8 de ce mois). C'était un exemplaire de la quatorzième édition, publiée en octobre 1948. Ce qui prouve que j'avais toujours tenu à avoir ce livre près de moi et que, après en avoir perdu l'exemplaire originaire, vraisemblablement au cours de l'un de mes nombreux changements de domicile – si tant est qu'on puisse appeler domiciles les lieux de passage où je me posais à l'époque –, j'en avais racheté un autre. Celui que j'avais emporté à Weimar, précisément, au mois de mars 1992.

Il va sans dire que l'Éléphant avait beaucoup changé, depuis l'automne 1816 où eut lieu la visite à Weimar de Charlotte Kestner, née Buff, si l'on se réfère à la description qu'en fait dans ses pages Thomas Mann. En 1938, en particulier, il avait été réaménagé intérieurement dans le goût de l'époque, qui n'était pas innocent, loin s'en faut. Plutôt hitlérien, c'est-à-dire d'une netteté germanique dévoyée par la grandiloquence, car s'affichant avec excès.

Le lieutenant Rosenfeld ne m'avait pas fait visiter l'hôtel de l'Éléphant lors de notre escapade à Weimar, pour la fête de la Saint-Georges, en 1945. Je pouvais imaginer, cependant, le discours qu'il m'aurait tenu, si tel avait été le cas. Il m'en aurait raconté l'histoire, depuis 1696, l'année de sa construction. Il m'aurait raconté la vie et l'œuvre de tous ceux qui s'y étaient une fois ou l'autre rencontrés, de Goethe et Schiller, Bach et Wagner, à Tolstoï et Gropius. Sans oublier Adolf Hitler, bien sûr, ni les écrivains français des années noires, venus aux congrès de la *Propagandastaffel* pour discuter de la nouvelle Europe à quelques kilomètres du four crématoire de Buchenwald.

Si le lieutenant Rosenfeld n'avait pas eu la possibilité de me raconter, avec son érudition chatoyante et ironique, l'histoire de l'Éléphant, je suis cependant certain qu'il aurait approuvé le choix de mes livres-compagnons de voyage. Pour *Charlotte à Weimar*, cela va sans dire. Mais il aurait également été satisfait par les deux autres.

Le deuxième contenait, en effet, la correspondance échangée entre Martin Heidegger et Karl Jaspers, de 1920 à 1963, publiée par Klostermann et Piper.

Dès 1941 j'avais commencé à discuter de *Sein und Zeit* avec Claude-Edmonde Magny. À la même époque, il est arrivé que Heidegger fût aussi le sujet, du moins occasionnellement, de mes conversations avec Henri-Irénée Marrou, également connu sous le nom de plume de Davenson, particulièrement pour ses chroniques musicales. Marrou était un géant débonnaire, au savoir universel, pédagogique quand il le fallait, mais jamais pédant, parce que tempéré par de l'ironie et de la tolérance, vertus cardinales des grands esprits. Il me donnait rendez-vous à la « Dauphine », une pâtisserie-salon de thé du boulevard Saint-Germain qui ne proposait que des succédanés, à cette époque de restrictions de l'Occupation, mais avec élégance et savoir-faire. De là, nous partions vers de longues randonnées pédestres jusqu'aux confins de Paris – ma connaissance approfondie des portes, poternes, fortifs et proches banlieues moins verdoyantes, date de ce moment – et il grignotait l'espace, infatigable, de son pas typique de montagnard, tout en me parlant d'Aristote et de saint Augustin. Et de Heidegger, à l'occasion.

Mais c'est avec le lieutenant Rosenfeld que j'avais entamé l'analyse des rapports du philosophe de Todtnauberg avec le nazisme. Analyse interminable, celle-ci également.

J'avais apporté à Weimar le volume de la correspondance entre Heidegger et Jaspers – à l'arrière-plan de laquelle se déroulent quatre décennies tragiques et décisives de l'histoire allemande – parce qu'il m'avait semblé opportun de relire ces lettres dans l'émotion lucide du retour à Buchenwald. Retour au seul lieu au monde que les deux totalitarismes du XXe siècle, le nazisme et le bolchevisme (l'intégrisme islamique accomplira les ravages les plus massifs si nous n'y opposons pas une politique de réforme et de justice planétaires, au XXIe), auront marqué ensemble de leur empreinte.

Le troisième livre que j'avais choisi pour ce voyage aurait aussi mérité l'approbation du lieutenant Rosenfeld, j'en aurais juré. Si Rosenfeld avait continué à persévérer dans son être, à ressembler au jeune homme que j'avais connu, nul doute qu'il aurait un jour découvert et aimé la poésie de Paul Celan.

C'était un volume de poèmes de Celan que j'avais emporté en troisième lieu. Volume quelque peu particulier : un choix de poèmes en édition bilingue – allemand et anglais – dont la traduction était de Michael Hamburger. Après de longues années de déchiffrage patient des poèmes de Paul Celan dans leur langue originale – qu'il a voulue, du moins, lui, poète roumain, originaire, inaugurale même – et de lecture comparée des traductions existantes dans des langues qui me sont accessibles, il me paraît que l'anglais est celle qui se prête le plus à une approximation convaincante.

Avant de quitter ma chambre pour retrouver Thomas et Mathieu, j'avais ouvert au hasard le volume de Celan, à l'une des pages cornées parce que contenant les poèmes que je relisais le plus souvent. Une fois encore, le hasard fut bien inspiré : c'était la page de *Todtnauberg*.

Ce poème est la seule trace qui nous reste, à ma connaissance, de la conversation entre Celan et Heidegger, dans la cabane-refuge de ce dernier en forêt Noire. Trace hermétique – la poésie atteint ici à sa plus dense et forte obscurité rayonnante – et pourtant transie de transparence. Paul Celan, on s'en souvient, voulait obtenir de Martin Heidegger une formulation claire sur son attitude face au nazisme. Et plus précisément sur l'extermination du peuple juif dans les camps hitlériens. Il ne l'obtint pas, on s'en souvient sans doute aussi. Il n'obtint que ce silence que d'aucuns essaient de faire oublier, ou de combler par des bavardages superficiels : le silence définitif de Heidegger sur la culpabilité allemande. Silence que certaines des lettres de Karl Jaspers évoquent avec une rigueur philosophique dévastatrice, malgré la courtoisie de son propos.

Il nous reste cette trace pourtant, bouleversante. Quelques vers de Paul Celan.

> *die in das Buch*
> *– wessen Namen nahms auf*
> *vor dem meinen ? –*
> *die in dies Buch*
> *geschriebene Zeile von*
> *einer Hoffnung, heute,*
> *auf eines Denkenden*
> *kommendes*
> *Wort*
> *im Herzen...*

Ainsi, sur le livre des visiteurs de Martin Heidegger – quel nom s'y est inscrit avant le sien ? se demande ou feint de se demander Celan –, celui-ci a écrit une ligne pour dire son espérance actuelle, son espoir du jour en question :

einer Hoffnung, heute...

L'espoir d'un mot du penseur qui vienne du cœur. À propos de quoi, ce mot espéré venant du cœur ? À propos du sujet de leur conversation, qui vient de se terminer, probablement. D'aboutir au silence du cœur. De l'esprit aussi, certes, mais c'est au cœur du philosophe que Paul Celan s'est adressé. Un mot du cœur à propos du non-dit de cette conversation, en somme. Du non-dit heideggérien par excellence : le non-dit de la culpabilité allemande. Celui que Martin Heidegger a opposé, sournoisement, mais avec une remarquable ténacité, une constance évidente, au long des années de correspondance, aux tentatives courtoises de Jaspers d'obtenir de lui une opinion sur son essai à propos de la culpabilité allemande, *Die Schuldfrage*. Opinion que le penseur de Todtnauberg refuse de donner, autant à Jaspers qu'à Paul Celan. Dont nous avons le reflet négatif, la trace en creux, dans les lettres du premier et le poème de ce dernier, *Todtnauberg*.

Dans ma chambre de l'Éléphant, je me récite à voix haute les vers de Paul Celan :

einer Hoffnung, heute
auf eines Denkenden
kommendes
Wort
im Herzen...

les mots d'un poète juif de Czernowitz. Je me récite à haute voix le poème de Celan et je pense au destin de la langue allemande : langue de commandement et d'aboiement S.S. – « *der Tod ist ein Meister aus Deutschland* », a pu écrire Celan : « la mort est un maître d'Allemagne » – et langue de Kafka, de Husserl, de Freud, de Benjamin, de Canetti, de Paul Celan lui-même – de tant d'autres intellectuels juifs qui ont fait la grandeur et la richesse de la culture allemande des années trente de ce siècle : langue de subversion, donc, d'affirmation universelle de la raison critique.

Einer Hoffnung, heute...

L'espoir inscrit ce jour-là sur le livre des visiteurs de Martin Heidegger n'a pas été comblé. Nul mot du cœur du penseur n'est venu combler ce silence. Paul Celan s'est jeté dans la Seine, quelque temps après : nul mot du cœur ne l'avait retenu.

C'était le lendemain, dimanche, sur la place d'appel de Buchenwald.

Nous nous étions tous tournés, médusés, vers le barbu méditatif et laconique qui nous avait accompagnés, pendant toute la visite du camp.

Le vent d'autrefois, de toujours, soufflait sur l'éternité de l'Ettersberg.

Nous étions arrivés en voiture, avec Sabine et Peter Merseburger. L'équipe de télévision nous attendait sur place. Nous sommes arrivés sur l'avenue des Aigles qui mène à l'entrée de Buchenwald. Mais il n'y avait plus d'aigles hitlériennes, plus de hautes colonnes pour les dresser vers le ciel où montaient autrefois les fumées du crématoire. Il y avait la route, quelques baraquements du quartier S.S. avaient subsisté. La porte monumentale était toujours là, surmontée de la tour de contrôle. Nous avons franchi la grille, avec le guide barbu qui nous attendait à l'entrée. J'ai effleuré de ma main les lettres de l'inscription découpée dans le fer forgé de la grille d'entrée, JEDEM DAS SEINE : « À chacun son dû. »

Je ne peux pas dire que j'étais ému, le mot est trop faible. J'ai su que je revenais chez moi. Ce n'était pas l'espoir qu'il fallait que j'abandonne, à la porte de cet enfer, bien au contraire. J'abandonnais ma vieillesse, mes déceptions, les ratages et les ratures de la vie. Je revenais chez moi, je veux dire dans l'univers de mes vingt ans : ses colères, ses passions, sa curiosité, ses rires. Son espoir, surtout. J'abandonnais toutes les désespérances mortelles qui s'accumulent dans l'âme, au long d'une vie, pour retrouver l'espérance de mes vingt ans qu'avait cernée la mort.

Nous avions franchi la grille, le vent de l'Ettersberg m'a frappé au visage. Je ne pouvais rien dire, j'avais envie de courir comme un fou, de traverser à la course la place d'appel, de descendre en courant vers le Petit Camp, vers l'emplacement du block 56 où Maurice Halbwachs était mort, vers la baraque de l'infirmerie où j'avais fermé les yeux de Diego Morales.

Je ne pouvais rien dire, je suis resté immobile, saisi par la beauté dramatique de l'espace qui s'offrait à ma vue. J'ai posé une main sur l'épaule de Thomas Landman, qui se trouvait près de moi. Je lui avais dédicacé *Quel beau dimanche!* pour qu'il pût, plus tard, après ma mort, se souvenir de mon souvenir de Buchenwald. Ce serait plus facile pour lui, désormais. Plus difficile aussi, sans doute, parce que moins abstrait.

J'ai posé une main sur l'épaule de Thomas, comme un passage de témoin. Un jour viendrait, relativement proche, où il ne resterait plus aucun survivant de Buchenwald. Il n'y aurait plus de mémoire immédiate de Buchenwald : plus personne ne saurait dire avec des mots venus de la mémoire charnelle, et non pas d'une reconstitution théorique, ce qu'auront été la faim, le sommeil, l'angoisse, la présence aveuglante du Mal absolu – dans la juste mesure où il est niché en chacun de nous, comme liberté possible. Plus personne n'aurait dans son âme et son cerveau, indélébile, l'odeur de chair brûlée des fours crématoires.

Un jour j'avais fait dire à Juan Larrea, un personnage de roman qui était mort à ma place, dans *La montagne blanche*, les mots suivants : « J'ai pensé que mon souvenir le plus personnel, le moins partagé... celui qui me fait être ce que je suis... qui me distingue des autres, du moins, tous les autres... qui me retranche même, tout en m'identifiant, de l'espèce humaine... à quelques centaines d'exceptions près... qui brûle dans ma mémoire d'une flamme d'horreur et d'abjection... d'orgueil aussi... c'est le souvenir vivace, entêtant, de l'odeur du four crématoire : fade, écœurante... l'odeur de chair brûlée sur la colline de l'Ettersberg... »

Un jour prochain, pourtant, personne n'aura plus le souvenir réel de cette odeur : ce ne sera plus qu'une phrase, une référence littéraire, une idée d'odeur. Inodore, donc.

J'avais pensé à tout cela, en m'avançant vers le centre de la place d'appel de Buchenwald, un dimanche de mars, en 1992. Je m'étais souvenu de Juan Larrea, qui avait pris la place que la mort m'avait gardée à ses côtés, depuis toujours. Et j'avais posé ma main sur l'épaule de Thomas Landman.

Une main légère comme la tendresse que je lui portais, lourde comme la mémoire que je lui transmettais.

Un matin d'août, près d'un demi-siècle auparavant, la veille de la destruction d'Hiroshima, j'avais quitté la rue Schœlcher, l'atelier de Claude-Edmonde Magny. J'avais marché vers la rue Froidevaux, vers l'une des entrées secondaires du cimetière Montparnasse. Il fallait que je me recueille un instant sur la tombe de César Vallejo.

... no mueras, te amo tanto!
Pero el cadáver ¡ay! siguió muriendo...

302

J'avais à peine eu le temps de penser aux mots de Vallejo :

... ne meurs pas, je t'aime tant!
Mais le cadavre, hélas! continua de mourir...

trois mois auparavant, dans une salle de l'infirmerie de Buchenwald, lorsque Diego Morales était mort dans mes bras. Le poète péruvien reposait, comme on dit, dans sa tombe de Montparnasse. Qu'on pouvait fleurir, à l'occasion : C.-E. Magny l'avait fait pendant mon absence. Qu'on pouvait visiter, pour s'y recueillir. À tous les sens du terme, y compris le plus fort. Y compris dans le sens d'une méditation qui transcendât et rassemblât tous les morceaux épars et distraits de soi-même.

Mais Diego Morales, le Rouge espagnol, frère de ceux qui hantent les derniers poèmes de Vallejo, ne reposait nulle part, lui. Il n'était pas parti en fumée sur la forêt de l'Ettersberg, pourtant, comme tant de milliers d'autres combattants : le ciel n'avait pas été son linceul, car le four crématoire ne fonctionnait plus. Morales avait été enterré dans l'une des fosses communes que les Américains avaient creusées pour ensevelir les centaines de cadavres qui empuantissaient l'atmosphère du Petit Camp. Il ne reposerait nulle part, en somme, dans le *no man's land,* puisqu'il n'y a pas de mot français pour la « terre de personne ». *Niemandsland,* en allemand. *Tierra de nadie,* en espagnol.

J'avais besoin de me recueillir un instant sur la tombe de César Vallejo.

Juste avant de m'accompagner à la porte, Claude-Edmonde Magny avait feuilleté une dernière fois les pages dactylographiées de sa *Lettre sur le pouvoir d'écrire.* Elle avait trouvé la phrase qu'elle cherchait :

« Je dirais volontiers : Nul ne peut écrire s'il n'a le cœur pur, c'est-à-dire s'il n'est pas assez dépris de soi... »

Elle m'avait regardé en silence.

Certes, il y aurait eu beaucoup à dire. N'est-ce pas seulement dans l'écriture qu'un écrivain peut parvenir à cette pureté de cœur qu'elle invoquait ? La seule ascèse possible de l'écrivain n'est-elle pas à chercher précisément dans l'écriture, malgré l'indécence, le bonheur diabolique et le malheur rayonnant qui lui sont consubstantiels ?

Il y aurait eu beaucoup à dire, mais je n'en avais plus la force, ce jour-là. De toute façon, il ne fallait pas détacher cette phrase du contexte global de la *Lettre*. Le sens en était clair, dans ce contexte : l'écriture, si elle prétend être davantage qu'un jeu, ou un enjeu, n'est qu'un long, interminable travail d'ascèse, une façon de se déprendre de soi en prenant sur soi : en devenant soi-même parce qu'on aura reconnu, mis au monde l'autre qu'on est toujours.

Je me suis souvenu de ces mots de Claude-Edmonde Magny, sur la place d'appel de Buchenwald, un dimanche de mars, tant d'années plus tard.

Je m'étais arrêté, saisi par la beauté dramatique de l'espace qui s'étendait devant moi.

Je savais que les autorités de la République démocratique allemande avaient édifié un ensemble commémoratif, monumental, sur le versant de l'Ettersberg qui est tourné vers la ville de Weimar, à ses pieds. J'avais vu des photographies, c'était affreux. Une tour, des groupes de sculptures, une allée bordée de murs couverts de bas-reliefs, des escaliers monumentaux. « Dégueulasse » serait le qualificatif le plus approprié : le genre Arno Breker revu et amélioré par le réalisme socialiste. Ou l'inverse. À moins que l'un et l'autre genres ne fussent superposables, parce que identiques dans leur essence, ce n'était pas impensable.

Mais je ne savais pas ce qu'on avait fait du camp lui-même, du monotone alignement de baraques et de blocks en ciment. La surprise a donc été totale.

On avait conservé l'enceinte barbelée, les miradors de surveillance qui la jalonnaient à intervalles réguliers. La tour de contrôle qui surmontait le portail était en place, identique au souvenir que j'en gardais. Ainsi que les bâtiments du crématoire, des douches et du magasin général d'habillement. Tout le reste avait été rasé, mais, comme dans un site archéologique, l'emplacement et les fondations de chacune des baraques, de chaque block en ciment étaient signalés par des rectangles de gravillon gris entourés d'une bordure de pierre, à un angle desquels une borne rappelait le numéro que le bâtiment disparu avait porté autrefois.

Le résultat était d'une force dramatique incroyable. L'espace vide ainsi créé, cerné par l'enceinte barbelée, dominé par la cheminée du crématoire, balayé par le vent de l'Ettersberg, était un lieu de mémoire bouleversant.

J'étais là, immobile. Mathieu faisait des photos, Thomas s'était légèrement écarté, comprenant mon besoin de solitude.

Avais-je le cœur pur, désormais? M'étais-je assez dépris de moi-même? J'en ai eu l'impression, à cet instant. Toute ma vie m'était devenue transparente, dans une sorte de vertige bienheureux. J'avais eu vingt ans ici, c'est ici que ma vie s'accomplissait, par ce retour à l'époque où elle n'avait été que de l'avenir.

C'est alors que j'ai entendu le murmure multiple des chants d'oiseaux. Ils étaient revenus sur l'Ettersberg, en fin de compte. Le bruissement de leur chant m'entourait comme une rumeur océanique. La vie était revenue sur la colline de l'Ettersberg. J'ai dédié cette nouvelle au lieutenant Rosenfeld, où qu'il se trouvât dans le vaste monde.

Nous nous étions tous tournés, médusés, vers le quadragénaire laconique et barbu qui nous avait accompagnés pendant toute la visite de Buchenwald.

Parfois, j'avais saisi son regard, j'y avais décelé un étonnement quelque peu admiratif. Il s'étonnait sans doute de la précision de mes souvenirs. Il hochait la tête, pour approuver en silence mes explications.

L'homme travaillait déjà à Buchenwald sous le régime antérieur, qui avait fait du camp un lieu de tourisme politique. Un musée y avait été installé, au rez-de-chaussée de l'ancienne *Effektenkammer*, le magasin général d'habillement.

Le quadragénaire, donc, barbu, mélancolique et probablement ancien communiste, m'avait laissé parler, pendant que nous parcourions le camp. J'avais essayé d'être le plus objectif possible, d'éviter les adjectifs et les adverbes, en restant extérieur à mes émotions.

À la fin, après le parcours, revenus sur la place d'appel, j'avais raconté aux Merseburger, à Thomas et à Mathieu la nuit de mon arrivée au camp, en janvier 1944.

Le quadragénaire barbu, au regard triste, m'écoutait attentivement.

Un demi-siècle plus tôt, à peu de chose près, j'avais déjà raconté cet épisode au lieutenant Rosenfeld. L'épuisement, la soif, la douche, la désinfection, la course dans le souterrain entre le bâtiment des douches et celui de l'*Effektenkammer*, tout nus, le long comptoir d'où on nous lançait des pièces de vêtement disparates. Et pour finir, le détenu allemand qui ne voulait pas m'inscrire comme étudiant, qui voulait à tout prix me donner une autre profession.

Le lieutenant Rosenfeld avait trouvé que c'était un bon début. Début de quoi ? avais-je demandé. Début de l'expérience et du récit que je pourrais en faire, m'avait-il répondu.

Près d'un demi-siècle plus tard, j'achevais de raconter cette même histoire, sous le regard attentif du quadragénaire barbu.

— Alors, sans doute excédé par mon obstination, il m'a fait signe de partir, de laisser ma place au suivant... Et il a écrit « étudiant » sur ma fiche, d'un geste qui m'a paru rageur...

C'est alors que le quadragénaire a parlé, d'une voix égale, calme, mais catégorique.

– Non, a-t-il dit, il n'a pas écrit ça!

Nous nous étions tournés vers lui, médusés.

– Il n'a pas écrit « étudiant », mais tout autre chose!

Il avait fait un geste vers une poche intérieure de sa veste et en avait extrait un bout de papier.

– J'ai lu vos livres, me dit-il. Vous avez déjà fait allusion à cet épisode dans *Quel beau dimanche!* Alors, sachant que vous veniez aujourd'hui, je suis allé chercher votre fiche d'arrivée dans les dossiers de Buchenwald.

Il a eu un sourire bref.

– Vous le savez, les Allemands aiment l'ordre! J'ai donc retrouvé votre fiche, telle qu'elle a été établie la nuit de votre arrivée...

Il m'a tendu la feuille de papier.

– En voici une photocopie! Vous pourrez constater que le camarade allemand n'a pas écrit « étudiant »!

J'ai pris la feuille de papier, mes mains tremblaient.

Non, il n'avait pas écrit *Student,* le camarade allemand inconnu. Poussé sans doute par une association phonétique, il avait écrit *Stukkateur.*

Je regardais la fiche, mes mains tremblaient.

44904

S e m p r u n , George	Polit.
10. 12. 23 Madrid	Span.
Stukkateur	
29. Jan. 1944	

C'est ainsi que se présentait ma fiche personnelle établie la nuit de mon arrivée à Buchenwald.

Imprimé à l'avance, 44904 était le matricule qui m'était destiné. Je veux dire : qui était destiné au déporté, quel qu'il fût, qui serait arrivé à ce moment précis devant l'homme chargé de remplir cette fiche.

Par hasard, c'était moi. Par chance, plutôt.

Le simple fait d'avoir été inscrit comme « stucateur » m'a probablement sauvé des transports vers Dora, massifs à l'époque. Or Dora était le chantier d'une usine souterraine où allaient être fabriquées les fusées V1 et V2. Un chantier infernal, où le travail épuisant, dans la poussière des tunnels, était mené à la trique par les *Sturmführer* S.S. eux-mêmes, sans autres intermédiaires avec les déportés que des détenus de droit commun qui en rajoutaient dans la bêtise et la brutalité, pour consolider leur pouvoir. Éviter Dora, en somme, c'était éviter la mort. Éviter, du moins, la multiplication des chances de mourir.

Je n'ai su cela que plus tard, certes. Je n'ai su que plus tard comment fonctionnait en janvier et février 1944 le système des transports massifs vers Dora. Dès qu'un nouveau contingent de déportés parvenait à Buchenwald, ces mois-là, un premier tri était opéré parmi les hommes parqués dans les baraques du Petit Camp de quarantaine. De cette première sélection aveugle n'étaient exclus que les déportés possédant une qualification, une expérience professionnelle utilisable dans l'ensemble productif de Buchenwald.

Il avait raison, le communiste anonyme qui s'efforçait de me faire comprendre cette réalité : pour survivre, à Buchenwald, il valait mieux être ouvrier qualifié, *Facharbeiter*.

Or le travail de stucateur était un travail qualifié. Les stucateurs étaient venus d'Italie, des siècles plus tôt, à la Renaissance. Ils apportaient avec eux leur savoir-faire et le nom pour les qualifier. Ils ont décoré à Fontainebleau et sur les bords de la Loire les châteaux des rois de France.

Ainsi, il était probable que l'un de ces jours de février 1944 – le froid était terrible ; la neige recouvrait le camp, comme elle recouvrirait plus tard ma mémoire ; les corvées étaient atroces –

en établissant la liste d'un transport vers Dora, quelqu'un était tombé sur mon nom et m'avait écarté parce que j'étais stucateur. Je pourrais décorer, sinon les châteaux des rois de France, du moins les villas luxueuses des chefs de la division S.S. Totenkopf.

Je tenais ma fiche à la main, un demi-siècle plus tard, je tremblais. Ils s'étaient tous rapprochés de moi, les Merseburger, Thomas et Mathieu Landman. Ils regardaient, sidérés par la chute imprévue de mon histoire, ce mot absurde et magique, *Stukkateur*, qui m'avait peut-être sauvé la vie. Je me souvenais du regard d'au-delà de la mort du communiste allemand essayant d'expliquer pourquoi il valait mieux être travailleur qualifié à Buchenwald. Ma fiche est passée de main en main, tout le monde s'exclamait.

J'ai cherché le regard du quadragénaire barbu et mélancolique. Une lueur y brillait, nouvelle. Une sorte de fierté virile illuminait son regard.

« En ce qui concerne la survie, a dit Primo Levi, dans un entretien avec Philip Roth, je m'interroge souvent sur ce problème, et c'est une question que beaucoup m'ont posée. J'insiste sur le fait qu'il n'y avait pas de règle générale, si ce n'était arriver au camp en bonne santé et connaître l'allemand. En dehors de cela, la chance faisait le reste. J'ai vu survivre des gens astucieux et des gens idiots, des courageux et des poltrons, des " penseurs " et des fous. »

J'étais en bonne santé, en arrivant à Buchenwald. Et je connaissais l'allemand. J'étais même le seul déporté espagnol à connaître la langue des maîtres, le seul, donc, à pouvoir être affecté à un kommando de travail administratif.

Comme Primo Levi le fait aussi, dans son remarquable entretien avec Roth, j'ajouterais à ces éléments objectifs un facteur subjectif : la curiosité. Elle vous aide à tenir de façon non évaluable, certes, mais sans doute décisive.

« Je me souviens d'avoir vécu cette année à Auschwitz, poursuit Primo Levi, dans un état exceptionnel d'ardeur. Je ne sais pas si cela venait du fait de ma formation professionnelle, d'une résistance insoupçonnée ou bien d'un instinct profond. Je n'arrêtais jamais d'observer le monde et les gens autour de moi, à tel point que j'en ai encore une vision très précise. J'éprouvais le désir intense de comprendre, j'étais constamment envahi par une curiosité que, plus tard, quelqu'un qualifia, en fait, rien moins que de cynique. »

Être en bonne santé, curieux du monde et connaître l'allemand : la chance ferait le reste, en effet.

Toute ma vie – ma survie – j'avais pensé cela. Même quand je ne parlais pas de cette expérience. D'où mon incapacité à ressentir un sentiment de culpabilité. Coupable d'être vivant ? Je n'ai jamais éprouvé ce sentiment – ou ressentiment ? – tout en étant parfaitement capable de le concevoir, d'en admettre l'existence. D'en débattre, donc.

Mais ce dimanche de mars, en 1992, sur la place d'appel de Buchenwald, l'apparition de la fiche établie le jour de mon arrivée, et ce mot incongru, *Stukkateur,* m'obligeaient à une nouvelle réflexion.

Certes, c'était le hasard qui m'avait placé devant le communiste allemand au regard glacial, survivant des années terribles de Buchenwald. Un autre communiste allemand – j'en ai connu de nombreux, trop nombreux, qui auraient agi ainsi – aurait pu, excédé par mon arrogance intellectuelle, m'inscrire comme *Student.* Sans doute même sans essayer de me donner la moindre explication sur l'univers du camp. Excédé, et, à la limite, pas préoccupé du tout d'envoyer à Dora un jeune bourgeois. « Qu'il se démerde, ce merdeux ! Qu'il apprenne à vivre, ce blanc-bec ! De toute façon, ils ne sauront jamais comment c'était vraiment : les camps ne sont plus que des sanas, désormais ! »

Combien de fois n'ai-je pas entendu, plus tard, dans des

situations sinon identiques du moins comparables, des expressions comme celles-là dans la bouche de vieux détenus allemands !

Il n'empêche : mon communiste allemand inconnu avait réagi en tant que communiste. Je veux dire : de façon conforme à l'idée du communisme, quelles qu'en aient été les péripéties historiques, plutôt sanglantes, asphyxiantes, moralement destructrices. Il avait réagi en fonction d'une idée de la solidarité, de l'internationalisme. En fonction d'une idée généreuse de l'homme. Il ne savait rien de moi, il m'a vu passer quelques secondes dans sa vie, comme tant de milliers d'autres inconnus, au long de ces années terribles. Peut-être a-t-il même oublié ensuite ce geste qu'il avait fait, ce mot qu'il avait retrouvé par association phonétique. Peut-être m'a-t-il complètement oublié, ensuite.

Il n'empêche : c'est parce que cet Allemand anonyme était communiste qu'il m'a sauvé la vie.

Je sais – je devine ou je suppose, plutôt, à partir de mon expérience : les documents et les témoignages véridiques ne sont pas encore totalement accessibles –, je devine assez facilement à quel point l'histoire de l'organisation du K.P.D., du parti communiste allemand, a été complexe à Buchenwald. À quel point elle a été sordide et héroïque, sanglante et généreuse, mortifère et morale.

Imaginons, ne fût-ce qu'un instant.

Ces hommes ont été arrêtés après la prise du pouvoir par les nazis, en 1933. Après une défaite politique honteuse, où leur part de responsabilité était immense. Où, plutôt, était immense la responsabilité de Staline et du Komintern, dont la politique aventuriste, sectaire et remplie de virages absurdes avait conduit au désastre et à la démoralisation des militants. Plus tard, la plus grande partie d'entre eux – l'une des spécificités de Buchenwald aura été la concentration dans ce camp des cadres communistes et sociaux-démocrates, qui a permis la prédominance ultérieure des politiques sur les droits-communs dans l'administration interne –, en 1937, donc, ils se retrouvent à déboiser un versant de l'Ettersberg pour y construire le camp. À peine terminée cette édification, à peine mise en place leur structure de résistance et de survie, les communistes voient fondre sur eux la nouvelle du pacte germano-soviétique. Peut-on faire l'effort d'imaginer ce que cela représente d'être un fidèle communiste, à Buchenwald, en 1939, au moment du pacte entre Hitler et Staline ? Quelles discussions, quels déchirements, quels affrontements cet événement a-t-il dû produire dans les organisations illégales de Buchenwald !

Il n'est pas impossible de supposer quelle histoire terrible se cachait et se montrait à la fois dans les regards, les silences, les demi-mots des communsites allemands que j'ai connus à Buchenwald. Que j'ai parfois trouvé haïssables, parfois admirables. Mais dont j'ai toujours respecté la part d'ombre, d'horreur existentielle abominable, même si le respect – j'espère qu'on l'aura compris – ne vaut pas pardon. Et encore moins oubli.

Cette nuit lointaine de janvier, c'est le hasard qui m'a conduit devant ce communiste anonyme, au regard d'au-delà toute souffrance, toute mort, toute compassion. C'est peut-être le hasard aussi qui en avait fait un communiste. Ma chance aura été qu'il le fût, pourtant. Qu'il fût capable, à ce moment, d'être attentif à l'Autre : moi-même. Attentif à je ne sais quoi dans mon visage, mes paroles. Attentif à l'idée de l'homme qui en avait fait un militant, autrefois, dans la vie au-dehors : une idée qui brillait encore comme une petite flamme vacillante dans son esprit, que rien n'avait pu étouffer. Ni l'horreur, ni le mensonge, ni la mort.

Une idée de la fraternité s'opposant encore au déploiement funeste du Mal absolu.

Stukkateur, donc : c'était le mot de passe qui m'avait rouvert les portes de la vie.

Dans ma chambre de l'Éléphant, cette nuit de dimanche là, la neige était de nouveau tombée sur mes rêves.

L'entretien proprement dit ne devant être filmé que le lendemain lundi, aux endroits de Buchenwald que nous avions repérés le matin, j'ai passé l'après-midi à traîner dans Weimar avec Thomas et Mathieu Landman.

Le fantôme du lieutenant Rosenfeld nous accompagnait. À un certain moment de la promenade, je me suis demandé si Rosenfeld avait connu l'œuvre de Jean Giraudoux. Avions-nous parlé de Giraudoux tous les deux, en ces lointains jours d'avril 1945 ? Je ne m'en souvenais pas. Ce n'était pas impossible, pourtant. Rosenfeld connaissait bien la littérature française et nous avions parlé de l'attitude des écrivains français sous l'Occupation. Jean Giraudoux, en tout cas, n'était pas venu à Weimar, aux colloques de la *Propagandastaffel*. Je me suis souvenu de Giraudoux parce que celui-ci aurait pu écrire un très beau monologue pour le spectre du lieutenant Rosenfeld, qui nous accompagnait cet après-midi-là.

Quoi qu'il en soit, Thomas, Mathieu et moi avions visité le *Gartenhaus* de Goethe, au-delà de l'Ilm, ainsi que sa maison en ville, sur le *Frauenplan*. Nous avions fait le tour de la petite ville, en nous arrêtant pour contempler les principaux monuments, les demeures historiques, ou bien pour boire des bières et des cafés, ou pour palabrer dans les quelques rares boutiques où des objets présentables pouvaient être marchandés en souvenir.

Le soir, Peter et Sabine Merseburger nous avaient invités à dîner dans un restaurant typique. Ce fut amical, détendu, chaleureux. Le *Stukkateur*, cependant, ne manqua pas de faire une fugitive apparition : l'histoire avait visiblement impressionné mes amis allemands.

Et la neige était de nouveau tombée sur mon sommeil.

Ce n'était pas la neige d'autrefois. Ou plutôt c'était la neige d'antan, mais elle était tombée aujourd'hui, sur ma dernière vision de Buchenwald. La neige était tombée, dans mon sommeil, sur le camp de Buchenwald tel qu'il m'était apparu ce matin-là.

Une chose m'avait frappé, aussitôt après avoir entendu le bruissement multicolore des oiseaux revenus sur l'Ettersberg. C'est qu'on ne voyait plus, au pied du versant, l'emplacement du Petit Camp de quarantaine. Que les baraquements en eussent été rasés, comme sur le reste de l'enceinte, cela ne me surprenait pas. Mais l'espace vide n'avait pas été maintenu : la forêt avait repoussé sur l'emplacement du Petit Camp.

La forêt recouvrait désormais le block 56 où j'avais vu mourir Halbwachs et Maspero. Elle recouvrait l'emplacement du bloc 62, où j'étais arrivé le 29 janvier 1944, où j'avais commencé à apprendre à déchiffrer les mystères de Buchenwald. À découvrir les secrets de la fraternité. À contempler, face à face, l'horreur rayonnante du Mal absolu. La forêt recouvrait l'endroit où s'était dressé le bâtiment des latrines collectives, lieu de libertés multiples dans le plus lointain cercle de l'enfer.

Je n'avais eu que plus tard l'explication de ce phénomène.

En 1945, quelques mois seulement après la liquidation du camp nazi – les derniers déportés, des Yougoslaves, avaient quitté les lieux en juin, semble-t-il – Buchenwald avait été rouvert par les autorités d'occupation soviétiques. Sous le contrôle du K.G.B., Buchenwald était redevenu un camp de concentration.

Je le savais déjà, je connaissais ce fait.

En 1980, à Hanovre, au cours d'une discussion avec des lecteurs de la traduction allemande de *Quel beau dimanche!* une jeune femme réfugiée de l'Est m'en avait déjà parlé. Plus tard, en 1983, j'ai reçu un bref roman de Peter Pöttgen, *Am Ettersberg*, où l'histoire des deux camps de Buchenwald, le camp nazi et le camp stalinien, est narrée à travers l'histoire d'une famille allemande, les Stein.

Ce que j'ignorais, en revanche, c'est que pendant les quelque cinq années où le camp stalinien a fonctionné – il a été dissous en 1950, lors de la création de la République démocratique allemande, qui fit construire l'ignoble mémorial que j'ai mentionné – des milliers de morts ont été ensevelis dans des fosses communes, au pied de l'Ettersberg. La forêt revenue ne recouvrait pas seulement l'ancien camp de quarantaine : elle recouvrait et cachait les cadavres de ces milliers de morts, ces milliers de victimes du stalinisme.

D'un côté, donc, sur l'un des versants de la colline, un mémorial de marbre grandiloquent et monstrueux devait rappeler au bon peuple l'attachement fallacieux, car purement symbolique, du régime communiste au passé des luttes antifascistes européennes. De l'autre, une forêt nouvelle s'était avancée sur les charniers du communisme, pour en effacer la trace dans la mémoire humble et tenace du paysage, sinon dans celle des hommes.

Nous avions quitté l'enceinte proprement dite du camp, ce matin-là, par le chemin de ronde qui longeait les anciens bâtiments de l'usine D.A.W. *(Deutsche Ausrüstungswerke)*, désormais disparus. Nous avions pénétré dans cette forêt de jeunes arbres qui cachaient l'ancienne mort stalinienne. Un peu plus loin, dans une sorte de clairière, quelques familles de disparus avaient planté des croix avec les noms de leurs proches. Quelques dizaines de croix pour des milliers de morts disparus dans les fosses communes.

Mathieu Landman avait pris des photos de cette clairière, de ce bouleversant assemblage de croix disparates. Je les contemple parfois. Je me dis que l'Allemagne réunifiée, démocratique – l'un des sujets sur lesquels Heidegger et Jaspers ne pouvaient se mettre d'accord, dans leur correspondance, dans la mesure où Heidegger refusait obstinément d'envisager la ques-

315

tion de la culpabilité allemande –, je me dis que l'Allemagne nouvelle, issue de la double tragédie du XXᵉ siècle, ancrée en Europe et ancrage possible de celle-ci dans l'avenir, se devait de faire du site de Weimar-Buchenwald un lieu de mémoire et de culture internationale de la Raison démocratique.

La singularité de l'Allemagne dans l'histoire de ce siècle est évidente : elle est le seul pays européen qui ait eu à vivre, à souffrir, à assumer critiquement aussi, les effets dévastateurs des deux entreprises totalitaires du XXᵉ siècle : le nazisme et le bolchevisme. Je laisse aux savants docteurs ès sciences politiques le soin de signaler ou souligner les indiscutables différences spécifiques entre ces deux entreprises. Ce n'est pas mon propos, pour l'heure, à cet instant où je me souviens, dans ma chambre de l'Éléphant, de la neige qui est tombée sur mon sommeil. Mon propos est d'affirmer que les mêmes expériences politiques qui font de l'histoire de l'Allemagne une histoire tragique peuvent lui permettre aussi de se placer à l'avant-garde d'une expansion démocratique et universaliste de l'idée de l'Europe.

Et le site de Weimar-Buchenwald pourrait en devenir le lieu symbolique de mémoire et d'avenir.

Mais la neige était tombée sur mon sommeil.

Elle recouvrait la forêt nouvelle qui avait poussé sur l'emplacement du Petit Camp. Sur les milliers de cadavres anonymes, qui n'étaient pas partis en fumée, comme leurs frères d'autrefois, qui se décomposaient dans la terre de Thuringe.

Je marchais dans la neige profonde, parmi les arbres, avec Thomas et Mathieu Landman. Je leur disais où s'était trouvé le block 56. Je leur parlais de Maurice Halbwachs. Je leur disais où avait été le bâtiment des latrines, je leur racontais nos séances de récitation de poèmes, avec Serge Miller et Yves Darriet.

Soudain, ils n'arrivaient plus à me suivre. Ils restaient en arrière, pataugeant dans la neige profonde. Soudain, j'avais vingt ans et je marchais très vite dans les tourbillons de neige, ici même, mais des années auparavant. Ce lointain dimanche où Kaminski m'avait convoqué à la réunion où nous avions écouté le survivant du *Sonderkommando* d'Auschwitz. Je me suis réveillé, dans la chambre de l'Éléphant. Je ne rêvais plus, j'étais revenu dans ce rêve qui avait été ma vie, qui sera ma vie.

J'étais dans le cagibi vitré de Ludwig G., le *Kapo* de la baraque des contagieux, à l'infirmerie de Buchenwald. J'y étais seul, tous les autres copains étaient repartis.

La lumière d'une lampe éclairait faiblement les mains de Ludwig posées à plat sur la table. Nous ne disions rien et dans ce silence retentissait encore l'écho du récit du survivant d'Auschwitz.

Sa voix monocorde, au débit irrégulier, tantôt lent, minutieux, répétitif, tantôt précipité, comme sous le coup d'une émotion soudain trop forte (curieusement, c'était au moment où il s'arrêtait sur un détail : regard éperdu d'une femme, par exemple, vers quelqu'un de proche, de familier, que la sélection effectuée sur le quai d'arrivée venait de séparer d'elle ; sursaut de révolte de quelqu'un, homme ou femme, au voisinage du bâtiment de la désinfection vers lequel la longue cohorte des sélectionnés était menée, comme si une obscure prémonition l'avertissait des dangers imminents, révolte maîtrisée avec une horrible douceur raisonneuse par les compagnons eux-mêmes du révolté, qui finissait par se laisser entraîner, porter quasiment, soutenu par des bras secourables qui le conduisaient à la mort inconcevable des chambres à gaz ; c'était au moment où il se fixait sur l'un de ces détails que sa voix se précipitait, alors qu'elle restait égale, précise et neutre quand il relatait l'horreur dans une vision d'ensemble, globalement : horreur collective, abstraite, où les individus se fondaient, s'évanouissant en quel-

317

que sorte dans la coulée de lave glaciale qui les entraînait vers une disparition programmée), la voix du survivant du *Sonderkommando* retentissait encore sourdement dans le silence qui se prolongeait.

Peu auparavant, d'un ton sévère, Kaminski nous avait demandé de ne jamais oublier le récit du survivant d'Auschwitz, de ne jamais oublier la culpabilité allemande.

J'avais murmuré quelques vers de Bertolt Brecht :

> *O Deutschland, bleiche Mutter...*

C'était Julia, la jeune Juive autrichienne de l'appareil militaire de la M.O.I., qui m'avait appris ce poème de Brecht.

– Comment, comment ? a dit Ludwig.

Il ne connaissait pas, apparemment.

Il m'avait souvent parlé de Brecht, pourtant, Ludwig G. Il m'avait récité certains de ses vers. Ainsi, j'avais fini par connaître par cœur ses *Éloges*. Celui du parti, celui du travail clandestin, celui des classiques du marxisme. Mais je ne savais pas que ces poèmes étaient extraits de *Die Massnahme*, l'une des pièces didactiques de Brecht : l'œuvre la plus violente, la plus lucide – ou la plus cynique ? – que l'on ait jamais écrite sur l'essence totalitaire de l'Esprit-de-Parti.

> *O Deutschland, bleiche Mutter!*
> *Wie sitzest Du besudelt*
> *Unter den Völkern...*

Mais il ne connaissait pas, Ludwig G. Il se souvenait d'un autre poème de Brecht, des années vingt :

> *Deutschland, du Blondes, Bleiches*
> *Wildwolkiges mit sanfter Stirn!*
> *Was ging vor in deinen lautlosen Himmeln?*
> *Nun bist du das Aasloch Europas.*

Nous avons parlé de l'Allemagne, donc, mère blafarde dont les fils, selon Brecht, avaient fait la risée ou l'épouvantail des peuples. Ou bien, comme dans le poème plus ancien qu'il venait de me réciter, blonde et pâle Allemagne, au front suave couvert de nuées, devenue le dépotoir de l'Europe.

Des coups de sifflet stridents avaient soudainement interrompu notre conversation, poursuivie dans la pénombre de la baraque des contagieux. L'heure avait tourné, ces sifflets annonçaient le couvre-feu.

Il fallait que je regagne mon block en vitesse.

Dehors, la nuit était claire, la bourrasque de neige avait cessé. Des étoiles scintillaient dans le ciel de Thuringe. J'ai marché d'un pas vif sur la neige crissante, parmi les arbres du petit bois qui entourait les bâtiments de l'infirmerie. Malgré le son strident des sifflets, au loin, la nuit était belle, calme, pleine de sérénité. Le monde s'offrait à moi dans le mystère rayonnant d'une obscure clarté lunaire. J'ai dû m'arrêter, pour reprendre mon souffle. Mon cœur battait très fort. Je me souviendrai toute ma vie de ce bonheur insensé, m'étais-je dit. De cette beauté nocturne.

J'ai levé les yeux.

Sur la crête de l'Ettersberg, des flammes orangées dépassaient le sommet de la cheminée trapue du crématoire.

*Composé et achevé d'imprimer
par la Société Nouvelle Firmin-Didot.
à Mesnil-sur-l'Estrée, le 24 janvier 1997.
Dépôt légal : janvier 1997.
1ᵉʳ dépôt légal dans la collection : septembre 1994.
Numéro d'imprimeur : 37289.*

ISBN 2-07-074049-8/Imprimé en France.